Herrmann Hirschbach

**Handbuch der Schachspielkunst**

Herrmann Hirschbach

**Handbuch der Schachspielkunst**

ISBN/EAN: 9783743636279

Hergestellt in Europa, USA, Kanada, Australien, Japan

Cover: Foto ©Thomas Meinert / pixelio.de

Weitere Bücher finden Sie auf **www.hansebooks.com**

# HANDBUCH

### DER

# SCHACHSPIELKUNST

VON

## HERRMANN HIRSCHBACH.

ZWEITE, UMGEARBEITETE UND VERMEHRTE AUSGABE.

LEIPZIG,

VERLAG VON GUSTAV BRAUNS.

1865.

Siebzehn Jahre sind verflossen, seitdem Verfasser in der deutschen Schachzeitung (1846 — 48), welche den Reigen ähnlicher periodischer Unternehmungen in Deutschland eröffnete*), den Versuch einer systematischen Darstellung der Theorie der Spieleröffnungen machte. Seitdem hat die Wissenschaft des Schachs an specieller Kenntniss bedeutend zugenommen, und jedes Jahrzehnt bringt neue Eroberungen forschender Geister. Wer den gegenwärtigen Stand der Schachwissenschaft mit dem vor 50 Jahren vergleicht, wird zugestehn, dass auch in diesem Fache geistigen Strebens höchst bedeutende Fortschritte gemacht worden sind.

Zweck bei Abfassung des vorliegenden Werks war, ein systematisches Lehrbuch zu schaffen, das nicht bloss dem Studirenden ein zweites theureres Handbuch entbehrlich machte, sondern, auf eigener, selbstständiger Prüfung beruhend, den Resultaten bisheriger Forschung Neues hinzufügte. Man wird daher in der Lehre von den Eröffnungen vielfach von den Angaben anderer Autoren Abweichendes antreffen, mag es auch nur ausnahmsweise besonders hervorgehoben worden sein**). Dies Ziel war nur durch Vermeidung alles Wortschwalls zu ermöglichen, und zugleich auch desswegen wurde der Weg gewählt, zuerst das Spiel mit den einzelnen Figuren zu lehren, wodurch für den Anfänger die Verständniss der Theorie der Eröffnungen erleichtert wird, ohne dass es nöthig ist, bei jedem Zuge in weitläufige Erklärungen sich einzulassen. Alle möglichen Züge vermag auch das dickste Handbuch nicht anzugeben, und je mehr ein solches Werk in Einzelheiten sich vertieft, desto leichter ist es Irrthümern ausgesetzt. Den Grund davon weiss jeder,

---

*) Seltsamerweise beginnt Herr Falkbeer in dem Ch.-Play.-Magazine eine Abhandlung über die deutsche periodische Schachliteratur mit der irrthümlichen Angabe, die deutsche Schachzeitung von Bledow in Berlin sei die erste gewesen; später sei die Leipziger Schachzeitung herausgegeben von u. s. w. gekommen, wovon nur einige Hefte erschienen seien.

**) Man vergleiche z. B. das Kieseritzky-Gambit, das Läufer-Gambit u. s. w.

welcher die Schwierigkeiten der Schachanalyse aus eigener Erfahrung kennt. Man erinnere sich nur an die mancherlei Spielweisen, welche von hervorragenden Autoren zu verschiedenen Zeiten für durchaus richtig angegeben worden sind, und erst, nachdem sie Jahre lang in die verschiedenen Lehrbücher übergegangen waren, als falsch erkannt wurden. — In keinem Fache hat der menschliche Geist mehr mit dem Irrthume zu kämpfen als in Schachuntersuchungen. Unter diesen Umständen glaubte Verfasser vor zu bestimmtem Aussprechen allgemeiner Ansichten über diese oder jene Spieleröffnung sich hüten zu müssen. Hat man doch oft genug gesehen, wie rasch dergleichen allgemeine Thesen wechselten. Verfasser hat es manchmal vorgezogen, dem Leser das gesichtete Material zur Ansicht vorzulegen, und ihm selbst das Urtheil zu überlassen. Wo die geschriebene Lehre verstummt oder mit blossen Andeutungen sich begnügt, da hat die Praxis ihren Entscheid abzugeben. Das mag man bei Benutzung dieses Buchs nie aus den Augen verlieren. Es gibt eine gewisse Grenze, wo die Special-Analyse, geblendet von dem Reichthume möglicher Combinationen, bescheiden sich verhüllt. Wie manches jetzt als feststehend Angenommene wird vielleicht in späterer Zeit veränderter Anschauung weichen! — —*)

Auch dem B a u e r n e n d s p i e l e sind mancherlei Original-Zusätze zu Theil geworden. Noch sei bemerkt, dass bei der besondern Einrichtung des Werks, die Anmerkungen eine mit dem Text wetteifernde Bedeutung haben. Das übliche Zeichen des Schlagens (:) ist, weil eigentlich unnütz, überall weggelassen worden. Zahlreiche Fehler (obgleich sie von den Autoren nie angegeben werden) sind die unvermeidlichen, entstellenden Flecken auch der besten Schachwerke, warum also Gelegenheit zu vermehrten Druckfehlern geben.

So möge denn das Buch hinausgehen und beitragen zur Förderung und Verbreitung des wissenschaftlichen Schachspiels. Auch die Schachspielkunst hat ihre geistige Berechtigung, obgleich sie nur ein kleines Gebiet im Kultus des Genies bildet. Wenn der Wort-, wenn der Tondichter hinabsteigt in die Tiefen der Seele, um aus Worten und Tönen seine ideale Welt aufzubauen, so bietet das Schachspiel dagegen ein Bild des Lebenskampfes, wo die verschiedenartigsten Kräfte mit einander ringen, wo die Wogen bald den einen bald den andern Kämpfer erheben, bis zuweilen ein Augenblick über Sieg und Niederlage entscheidet, und die herrlichsten Bestrebungen vernichtet. In der Beschäftigung mit dem alle Geisteskräfte anspannenden Schachspiel wird mancher Schmerz des Lebens, wenn auch nur auf Augenblicke, vergessen.

---

*) Die durchgreifenden Veränderungen bei dieser neuen Ausgabe springen zu sehr in die als dass noch besonders darauf aufmerksam gemacht zu werden braucht. Die nachträglichen Bemerkungen Seite 123 beliebe man vor Gebrauch des Buches einzuschalten.

# Inhaltsverzeichniss.

# Vorkenntnisse und Wirksamkeit der einzelnen Figuren gegen einander.

Schon der Name zeugt von dem orientalischen Ursprunge des Schachspiels. Die *jetzt bei uns übliche Spielweise hat sich aber erst seit ungefähr 200 Jahren Bahn gebrochen*, während im Orient noch gegenwärtig andere Spieleinrichtungen im Gebrauch sind. Indess erschienen Werke über Schach schon vor 1600, namentlich in italienischer Sprache, denen sich im 18. und 19. Jahrhunderte nach einander die Leistungen der Franzosen, Engländer und Deutschen anreihten. So hat das Schachspiel eine, wenn man auch nur die selbstständigen Werke berücksichtigt, recht ansehnliche Literatur aufzuweisen.

Aber nur Anfang und Ende des Spiels vermag die Theorie in ihren Einzelheiten aufzuklären; für die Mitte kann sie, bei dem jetzigen Stande der Wissenschaft, bloss allgemeine Anweisungen ertheilen. Hier beginnt die S c h a c h s p i e l k u n s t; hier offenbart sich das schöpferische Talent des Einzelnen. Doch auch dazu vermag nur die Weihe wissenschaftlichen Schachstudiums dem Spieler die höchste Kraft zu ertheilen. Denn Eins kennzeichnet den Naturalisten: mag er Jahre lang spielen, er kommt nicht über einen gewissen Punkt der Fertigkeit. Darüber hinaus ist kein Fortschritt für ihn möglich. Mag sich daher der Naturalist noch so sehr beim Spiel bemühen, mag er allen seinen Scharfsinn zusammennehmen, trotz aller einzelnen glänzenden Züge wird er doch dem mit den Waffen der Theorie Ausgerüsteten unterliegen; denn diesem stehen die Erfahrungen von Jahrhunderten, und eine von diesen gestählte Strategie zur Seite.

Schon in den ersten Zügen ist das Spiel des Naturalisten gewöhnlich verfehlt und auf dem haltlosen Grunde stürzt das Gebäude bald zusammen. Wer also den Trieb in sich fühlt, auch in diesem Fache geistigen Strebens sich über die Menge der gewöhnlichen Spieler zu erheben, denen eine Partie Schach gleichbedeutend mit einer Partie Domino, der folge uns. Je mehr sich der Schleier vor dem Jünger lüftet, mit desto stärkerer Zaubermacht wird sich sein Geist festgehalten und zu neuer Erkenntniss fortgetrieben fühlen.

— — —

### Erklärung der in diesem Werke vorkommenden Zeichen:

+ bedeutet: Schach! 0 bedeutet: Matt. 0-0 bedeutet: Rochade nach der Königsseite. 0-0-0 bedeutet: Rochade nach der Damenseite. ▬ bedeutet: steht gleich. ∧ bedeutet: ist im Vortheil. ? bedeutet: zweifelhaft wer besser steht.

Das Schachspiel geht zwischen zwei abwechselnd ziehenden Personen, von welchen jede 16 Figuren hat, (zusammen also 32) auf einem in 64 abwechselnd weisse und schwarze Quadratfelder getheilten Bret (Schachbret) vor sich. Dies Bret wird so gestellt, dass jeder Spieler zu seiner rechten Hand ein weisses Eckfeld hat.

Die verticalen Reihen des Schachbrets werden von der Linken zur Rechten mit den Buchstaben a, b, c, d, e, f, g, h bezeichnet; die horizontalen dagegen mit den Zahlen 1, 2, 3, 4, 5, 6, 7, 8, wie nachstehendes Bild zeigt:

**Schwarz.**

| | | | | | | | |
|---|---|---|---|---|---|---|---|
| a8 | b8 | c8 | d8 | e8 | f8 | g8 | h8 |
| a7 | b7 | c7 | d7 | e7 | f7 | g7 | h7 |
| a6 | b6 | c6 | d6 | e6 | f6 | g6 | h6 |
| a5 | b5 | c5 | d5 | e5 | f5 | g5 | h5 |
| a4 | b4 | c4 | d4 | e4 | f4 | g4 | h4 |
| a3 | b3 | c3 | d3 | e3 | f3 | g3 | h3 |
| a2 | b2 | c2 | d2 | e2 | f2 | g2 | h2 |
| a1 | b1 | c1 | d1 | e1 | f1 | g1 | h1 |

**Weiss.**

Wenn also der eine Spieler das weisse Eckfeld h1 zur rechten Hand hat, so ist es bei dem andern a8.

Jeder der beiden Spieler hat dieselben Figuren, und werden die beiden Heerlager als **Weisse** und **Schwarze** (abgekürzt W. S.) bezeichnet.

Die 16 Figuren jeder Partei bestehen in folgenden:

**Weiss  Schwarz**

♔ ♚ **König** (abgek. K.)

♕ ♛ **Königin od. Dame** (abgek. D.)

♗ ♝ **Zwei Läufer** (abgek. L.)

**Weiss  Schwarz**

♘ ♞ **Zwei Springer** (abgek. S.)

♖ ♜ **Zwei Thürme** (abgek. T.)

♙ ♟ **Acht Bauern** (abgek. B.)

Dame, Läufer, Springer und Thürme heissen **Offiziere**; Dame und Thurm nennt man wegen ihres höhern Werthes die **schweren**, Läufer und Springer dagegen die **leichten** Offiziere.

**Schwarz.**

Die Aufstellung der Figuren jeder Partei ist folgende:

Auf jedes Eckfeld der dem Spieler vorliegenden Horizontalreihe kommt ein Thurm, auf die benachbarten Felder ein Springer, dann ein Läufer. Die beiden Mittelfelder werden von König und Dame besetzt, so dass der weisse König auf einem schwarzen Felde, der

**Weiss.**

schwarze König auf einem weissen Felde zu stehen kommt, und ebenso die Dame. Auf der nächsten Verticalreihe stehen vor den Offizieren die Bauern, nach nebenstehendem Bilde:

Die weissen Figuren stehen auf den Feldern a1 bis h1 und a2 bis h2; die schwarzen Figuren auf den Feldern a8 bis h8 und a7 bis h7.

Der Stand der Weissen ist also dieser: Der König steht auf e1, die Dame auf d1, die Läufer auf f1 und c1, die Springer auf g1 und b1, die Thürme auf h1 und a1. Die Bauern stehen von a2 bis h2.

Die Schwarzen stehen so: Der König auf e8, die Dame auf d8, die Läufer auf f8 und c8, die Springer auf g8 und b8, die Thürme auf h8 und a8. Die Bauern nehmen die Reihe von a7 bis h7 ein.

Die Offiziere auf Seite des Königs nennt man: Königsläufer, Königsspringer, Königsthurm; auf Seite der Dame: Damenläufer, Damenspringer, Damenthurm. Die Bauern bezeichnet man gleichfalls nach den hinter ihnen stehenden Offizieren: Königsbauer, Damenbauer, Königsläuferbauer, Damenläuferbauer, Königsspringerbauer, Damenspringerbauer, Königsthurmbauer, Damenthurmbauer.

Der Gang der Figuren ist folgender.

## König.

Der König zieht nach jeder Richtung nur einen Schritt. Angenommen also, er stände auf e4, so kann er gehen nach: e5, e3, f3, f4, f5, d3, d4, d5. Also auf 8 Felder. — Nie darf der König auf das dem feindlichen Könige zunächst gelegene Feld rücken; stände also der schwarze König auf e6, so könnte der auf e4 befindliche weisse König nicht auf die drei daranstossenden Felder f5, e5 und d5 rücken. Stehen die beiden Könige sich wie hier auf derselben Reihe, nur durch ein dazwischen liegendes Feld geschieden, gegenüber, so nennt man dies O p p o s i t i o n. Also wären z. B. folgende Stellungen der Könige Opposition: h3 und h5, g3 und g5, f3 und f5, e3 und e5, d3 und d5, c3 und c5, b3 und b5, a3 und a5, und so ähnlich. Die Oppositionsstellung ist beim Endspiel, namentlich beim Bauernspiel, von höchster Bedeutung.

Eben so wenig wie das Gebiet des feindlichen Königs darf der König den Bereich einer andern feindlichen Figur betreten, mit dem Kunstausdruck also: „darf sich nicht in's S c h a c h  s t e l l e n." Das allgemeine Gesetz: „W e n n  e i n e  F i g u r  i r g e n d  e i n e  f e i n d l i c h e  n i m m t  (s c h l ä g t), s o  s t e l l t  s i e  s i c h  a n  d e r e n  S t e l l e," findet auch beim Könige statt.

## Dame.

Die Dame vereinigt in sich den Gang des Thurms und des Läufers, und zieht in senkrechter, wagrechter und diagonaler Richtung vorwärts, seitwärts, rückwärts und schräge über eine beliebige Anzahl unbesetzter Felder. Angenommen also, die Dame stände auf c3, so kann sie gehen auf c2, c1, c4, c5, c6, c7, c8. Ferner auf b3, a3, d3, e3, f3, g3, h3. Ferner auf b2, a1, d4, e5, f6, g7, h8. Ferner auf b4, a5, d2, e1. Also kann die Dame von c3 aus auf 25 Felder gelangen. — Stände die Dame dagegen z. B. auf d5, so würde sie auf 27 Felder ziehen können.

Wir haben jetzt 2 Figuren kennen gelernt, von denen die Eine den Kernpunkt bildet, um welchen sich das ganze Spiel dreht, während die Andere (die Dame) die bei weitem mächtigste Kraft ist. Sehen wir nun die Beziehungen zwischen beiden, indem wir alle andern Figuren wegdenken, und nur König und Dame als auf dem Brete vorhanden annehmen.

Wenn eine Figur auf eine Stelle zieht, von wo aus sie den feindlichen König im nächsten Zuge schlagen (wegnehmen) könnte, so begleitet der Spieler diesen Angriffszug mit dem Warnungsrufe: „Schach!" Angenommen z. B., die weisse Dame stände auf d4, der schwarze König auf e7. Zöge nun die Dame von d4 nach e5 oder nach a7, oder nach e4, oder e5, oder g7, so hätte Weiss dabei Schach anzusagen, da die Dame im nächsten Zuge den König schlagen würde. —

Zöge aber die Dame von d4 nach d6, oder d7, oder d8, oder nach f6 und böte „Schach," so würde der König einfach die Dame wegnehmen, weil sie sich auf ein in seinem Bereich liegendes Feld gestellt, vorausgesetzt natürlich, dass nicht noch eine andere Figur da ist, welche den König auf dem neu eingenommenen Felde wieder schlagen könnte.

Zweck des ganzen Spiels ist den feindlichen König m a t t  setzen, d. h. der Mattsetzende ist der Gewinner. Matt aber bedeutet, wenn der feindliche König, von einer Figur mit „Schach" angegriffen, nirgend wohin ziehen kann, ohne geschlagen zu werden, folglich auch die angreifende Figur nicht nehmen, noch eine andere Figur dazwischen ziehen kann. Z. B. der weisse König stände auf f6, die weisse Dame auf e6; dagegen der schwarze König auf f8. Zöge nun die weisse Dame, Schach ansagend, auf c8, so könnte der schwarze König nirgends mehr hinziehen, ohne geschlagen zu werden, denn die Felder e7, f6, g7 beherrscht der weisse König.

Patt nennt man dagegen, wenn der am Zuge befindliche König, ohne im Schach zu stehen, d. h. also, ohne von einer feindlichen Figur angegriffen zu sein, auf kein Feld ziehen kann, ohne geschlagen zu werden und auch keine seiner Figuren, falls er deren noch hat, zu bewegen vermag. Ein solches Spiel ist unentschieden, d. h. für keinen Theil gewonnen (Kunstausdruck: remis). Angenommen, der weisse König stände auf f6, die weisse Dame auf g6, der schwarze König auf h8, so würde Letzterer, falls er am Zuge wäre, nicht mehr ziehen können, da alle benachbarten Felder von den feindlichen Figuren beherrscht sind. Der schwarze König wäre also patt. Manchmal ist das sich patt Stellen die letzte Zuflucht des im Nachtheil befindlichen Spielers. Zuweilen kann der Spieler das patt gesetzt Werden sogar erzwingen. — Nachfolgende 3 Diagramme zeigen die vorgetragenen 2 Fälle:

| Mattstellung des schwarzen Königs. | Pattstellung des schwarzen Königs. |
|---|---|
| 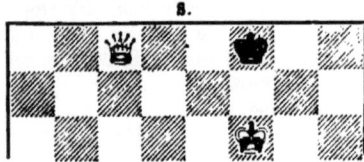 | 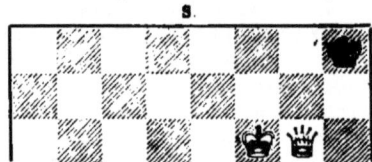 |

Aufgedecktes oder Abzugsschach ist dasjenige, wobei der König durch Wegziehen einer feindlichen Figur durch eine hinter dieser befindliche andere in Schach gestellt wird. Gesetzt die Stellung wäre diese:

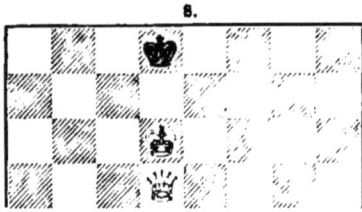

Der weisse König steht hier auf d6, die weisse Dame auf d5, der schwarze König auf d8. Zöge nun der weisse König auf c6, oder e6, oder c5, oder e5, so würde das Schach der Dame auf den schwarzen König frei, was man ein aufgedecktes oder Abzugsschach nennt.

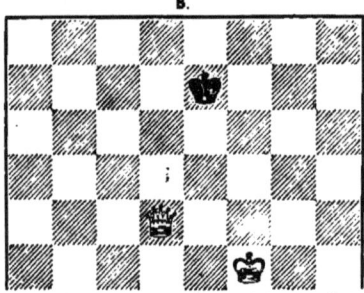

Sehen wir nun, wie die Dame mit Unterstützung ihres Königs den feindlichen König allein matt zu setzen vermag, was bei der grossen Macht der Dame sehr leicht ist. Gesetzt die Stellung wäre beistehende:

Ein Matt von Dame und König allein ist nur auf einem Randfelde, nicht aber in der Mitte des Schachbrets möglich. Also muss der schwarze König auf ein Randfeld getrieben werden.

Folgende Züge bewirken das Matt:

| W. | S. |
|---|---|
| 1) Dd4—d5 | 1) Ke7—f6 |
| 2) K f3—f4 | 2) Kf6 - g6 |
| 3) Dd5—e6 **+** | 3) Kg6—h5 |

| W. | S. |
|---|---|
| 4) De6—g8 | 4) Kh5—h6 |

(Zöge W. im 4 Zuge statt e6—g8 die Dame auf f6, so würde der schwarze König nicht mehr ziehen können, also patt sein).

| W. | S. |
|---|---|
| 5) Kf4—f5 | 5) Kh6—h5 |
| 6) Dg8—g5 **+** | Matt. |

Oder:

| W. | S. |
|---|---|
| 1) Dd4—d5 | 1) Ke7—f6 |
| 2) K f3—f4 | 2) Kf6—e7 |
| 3) K f4—f5 | 3) Ke7—e8 |

| W. | S. |
|---|---|
| 4) Kf5—f6 | 4) Ke8—f8 |
| 5) Dd5—d8 **+** | Matt. |

Oder:

| W. | S. |
|---|---|
| 1) Dd4 —d5 | 1) Ke7—f6 |
| 2) K f3—f4 | 2) Kf6—g7 |
| 3) K f4—g5 | 3) Kg7—f8 |
| 4) Kg5—f6 | 4) Kf8—e8 |

| W. | S. |
|---|---|
| 5) Dd5—d4 | 5) Ke8—f8 |

(Zöge W. im 5. Zuge die Dame auf d6, so wäre der schwarze König patt.)

| W. | S. |
|---|---|
| 6) Dd4d8 **+** | Matt. |

Wie zu ersehen, vermögen König und Dame auf jedem Randfelde matt zu setzen.

Hier ist zugleich die Gelegenheit gegeben, den Kunstausdruck: ein Tempo gewinnen, zu erklären. Man sagt dies nämlich, wenn man den Gegner zu einem ungünstigen, ihm selbst verderblichen Zuge zwingt.

In nebenfolgender Stellung z. B. (ähnlich dem 5. Zuge [Dd5 — d4] im vorigen Spiel) zwingt W. indem es mit seiner Dame von d4 auf d3 zurückgeht, den schwarzen König von e8 auf f8 zu rücken, und giebt dann auf d8 Schach und Matt.

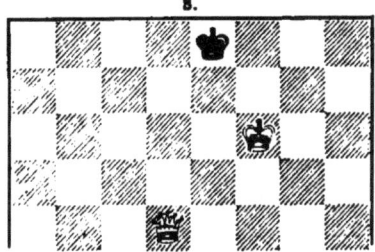

## Thurm.

Die Thürme haben, wie schon erwähnt, einen Theil des Ganges der Dame, und zwar zieht der Thurm in horizontaler und verticaler Richtung über beliebig viele leere Felder. Es fehlt ihm also der schräge Gang. Stände z. B. ein Thurm auf e5, so könnte er ziehen nach e6, nach e7, nach e8, oder nach e4, nach e3, nach e2, nach e1; oder nach f5, nach g5, nach h5, oder nach d5, nach c5, nach b5, nach a5. Also zusammen nach 14 Feldern. Stände der Thurm dagegen auf e6, so könnte er gehen auf eines der folgenden Felder: f6, g6, h6, d6, c6, b6, a6, e5, e4, e3, e2, e1, e7, e8, also 14 Felder.

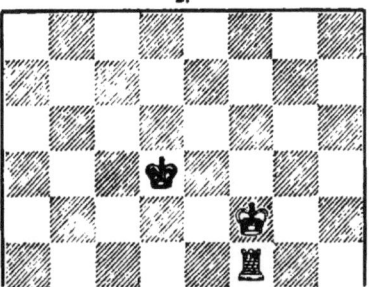

Das Matt von König und Thurm gegen König allein ist sehr leicht zu erzwingen, wie aus nachfolgendem Beispiel zu ersehen. Das Matt kann nur auf einem Randfelde erfolgen.

| W. | s. | W. | s. |
|---|---|---|---|
| 1) Kf4—f5 | 1) Kd5—d4 | 7) Th5—c5 + | 7) Kc7—b6 |
| 2) Tf3—a3 | 2) Kd4—d5 | 8) Ke6—d6 | 8) Kb6—b7 |
| 3) Ta3—a4 | 3) Kd5—d6 | 9) Tc6—b5 + | 9) Kb7—c8 |
| 4) Ta4—a5 | 4) Kd6—c6 | 10) Tb5—b6 (Tempogewinn) | 10) Kc8—d8 |
| 5) Kf5—e6 | 5) Kc6—b6 | 11) Tb6—b8 + | Matt. |
| 6) Ta5—h5 | 6) Kb6—c7 | | |

Zwei Thürme und der König machen auf jedem beliebigen Felde des Schachbrets (also nicht bloss auf einem Randfelde) Matt.

Der Thurm ist nach der Dame die stärkste Figur. Er stellt in seiner Wirkung gleichsam die Artillerie dar, mit dem Unterschiede, dass, während die Schlachten gewöhnlich mit Kanonade beginnen, im Schachspiel die Thürme erst im weitern Verlaufe, namentlich gegen Ende der Partie, ihre Hauptwirkung äussern. Bei der vollen, ursprünglichen Aufstellung der Figuren bilden die Thürme gleichsam Batterien zum Schutze der Flanken.

Vor der Rochade.

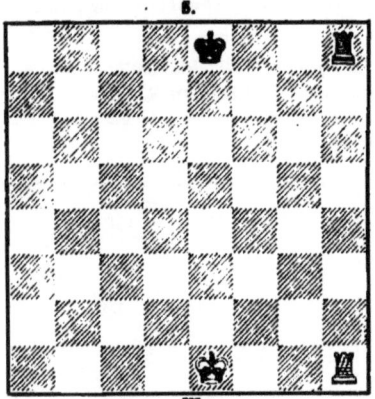

Nach der Rochade.

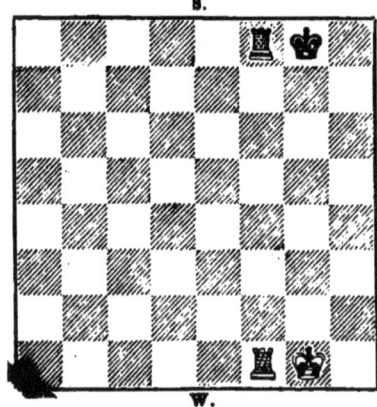

In ein ganz besonderes Verhältniss treten die Thürme zum Könige durch die Rochade. Stehen nämlich König und Thurm, ohne bisher bewegt worden zu sein, noch auf ihren ursprünglichen Feldern, und sind die Felder zwischen ihnen leer, so können sie mit einem Zuge eine Veränderung ihrer beiderseitigen Plätze eintreten lassen, in der Art, dass, wenn der König mit seinem Thurm rochirt, der König von e1 nach g1 (also auf das Springerfeld) rückt, während der Thurm von h1 sich auf f1 (also auf das Läuferfeld) stellt. Rochirt der König mit seinem Damenthurm, so rückt der König von e1 auf c1 (also gleichfalls auf das Läuferfeld) und der Thurm von a1 nach d1 (auf das Damenfeld). In beiden Fällen rückt der König also 2 Schritte und der Thurm springt über ihn fort (auf der Königsseite 1 Schritt, auf der Damenseite 2 Schritt) auf das Feld seitwärts vom Könige, wie beistehende Diagramme zeigen:

Vor der Rochade.

Nach der Rochade.

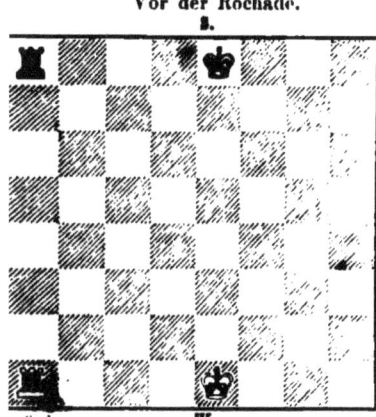 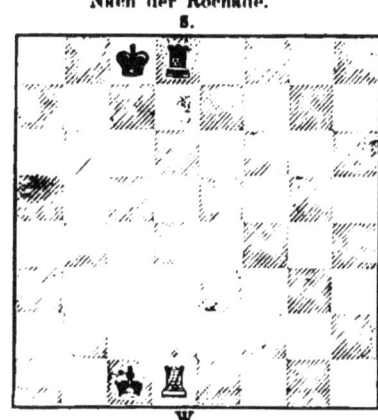

Doch darf die Rochade in folgenden 2 Fällen nicht vor sich gehen (abgesehen, wie schon erwähnt, wenn der König oder der betreffende Thurm schon gezogen haben):

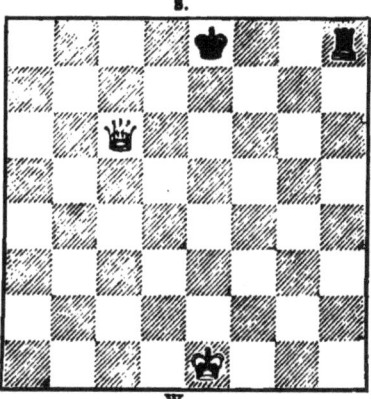

1) Wenn der König eben im Schach steht (aber nicht wenn ihm früher Schach geboten ist). Also angenommen nebenstehende Stellung, so kann der schwarze König nicht vor dem ihm von der Dame gebotenen Schach dadurch flüchten, dass er rochirt.

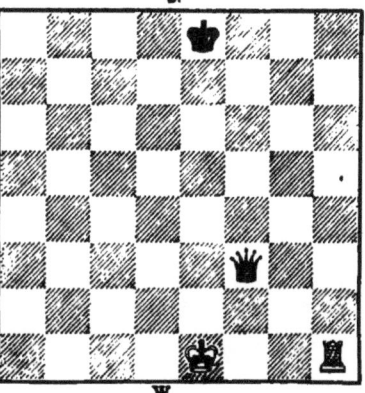

2) Wenn ein Feld, über welches der König bei der Rochade gehen, oder auf welches er gestellt werden soll, von einer feindlichen Figur angegriffen ist (aber nicht, wie es bei der Rochade mit dem Damenthurme geschehen kann, wenn bloss der Thurm über ein vom Feinde angegriffenes Feld ziehen muss). In nebenstehender Stellung z. B., wo die schwarze Dame das Feld f1 bestreicht, kann keine Rochade stattfinden.

Eben so wenig z. B. in nebenstehender Stellung. wo die schwarze Dame auf h5 das Feld d1 bestreicht, über welches der König bei der Rochade mit dem Damenthurme schreiten muss.

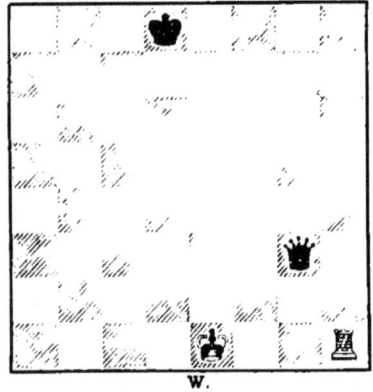

Eben so wenig würde der König z. B. in nebenfolgender Stellung rochiren können. weil die schwarze Dame auf g3 das Feld g1 bestreicht, wo der König bei der Rochade sich hinzustellen hat.

Dagegen hindert nichts den weissen König an der Rochade mit seinem Damenthurm, falls die schwarze Königin bloss die Felder a1 und b1 bestreicht.

(In Italien rochirt man dergestalt [freie Rochade], dass König und Thurm sich auf ein irgend beliebiges, zwischen ihnen liegendes Feld stellen, oder ihre einzelnen Felder vertauschen, nur dass der Thurm stets über den König wegspringt. Also können z. B. in einem Zuge König von e1 nach h1 und Thurm von h1 nach e1 gestellt werden.)

Da die Dame eine weit mächtigere Figur ist als der Thurm, so macht die Dame gegen König und Thurm matt.

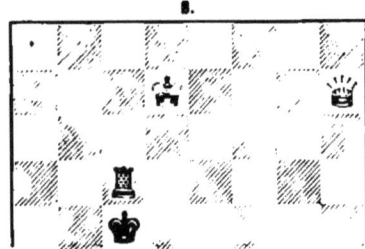

Das Matt von König und Dame gegen König und Thurm ist aber nicht ganz leicht. Das Spiel muss darauf gerichtet sein, den feindlichen Thurm von seinem Könige zu entfernen. wobei er durch Schach leicht verloren geht, und den eigenen König dem feindlichen gegenüber zu stellen, indem man zugleich den Thurm am Schachgeben verhindert.

Angenommen, die Stellung sei nebenstehende:

Das Matt lässt sich nun in folgenden Zügen bewerkstelligen:

| W. | S. | W. | S. |
|---|---|---|---|
| 1) Dh7—e4 + | 1) Kc4—b3 | | 7) Tb2—h2 |
| 2) Kd7—d6 | 2) Tc5—c2 | 8) Da4—b5 + | 8) Kb1—a1 |
| 3) Kd6—d5 | 3) Kb3—b2 | 9) Db5—a6 + | 9) Ka1—b1 |

(Züge S. statt dessen T. c2—c1, so antwortet W. 4) D. e4—f3 + u. gew. wieder eine Linie.)

| | | | |
|---|---|---|---|
| 4) Kd5—d4 | 4) Kb2—a1 | 10) Da6—b6 + | 10) Kb1—a2 |
| | | 11) Db6—a7 + | 11) Ka2—b1 |
| | | 12) Da7—b8 + und gewinnt. | |

(Nähme W. den Thurm, so wäre S. patt.)

Züge S. dagegen: 6, Tb2—a2, so entsteht folgende Fortsetzung:

| W. | S. | W. | S. |
|---|---|---|---|
| 5) Kd4—d3 | 5) Tc2—b2 | 7) Dd4—d1 + | 7) Ka1—b2 |
| 6) De4—a4 + | 6) Ka1—b1 | 8) Dd1—c2 + | 8) Kb2—a3 |
| 7) Kd3—c3 | | 9) Dc2—c3 + | 9) Ka3—a4 |

(Dadurch wird S. gezwungen den Thurm zu entfernen.)

10) Kd3—c4 + u. gewinnt.

Als Beispiel noch eine andere Stellung:

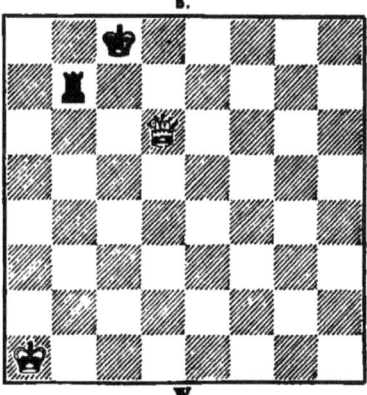

| W. | S. | W. | S. |
|---|---|---|---|
| 1) Dg4—d1 + | 1) Tc2—c1 | 7) Da6—a5 | 7) Tb1—b2 + |
| 2) Dd1—b3 + | 2) Kb1—a1 | 8) Kd2—d3 | 8) Tb2—b1 |
| 3) Db3—a4 + | 3) Ka1—b2 | 9) Da5—b5 + | 9) Kb3—a2 |
| 4) Kd3—d2 + | 4) Tc1—b1 | 10) Db5—a4 + | 10) Ka2—b2 |
| 5) Da4—b5 + | 5) Kb2—a2 | 11) Kd3—d2 und gewinnt. | |
| 6) Db5—a6 + | 6) Ka2—b3 | | |

Indess kommen zuweilen Stellungen vor, wo die Dame gegen den Thurm nicht zu gewinnen vermag, sondern die Partie remis bleibt. Z. B. beistehende:

| W. | S. | W. | S. |
|---|---|---|---|
| 1) | 1) Tb7—a7 + | 6) Kc7—b6 | 6) Tc7—b7 + |
| 2) Ka1—b2 | 2) Ta7—b7 + | 7) Kb6—c6 | 7) Tb7—a7 + (Darf |
| 3) Kb2—c3 | 3) Tb7—c7 + | wegen Patt nicht genommen werden.) | |
| 4) Kc3—b4 | 4) Tc7—b7 + | 8) Ka6—b6 | 8) Ta7—a6 + |
| 5) Kb4—c5 | 5) Tb7—c7 + | Remis. | |

Aus den angeführten Beispielen ersieht man, wie geschickt ein Thurm ist, durch stetes Schachgeben remis zu machen, wenn sein König patt steht. Es ist diese Eigenschaft beim praktischen Endspiel wohl im Auge zu behalten. Zwei Thürme, sobald sie nicht etwa derart stehen, dass einer alsbald von der Dame genommen werden kann, machen remis gegen die nicht etwa ihrerseits auf Verlust gestellte Dame, indem diese bei ihrer grössern Gelenkigkeit im Stande ist, dem feindlichen König die vielfachsten Schachs zu ertheilen.

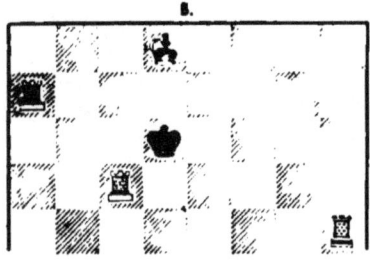

Ein Thurm gegen zwei Thürme verliert indem der König gezwungen wird an den Rand des Brets zu gehen und seinen Thurm zum Tausch zu stellen, worauf der übrig gebliebene Thurm entscheidet. Selbst in beistehender Stellung gewinnen noch die beiden Thürme.

| W. | | S. |
|---|---|---|
| 1) Te5—h5 | | 1) Th1—h5 |
| 2) Ta7—a6 + | | 2) Kd6 c5 oder e5 |
| 3) Ta6—a5 + und gewinnt. | | |

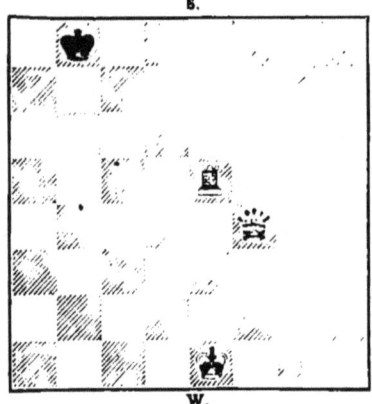

Hier ist zugleich Gelegenheit geboten, ein Beispiel von Doppelschach zu geben. Natürlich sind dazu zwei schachgebende Figuren nöthig. In nebenstehender Stellung erfolgt das Doppelschach durch W. Te5— e8 +, nämlich zugleich von dem Thurme und der freigewordenen Dame (also zugleich Abzugsschach).

## Der Läufer.

Jede Partei hat 2 Läufer, einen auf einem weissen und einen auf einem schwarzen Felde stehenden; also einen weissen und einen schwarzen Läufer, und zwar ist der Königsläufer der Weissen ein weisser, der Königsläufer der Schwarzen ein schwarzer Läufer, während der Damenläufer der Weissen ein schwarzer, der Damenläufer der Schwarzen ein weisser Läufer ist. Der Läufer geht schräg, vorwärts oder rückwärts über eine beliebige Menge freier Felder seiner Farbe. Der weisse Läufer kann also nur auf weisse, der schwarze Läufer nur auf schwarze Felder gehen. Gesetzt ein Läufer (weisser) stände auf e4, so kann er gehen auf d5, auf c6, auf b7, auf a8 oder auf f3, auf g2, auf h1, oder auf d3, auf c2, auf b1, oder auf f5,

uf g6, auf h7. Zusammen also auf 13 Felder, 1 Feld weniger als ein auf e4 be-
ndlicher Thurm in gerader Richtung bestreichen würde. Ferner kann ein Läufer
icht matt machen. Schon daraus erhellt der
berlegene Werth des Thurmes. Dagegen
nachen 2 Läufer leicht matt, nur muss man
ich vor dem Pattstellen in Acht nehmen.
)as Matt kann bloss in einer Ecke des
chachbrets erfolgen, wie beifolgendes Bei-
piel zeigt:

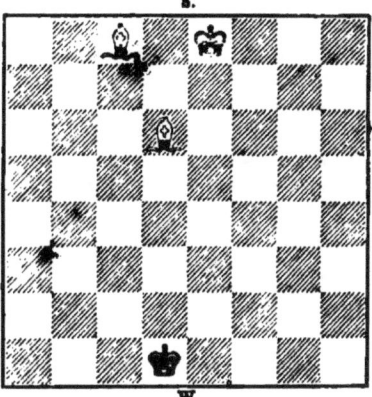

| | **W.** | | **S.** | | **W.** | | **S.** |
|---|---|---|---|---|---|---|---|
| 1) | Lc8 — f5 | 1) | Kd1—c2 | 8) | Lf5—d3 | 8) | Kd1—e1 |
| 2) | Ke8 — e7 | 2) | Kc2—f3 | 9) | Ld3—c2 | 9) | Ke1—f1 |
| 3) | Ke7—f6 | 3) | Kf3 - e2 | 10) | Lf4—d2 | 10) | Kf1—g1 |
| 4) | Ld6—f4 | 4) | Ke2—f3 | 11) | Kf3 - g3 | 11) | Kg1 — h1 |
| 5) | Kf6—g5 | 5) | Kf3 - e2 | 12) | Lc2 - d3 | 12) | Kh1—g1 |
| 6) | Kg5 —g4 | 6) | Kc2 - e1 | 13) | Ld2—e3 + | 13) | Kg1—h1 |
| 7) | Kg4—f3 | 7) | Ke1 - d1 | 14) | Ld3—e4 + | | Matt. |

Man sieht daraus, wie man zu operiren hat, indem man den eigenen König
heranbringt, und den feindlichen König immer mehr einschränkt.

Gegen die Dame vermögen 2 Läufer öfter remis zu machen, falls sie nämlich
neben ihrem Könige stehen (sei es in der
Mitte oder mehr in der Ecke des Brets),
doch müssen sie dann gut geführt werden,
und nicht sowohl zur Deckung von Schachs
der Dame (was alsbald die Folge hätte, dass
sich ein Läufer vom Könige entfernen müsste
und verloren ginge), sondern vielmehr zur
Abwehr des feindlichen Königs gebraucht
werden. Z. B. in nebenstehender Stellung:

| | **W.** | | **S.** |
|---|---|---|---|
| 1) | Dd7—e6 + | 1) | Kg8—g7 |
| 2) | Kg4—f4 | 2) | Lg6—h7 |
| 3) | De6—d7 + | 3) | Kg7 - g8 |
| 4) | Dd7—e8 + | 4) | Kg8—g7 |
| 5) | K f4—g4 | 5) | Lh7—g6 |
| 6) | De8 - e6 | 6) | Lg6—h7 |
| 7) | De6—d7 + | 7) | Kg7—g6 |
| 8) | Dd7—e8 + | 8) | Kg6—g7 |
| 9) | Kg4—h5 | 9) | Lh7—f5 |
| 10) | De8—a4 | 10) | L f5—g6 + |
| | | | Remis. |

In nachstehender Stellung müsste
dagegen die Dame gewinnen:

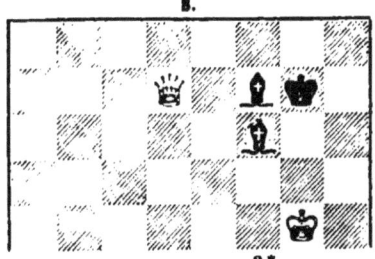

**2 \***

| w. | s. |
|---|---|
| 1) Kg4—f5 | 1) Lf6—c3 |
| 2) Dd7—c7 | 2) Lc3—d2 |

| w. | s. |
|---|---|
| 1) Kg4—f5 | 1) Lf6—c3 |
| 2) Dd7—c7 | 2) Lc3—a1 |
| 3) Dc7—a7 | 3) La1—b2 |
| 4) Da7—b6 | 4) Lb2—a3 |
| 5) Db6—d4 + | 5) Kg7—f8 |
| 6) Dd4—h8 + | 6) Kf8—e7 |

| w. | s. |
|---|---|
| 3) Dc7—g3 + | 3) Kg7—h7 |
| 4) Kf5—f6 und gewinnt. | |

Oder:

| w. | s. |
|---|---|
| 7) Dh8—e5 + | 7) Ke7—f8 |
| 8) Kf5—f6 | 8) Lf7—e8 |
| 9) De5—c7 | 9) Le8—h5 *) |
| 10) Dc7—g7 + | 10) Kf8—e8 |
| 11) Dg7—h8 + und gewinnt. | |

| w. | s. |
|---|---|
| 9) La3—b2 + | |
| 10) Kf6 - e6 | 10) Lb2—a3 |

*) Oder:

| w. | s. |
|---|---|
| 11) Dc7—h7 | 11) La3—b2 |
| 12) Dh7—e7 + | Verloren. |

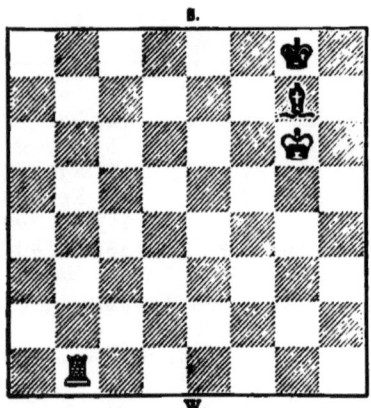

| w. | s. |
|---|---|
| 1) | 1) Lg7—e5 |
| 2) Tb1—e1 | 2) Le5—d6 |
| 3) Te1—e8 + | 3) Ld6—f8 |

Läufer und Thurm machen remis gegen die Dame. Gegen den Thurm macht der einzelne Läufer im allgemeinen remis. Am sichersten, wenn der vertheidigende König in einer Ecke nicht von der Farbe des Läufers steht (welches Feld er nur mit den benachbarten beiden Randfeldern zu vertauschen braucht) und nöthigenfalls das Schach mit dem Läufer neben die Könige decken kann, um Patt zu erwirken. Stände aber der König auf einem andern Randfelde, so hüte man sich, den Läufer zur Deckung des Schachs zu verwenden, sondern benutze ihn bloss um den feindlichen König zu verhindern, sich nicht dem am Rande befindlichen eigenen Könige gegenüber zu stellen. In nebenstehender Stellung verliert Schwarz.

| w. | s. |
|---|---|
| 4) Te8—d8 | 4) Kg8—h8 |
| 5) Td8—f8 + | Matt. |

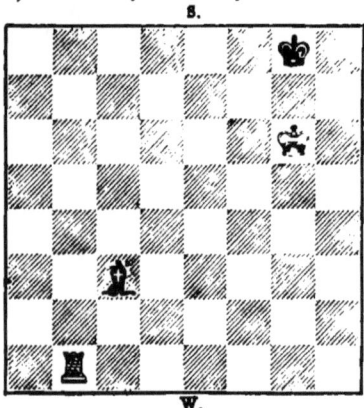

In dieser Stellung ist dagegen das Spiel remis, wenn Schwarz am Zuge.

| w. | s. |
|---|---|
| 1) | 1) Kg8—f8 |
| 2) Tb1—c1 | 2) Lc3—d4 |
| 3) Tc1—d1 | 3) Ld4—c3 |

u. s. w.

Offenbar verhindert der schwarze Läufer den weissen König sich dem schwarzen Könige gegenüber zu stellen.

Thurm und Läufer gewinnen gegen den Thurm allein nur in diesem besonders ungünstigen Stellungen. Die vielfachsten Untersuchungen haben zu der Ueberzeugung geführt, dass es nicht möglich ist, unter allen Umständen den König in die

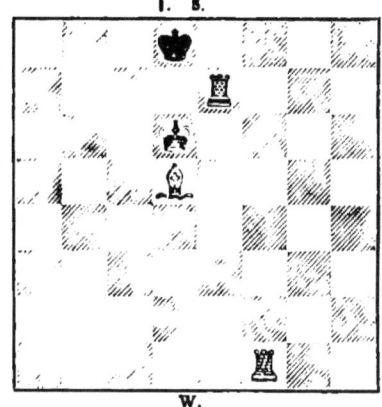

1. s.

passende Stellung zu zwingen, wo er das Matt nicht mehr vermeiden kann. Indess muss der schwächere Theil durchaus richtig ziehen, und da leicht ein Versehen dabei möglich, so ergiebt sich daraus im praktischen Spiele manchmal die Gelegenheit, das Matt zu erwirken. Um das Matt zu erzwingen, ist es nothwendig, dass sich die Könige gegenüber (in Opposition) stehen, wobei der Läufer dazu gebraucht wird, das Schach vom feindlichen Thurme hinter dem Könige zu decken.

In folgenden 3 Stellungen z. B. ist das Matt nachgewiesen, wie aus folgenden Spielweisen erhellt, welche zum Muster dienen mögen:

| w. | s. | w. | s. |
|---|---|---|---|
| 1) T f1—f8 + | 1) T e7—e8 | 6) T b7—b4 | 6) Kc8—d8 |
| 2) T f8—f7 | 2) Te8—e2 | 7) T b4—f4 | 7) T c1—e1 |
| (Der schwarze Thurm soll gezwungen werden auf e1 oder e3 zu gehen.) | | 8) Lb3—a4 | 8) Kd8—c8 |
| 3) T f7—g7 | 3) Te2—e1 | 9) La4—c6 | 9) T e1—d1 + |
| 4) Tg7—b7 | 4) Te1—c1 | 10) Lc6—d5 | 10) Kc8—b8 |
| 5) Ld5—b3 | 5) Kd8—c8 *) | 11) T f4—a4 + | Verloren. |

*) Oder.

| | | | |
|---|---|---|---|
| | 5) T c1—c3 | 10) T f7—b7 + | 10) Kb8—c8 |
| 6) Lb3—e6 | 6) Tc3—d3 + | 11) Tb7—b4 | 11) Kc8—d8 |
| 7) Le6—d5 | 7) Td3—c3 | 12) Ld5—c4 | 12) Kd8—c8 |
| 8) Tb7—d7 + | 8) Kd8—c8 | 13) Lc4—e6 + | Verloren. |
| 9) Td7—f7 | 9) Kc8—b8 | | |

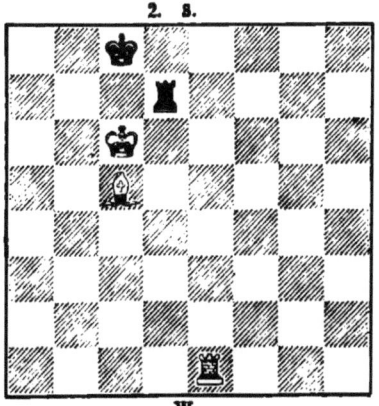

2. s.

w.

| W. | S. | W. | S. |
|---|---|---|---|
| 1) Te1—e8 + | 1) Td7—d8 | 7) Tb7—b1 | 7) Tg8—g6 + |
| 2) Te8—e7 | 2) Td8—g8 *) | 8) Lc7—d6 | 8) Tg6—g7 |
| 3) Te7—a7 | 3) Kc8—b8 | 9) Tb1—e1 | 9) Tg7—b7 |
| 4) Ta7—b7 + | 4) Kb8—a8 | 10) Te1—e8 + | 10) Ka8—a7 |
| 5) Lc5—d6 | 5) Tg8—c8 + | 11) Ld6—c5 + | Verloren. |
| 6) Ld6—c7 | 6) Tc8—g8 | | |

*) Oder:

| | 2) Td8—d2 | 5) Tf7—f5 | 5) Kc8—b8 |
|---|---|---|---|
| 3) Te7—f7 | 3) Td2—d8**) | 6) Le7—d6 + | 6) Kb8—c8 |
| 4) Lc5—c7 | 4) Td8—g8 | 7) Tf5—b5 | Verloren. |

**) Oder:

| | 3) Td2—d1 | 7) Te7—e4 | 7) Tb1—b7 |
|---|---|---|---|
| 4) Tf7—a7 | 4) Td1—b1 | 8) Te4—e5 | 8) Ka8—a7 |
| 5) Lc5—a3 | 5) Kc8—b8 | 9) Te5—a5 + | 9) Ka7—b8 |
| 6) Ta7—c7 | 6) Kb8—a8 | 10) La3—d6 + | Verloren. |

**3. S.**

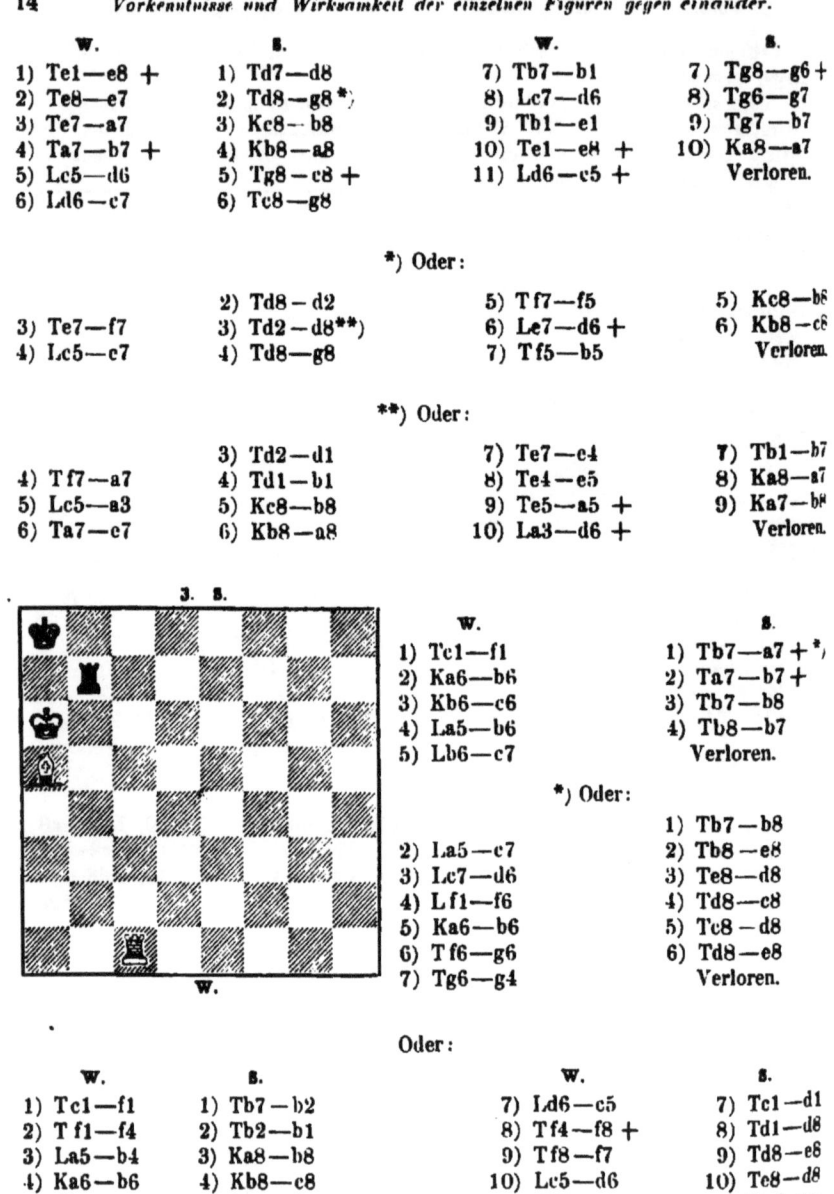

**W.**

| W. | | S. |
|---|---|---|
| 1) Tc1—f1 | | 1) Tb7—a7 + *) |
| 2) Ka6—b6 | | 2) Ta7—b7 + |
| 3) Kb6—c6 | | 3) Tb7—b8 |
| 4) La5—b6 | | 4) Tb8—b7 |
| 5) Lb6—c7 | | Verloren. |

*) Oder:

| | | 1) Tb7—b8 |
|---|---|---|
| 2) La5—c7 | | 2) Tb8—e8 |
| 3) Lc7—d6 | | 3) Te8—d8 |
| 4) Lf1—f6 | | 4) Td8—c8 |
| 5) Ka6—b6 | | 5) Tc8—d8 |
| 6) Tf6—g6 | | 6) Td8—e8 |
| 7) Tg6—g4 | | Verloren. |

Oder:

| W. | S. | W. | S. |
|---|---|---|---|
| 1) Tc1—f1 | 1) Tb7—b2 | 7) Ld6—c5 | 7) Tc1—d1 |
| 2) Tf1—f4 | 2) Tb2—b1 | 8) Tf4—f8 + | 8) Td1—d8 |
| 3) La5—b4 | 3) Ka8—b8 | 9) Tf8—f7 | 9) Td8—e8 |
| 4) Ka6—b6 | 4) Kb8—c8 | 10) Lc5—d6 | 10) Te8—d8 |
| 5) Kb6—c6 | 5) Tb1—d1 | 11) Tf7—a7 + | Verloren. |
| 6) Lb4—d6 | 6) Td1—c1 + | | |

Allerdings giebt es noch verschiedene Züge, welche S. im Verlaufe des Spiels machen könnte, aber aus den angeführten Beispielen ersieht man, wie das Matt zu erzwingen ist.

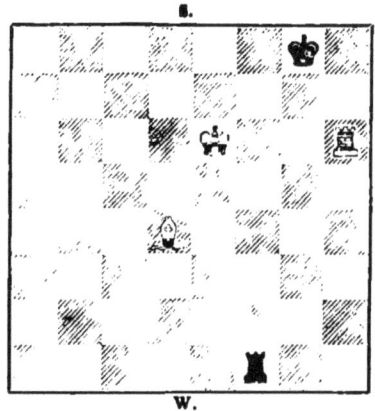

Es lassen sich, betrachtet man z. B. folgendes Diagramm, wo S., mag es ziehen was es wolle, unrettbar verloren ist, mancherlei Stellungen denken, wo das Matt unvermeidlich ist; aber die Schwierigkeit besteht darin, den König zur Einnahme einer so ungünstigen Position zu zwingen.

Nebenstehend ein Beispiel von Remisspiel, um wenigstens als Anleitung zu dienen, wie der schwächere Theil zu ziehen hat.

| W. | S. | W. | S. |
|---|---|---|---|
| 1) Te2—e8 + | 1) Tf1—f8 | 14) Kf6—g6 | 14) Kh8—g8 |
| 2) Te8—e7 | 2) Tf8—f1 | 15) Ld6—c5 | 15) Tf1—f4 |
| 3) Te7—d7 | 3) Tf1—f2 | 16) Tg2—g5 | 16) Tf4—h4 |
| 4) Td7—c7 | 4) Tf2—f1 | 17) Kg6—f6 | 17) Kg8—h7 |
| 5) Lg5—f6 | 5) Tf1—g1 + | 18) Lc5—e3 | 18) Th4—c4 |
| 6) Kg6—f5 | 6) Tg1—g2 | 19) Tg5—g7 + | 19) Kh7—h8 |
| 7) Lf6—e5 | 7) Tg2—a2 | 20) Tg7—b7 | 20) Kh8—g8 |
| 8) Tc7—g7 + | 8) Kg8—f8 | (Zöge S. Tc4—c6+, so würde er verlieren.) | |
| 9) Tg7—d7 | 9) Kf8—g8 | 21) Tb7—b8 + | 21) Kg8—h7 |
| 10) Kf5—f6 | 10) Ta2—a6 + | 22) Tb8—b6 | 22) Tc4—c7 |
| 11) Le5—d6 | 11) Ta6—a1 | 23) Le3—d4 | 23) Tc7—f7 + |
| 12) Td7—g7 + | 12) Tg8—h8 | Remis. | |
| 13) Tg7—g2 | 13) Ta1—f1 + | | |

Um also kurz das Resultat zusammenzufassen: aus den mannigfachsten Untersuchungen geht hervor, dass die stärkere Partei gewinnen kann, wenn sich die Könige

auf den Mittel- und Thurmreihen gegenüber stehen (der Vertheidigende natürli<br>
am Rande), während dieselben Bedingungen bei den Springerlinien nicht genügen.<br>
Der Läufer stellt gleichsam den Scharfschützen vor.

# Der Springer.

Die Springer (von denen in der ursprünglichen Aufstellung der Königssprin<br>
jeder Partei stets auf einem in der Farbe verschiedenen Felde steht als der Dame<br>
springer) haben einen den Läufern gerade entgegengesetzten Gang, indem sie a<br>
jedem Zuge die Farbe des Feldes wechseln, also von Weiss auf Schwarz, von Schwa<br>
auf Weiss springen. Der Springer geht aber nicht auf ein benachbartes and<br>
farbiges Feld, sondern auf ein diesem zunächst befindliches, vor- und rückwär<br>
mögen eigene oder fremde Figuren dazwischen stehen, falls nur das zu besetzen<br>
Feld selbst von keiner Figur seiner eigenen Partei, sondern entweder von ein<br>
feindlichen Figur, die der Springer eben schlägt, eingenommen oder leer ist. Gese<br>
also, ein Springer stände auf e1, also auf einem weissen Felde, so könnte er von hier a<br>
auf folgende schwarze Felder springen: auf c3, auf c5, auf d2, auf d6, auf f2. a<br>
f6, auf g3, auf g5. Also zusammen auf 8 Felder.*) Daraus ist ersichtlich, da<br>
der Springer dazu da ist, die den andern Figuren fehlende Gangart zu ergänze<br>
und dass er, wenn auch nicht auf so weite Strecken hin drohend wie der Läufer, doc<br>
wiederum nicht so einseitig wie dieser, sondern vielmehr in den verschiedenartigste<br>
Richtungen seine Wirksamkeit ausüben kann. Der Springer bildet die *Reiterei* in<br>
Schachheere. In einer Hinsicht stehen allerdings die Springer den Läufern nach<br>
indem selbst 2 Springer den feindlichen König nicht erzwungen matt zu *mache*<br>
vermögen, sondern nur falls derselbe sich freiwillig auf das passende Eckfeld stell<br>
Sie können ihn nur patt machen. Befindet sich aber noch ein ziehbarer Bauer be<br>
dem sich vertheidigenden Könige, so ist in mannigfachen Stellungen ein Matt mög<br>
lich. Es giebt sogar Fälle, wo ein Springer das Matt erzwingt, falls der feindliche<br>
König noch einen Bauer hat, der ziehen muss. Diese Fälle werden beim Bauernspiel<br>
besprochen werden.

Eine besondere Art des Matt ist das ersticke Matt, welches der Springer<br>
giebt, im Fall der feindliche König dergestalt von seinen eigenen Figuren eingeeng<br>
ist, dass er nicht ziehen kann. Folgendes Diagramm giebt ein Bild davon:

8.

Läufer und Springer machen erzwungen matt; doch ist dies Matt von allen<br>
Erzwungenen das Schwierigste, wie nächstfolgende Darstellung zeigt. Die Haupt-<br>
sache besteht darin, den angreifenden König mit dem feindlichen in Opposition zu<br>
bringen, durch den Läufer wiederholt ein Tempo zu gewinnen, und den Springer in<br>
stereotyper Bewegung so zu führen, dass er dem feindlichen Könige diejenigen<br>
Felder abschneidet, welche der Läufer offen lässt. Das Matt erfolgt auf einem<br>
Eckfelde von der Farbe des Läufers, so dass dieser matt macht, oder auch auf dem<br>
Randfelde nebenan, wo dann der Springer das Matt erwirkt. Steht der feindliche

---

*) Anmerk. Rösselsprung nennt man das Kunststück, mit dem Springer alle<br>
Felder des Brets zu betreten, wobei er zuletzt auf die ursprüngliche Stelle, von wo er<br>
ausgegangen ist, zurückkehren mag.

König also in der Mitte des Brets, so kommt es darauf an ihn an den Rand zu drängen.

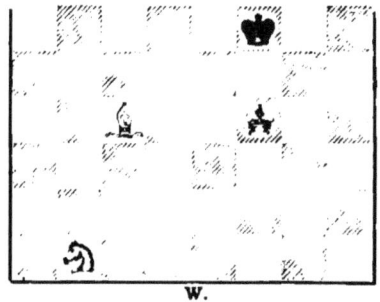

w.

| W. | s. | W. | s. |
|---|---|---|---|
| 1) Sb1—c3 | 1) Kf6—g6 | 14) Lg6—f7 | 14) Kd8—c8 |
| 2) Sc3—e4 | 2) Kg6—h6 | 15) Sd7—c5 | 15) Kc8—d8 |
| 3) Kf4—f5 | 3) Kh6—h7 | 16) Sc5—b7 + | 16) Kd8—c8 |
| 4) Kf5—f6 | 4) Kh7—h8 | 17) Kd6—c6 | 17) Kc8—b8 |

(Geht der schw. König nach h6, so nimmt ihm der Läufer das Feld h5, und zwingt ihn nach dem Eckfelde zu gehen.)

| W. | s. | W. | s. |
|---|---|---|---|
| | | 18) Kc6—b6 | 18) Kb8—c8 |
| 5) Se4—d6 | 5) Kh8—h7 | 19) Lf7—e6 + | 19) Kc8—b8 |
| 6) Sd6—f7 | 6) Kh7—g8 | 20) Le6—d7 | 20) Kb8—a8 |
| 7) Lc4—d3 | 7) Kg8—f8 | 21) Sb7—c5 | 21) Ka8—b8 |
| 8) Ld3—h7 | 8) Kf8—e8 | 22) Sc5—a6+ | 23) Kb8—a8 |
| 9) Sf7—c5 | 9) Ke8—f8*) | 23) Ld7—c6 + | Matt. |
| 10) Sc5—d7+ | 10) Kf8—e8 | | |
| 11) Kf6—e6 | 11) Ke8—d8 | | |
| 12) Ke6—d6 | 12) Kd8—c8 | | |

(Geht der schw. König nach c8, so erfolgt gleich 13) Sd7—c5.)

(Verlängert man das Spiel um einige Züge, so kann man auch mit dem Springer Matt geben; nämlich:

| W. | s. |
|---|---|
| 13) Lh7—g6 + | 13) Ke8—d8 |

| W. | s. |
|---|---|
| 22) Ld7—e6 | 22) Kb8—a8 |
| 23) Le6—c8 | 23) Ka8—b8 |
| 24) Lc8—a6 | 24) Kb8—a8 |
| 25) La6—b7 + | 25) Ka8—b8 |
| 26) Sc5—a6 + | Matt. |

*) Oder:

| W. | s. | W. | s. |
|---|---|---|---|
| | 9) Ke8—d8 | 20) Kc6—b6 | 20) Kb8—c8 |
| 10) Kf6—e6 | 10) Kd8—c7 | 21) Lf7—e6 + | 21) Kc8—b8 |
| 11) Se5—d7 | 11) Kc7—c6 | 22) Le6—d7 | 22) Kb8—a8 |
| 12) Lh7—d3 | 12) Kc6—c7 | 23) Sb7—c5 | 23) Ka8—b8 |
| 13) Ld3—e4 | 13) Kc7—d8 | 24) Sc5—a6 + | u. s. w. |
| 14) Ke6—d6 | 14) Kd8—e8 | | |
| 15) Le4—d5 | 15) Kc8—d8 | | |
| 16) Ld5—f7 | 16) Kd8—c8 | | |
| 17) Sd7—c5 | 17) Kc8—d8 | | |
| 18) Sc5—b7+ | 18) Kd8—c8 | | |
| 19) Kd6—c6 | 19) Kc8—b8 | | |

In nebenstehender Stellung geschieht das Matt folgend:

s.

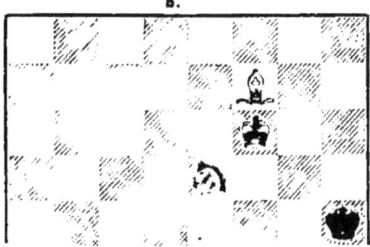

| | | | |
|---|---|---|---|
| 1) K f6—f5 | 1) Kh4—g3 | 8) Ke3—f4 | 8) Kg2—f1 |
| 2) Lf7—h5 | 2) Kg3—h4 | 9) Kf4—g3 | 9) Kf1—g1 |
| 3) Lh5—g4 | 3) Kh4—g3 | 10) Lg4—e2 | 10) Kg1—h1 |
| 4) K f5—g5 | 4) Kg3—f2 | 11) Sd3—f2 + | 11) Kh1—g1 |
| 5) Kg5—f4 | 5) K f2—e1 | 12) S f2—h3 + | 12) Kg1—h1 |
| 6) K f4—e3 | 6) Ke1—f1 | 13) Le2—f3 + | Matt. |
| 7) Sc5—d3 | 7) K f1—g2 | | |

Zwei Springer können in gewissen Stellungen gegen die Dame remis machen. Als günstigere Stellung wird betrachtet, wenn die Springer sich einander nicht

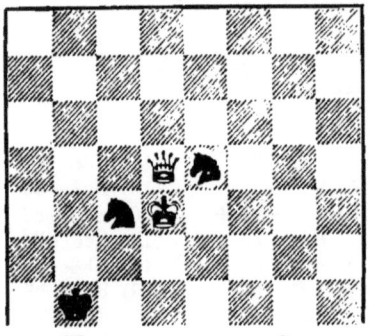

decken, sondern neben einander bei ihrem Könige stehen, und so sich frei bewegen können. Decken sie sich gegenseitig, so vermag die Dame zu gewinnen, wenn ihr König hineinschleichen und beide Springer fesseln kann, die Dame treibt den König von seinen Springern hinweg an den ·Rand, setzt ihn patt und erzwingt solcherweise Bewegung der Springer, welche verloren gehen.

Nebenstehend ein Beispiel:

|  W. | **8.** |
|---|---|
| 1) Dd5—b7 + | 1) Kb2—c2 |
| 2) Db7—b5 | 2) Kc2—d1 |
| 3) Db5—b3 + | 3) Kd1—e2 |
| (Falls Kd1—c1 antwortet W. mit | |
| 4) d4—c3.) | |
| 4) Db3—g3 | 4) Ke2—f1 |
| 5) Kd4—e4 | 5) K fl—e2 |
| 6) Dg3—g2 + | 6) Ke2—d1 |
| (Züge S. den König nach e1 zu- | |

| W. | 8. |
|---|---|
| rück, so folgte W. 7) Ke4—d4, der schw. König müsste darauf nach d1 rücken und die Dame zöge dann ebenso nach f2.) | |
| 7) Dg2—f2 | 7) Kd1—c1 |
| 8) Ke4—d4 | 8) Kc1—d1 |
| 9) Kd4—c3 | 9) S. muss |
| nun einen Springer ziehen u. verliert. | |

Oder:

| W. | 8. |
|---|---|
| 1) Db5—b7 + | 1) Kb2—c1 |
| 2) Db7—g2 | 2) Kc1—d1 |
| 3) Dg2—f2 | 3) Kd1—c1 |

| | |
|---|---|
| 4) Kd4—c3 | 4) Kc1—b1 |
| 5) D f2—c2 + | 5) Kb1—a1 |
| 6) Kc3—d4 | Springer muss ziehen. |

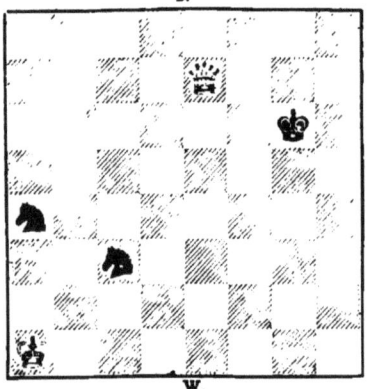

Es lässt sich eine Stellung denken, wo der angreifende König in einer Ecke patt steht, der gegenseitige König aber von seinen Springern getrennt ist, und indem er von der Dame gleichfalls patt gesetzt wird, zuletzt genöthigt ist seinen Springer zu ziehen und zu verlieren.

Z. B. nebenstehende Stellung:

| **W.** | **s.** | **W.** | **s** |
|---|---|---|---|
| 1) De7—f8 | 1) Kg6—g5 | 5) Df5—f4 | 5) Kg2—h3 |
| 2) Df8—f7 | 2) Kg5—g4 | 6) Df4—g5 | 6) Kh3—h2 |
| 3) Df7—f6 | 3) Kg4—g3 | 7) Dg5—g4 | 7) Kh2—h1 |
| 4) Df6—f5 | 4) Kg3—g2 | 8) Dg4—g3 Muss Springer ziehen. | |

Befände sich dagegen der schw. König
bei seinen Springern, so würde es der Dame
nicht möglich sein ihn davon hinweg zu treiben,
wenn auch der weisse König nicht vollständig
patt stände.

In nebenstehender Stellung, wo sich beide
Springer decken, ist doch nur ein Remis
möglich:

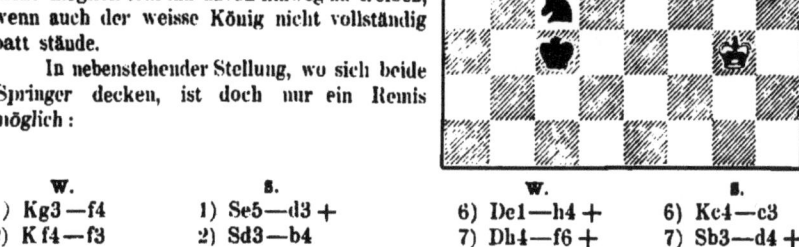

| **W.** | **s.** | **W.** | **s.** |
|---|---|---|---|
| 1) Kg3—f4 | 1) Se5—d3 + | 6) De1—h4 + | 6) Kc4—c3 |
| 2) Kf4—f3 | 2) Sd3—b4 | 7) Dh4—f6 + | 7) Sb3—d4 + |
| 3) Dd5—d1 | 3) Sc4—d2 + | 8) Ke2—f2 | 8) Sb4—d5 |
| 4) Kf3—e2 | 4) Sd2—b3 | Remis. | |
| 5) Dd1—e1 + | 5) Kc3—c4 | | |

Stellungen, wie nebenfolgende,
weisen auf Remis hin, da dem w.
Könige das Herannahen verwehrt ist.

| **s.** | **W.** |
|---|---|
| 1) Kg3—f3 | 1) Sf6—h7 |
| 2) Kf3—g4 | 2) Sh7—f8 |
| 3) De6—d6 | 3) Kg7—f7 |
| 4) Dd6—d5 + | 4) Kf7—g7 |
| u. s. w. | |

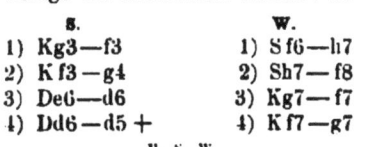

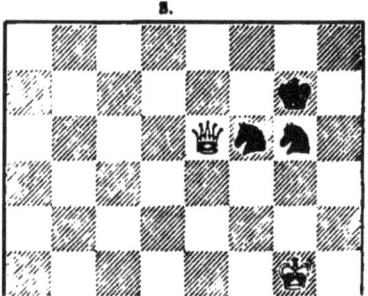

Noch günstiger stände der schw. König bei seinen sich nicht deckenden Springern
in der Mitte des Brets. Allerdings kommt es darauf an stets die richtigen Springer-
züge zu thun, und da dabei leicht ein Versehen vorkommen kann, so wird im
praktischen Spiel die Dame öfterer gewinnen, wo eigentlich das Spiel wahrscheinlich
unentschieden gewesen wäre.

Ebenso eigenthümlich verhält es sich mit dem Matt von Dame gegen Springer
und Läufer. Gewöhnlich gewinnt die Dame, indem sie eine Figur erobert. In einigen
Stellungen indess ist das Matt nicht zu erzwingen, aber da, um Remis zu halten,
ein sehr genaues Spiel der schwächern Partei
nothwendig, so schleicht sich zuweilen ein
Fehler ein, wodurch die Dame gewinnt. Die
Vertheidigung besteht darin, dem feindlichen
Könige die Annäherung zu verwehren, die Figuren
ungefesselt zu erhalten, und möglichst wenig
vom Könige zu entfernen, wie in nebenfolgender
Remisstellung gezeigt wird.

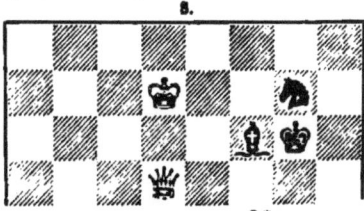

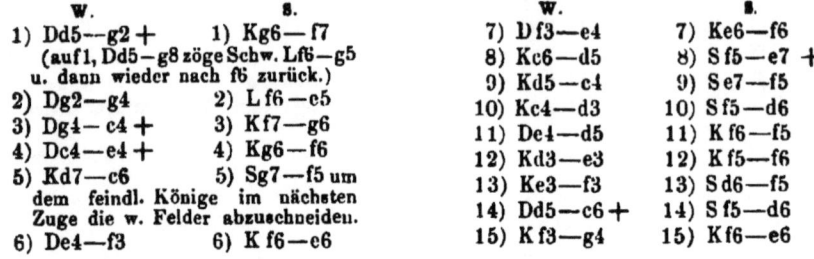

| W. | S. | W. | S. |
|---|---|---|---|
| 1) Dd5—g2 + | 1) Kg6—f7 | 7) Df3—e4 | 7) Ke6—f6 |
| (auf 1, Dd5—g8 zöge Schw. Lf6—g5 u. dann wieder nach f6 zurück.) | | 8) Kc6—d5 | 8) Sf5—e7 + |
| | | 9) Kd5—c4 | 9) Se7—f5 |
| 2) Dg2—g4 | 2) Lf6—e5 | 10) Kc4—d3 | 10) Sf5—d6 |
| 3) Dg4—c4 + | 3) Kf7—g6 | 11) De4—d5 | 11) Kf6—f5 |
| 4) Dc4—e4 + | 4) Kg6—f6 | 12) Kd3—e3 | 12) Kf5—f6 |
| 5) Kd7—c6 | 5) Sg7—f5 um dem feindl. Könige im nächsten Zuge die w. Felder abzuschneiden. | 13) Ke3—f3 | 13) Sd6—f5 |
| | | 14) Dd5—c6 + | 14) Sf5—d6 |
| 6) De4—f3 | 6) Kf6—e6 | 15) Kf3—g4 | 15) Kf6—e6 |

u. s. w.

Die Stellung der Schwarzen ist wiederum der im Anfange ähnlich.

Gegen einen einzelnen Springer oder Läufer gewinnt die Dame sehr leicht. Ein Beispiel sei hier mit dem Springer gegeben:

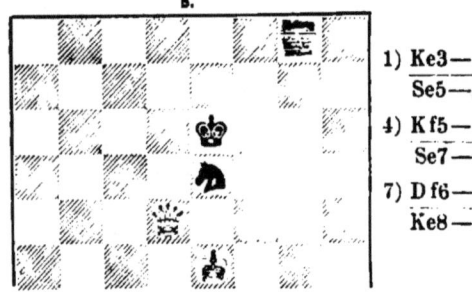

| 1) Ke3—e4 | 2) Dd4—b6 + | 3) Kc4—f5 |
|---|---|---|
| Se5—g6 | Ke6—f7 | Sg6—e7+ |
| 4) Kf5—g5 | 5) Db6—d6 | 6) Dd6—f6 + |
| Se7—d5 | Sd5—e7 | Kf7—e8 |
| 7) Df6—e6 | 8) Kg5—f6 | 9) De6—c6 |
| Ke8—d8 | Se7—c8 | Spr. verloren. |

Springer und Thurm halten Remis gegen die Dame.

Der Springer macht gegen Thurm gewöhnlich remis, wenn er sich noch bei seinem Könige befindet. Z. B. in nachfolgender Stellung ist Weiss nicht im Stande zu gewinnen:    Doch giebt es auch Stellungen, wo der Springer verliert, z. B.:

 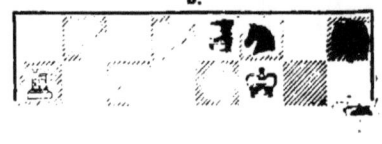

Steht dagegen der Springer von seinem Könige entfernt, so hält ihn der Thurm eingeschlossen und der König erobert ihn, wie nachfolgend gezeigt wird:

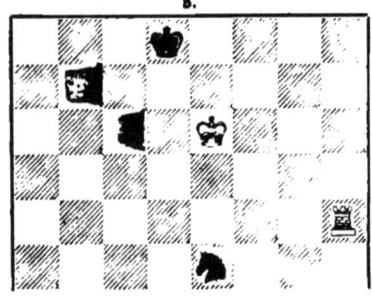

| w. | s. |
|---|---|
| 1) Th4—e4 | 1) Se3—c2 |
| 2) Ke6—d6 | 2) Sc2—a3 |
| 3) Kd5—c5 | 3) Kd8—c7 |
| 4) Kc5—b4 | 4) Sa3—c2 + |
| 5) Kb4—b3 | Verloren. |

Im Allgemeinen macht der einzelne Thurm gegen Thurm und Springer remis. In einigen Randstellungen indess vermögen Thurm und Springer gegen Thurm das Matt zu erzwingen. Das Verfahren besteht hauptsächlich darin, mit dem Springer so zu ziehen, dass er das vom feindlichen Thurm gegebene Schach neben dem Könige deckt, um den König in Opposition mit dem Andern zu bringen, also ähnlich wie bei Thurm und Läufer gegen Thurm.

s.

W.

| | W. | | s. | | W. | | s. |
|---|---|---|---|---|---|---|---|
| 1) | Se6—g7 + | 1) | Kc8—f8 | 8) | Td6—c6 | 8) | Tc8—a8 |
| 2) | Td1—d7 | 2) | Tb8—b6 + | 9) | Se6—g5 | 9) | Kg8—f8 |
| 3) | Sg7—e6 + | 3) | Tf8—g8 | 10) | Tc6—c6 | 10) | Ta8—b8 |
| 4) | Td7—e7 | 4) | Tb6—a6 | 11) | Sg5—h7 + | 11) | Kf8—g8 |
| 5) | Kf6—g6 | 5) | Ta6—a8 | 12) | Tc6—c7 | 12) | Tb8—b6 + |
| 6) | Te7—d7 | 6) | Ta8—b8 | 13) | Sh7—f6 + | | Verloren. |
| 7) | Td7—d6 | 7) | Tb8—c8 | | | | |

Wenn der schwarze König auf den Feldern des Läufers, Springers, Thurmes steht ist das Matt verhältnissmässig am leichtesten. Auf den Feldern des Königs und der Dame ist es viel schwieriger, und ein Erzwingen des Matts im Allgemeinen ist überhaupt, ausser auf besonderen ungünstigen Randstellungen, wie gesagt, nicht nachweisbar. Auch kommen alle diese schweren Matts äusserst selten vor. Gewöhnlich sind noch Bauern vorhanden, welche das Spiel entscheiden. Von diesen soll jetzt, nachdem wir den Gang der Offiziere haben kennen lernen, die Rede sein.

## Die Bauern.

Der Bauer geht nur gerade aus, und von seiner ursprünglichen Stellung beliebig 1 oder 2 Felder, nachher stets bloss ein Feld; natürlich müssen die zu überschreitenden und zu besetzenden Felder leer sein, oder eben durch Schlagen des Bauers leer werden. Der Bauer ist die einzige Figur, welche nicht rückwärts zu ziehen vermag, sondern immer nur vorwärts in's Treffen hinein, in der Feinde dichtes Gewühl, und zugleich die einzige Figur, welche anders schlägt als sie zieht. Er schlägt nämlich schräg, ein Feld vorwärts, nach jeder Seite. Ein Bauer, der z. B. auf e2 steht, kann nur nach e3 oder e4 beim ersten Zuge, und später nach e5, e6, e7 u. e8 ziehen. Schlagen kann er eine z. B. auf der f oder d Linie befindliche Figur, indem er sich an deren Stelle setzt. Steht z. B. der Bauer auf e4 und feindliche Figuren auf f5 u. d5,

so kann der Bauer eine von ihnen nehmen, und selbst auf f5 oder d5 rücken.
Ein Bauer auf f4 z. B. könnte eine auf c5 od. g5 stehende feindliche Figur schlagen.

Vor dem Schlagen:<br>
**8.**

Nach dem Schlagen:<br>
**8.**

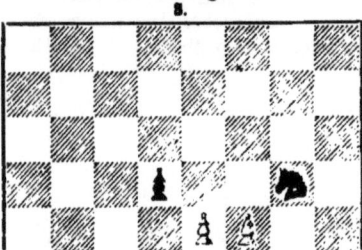    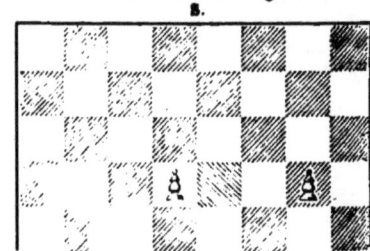

Durch diese schräge Weise des Schlagens ist es möglich, dass ein Bauer,
welcher sonst stets nur auf seiner Linie ziehen darf, im Laufe des Spiels auf eine
ganz andere geräth. Aus dem Gesagten geht auch hervor, dass der Bauer dem feindlichen Könige nur schräg, in der Richtung wie er schlägt, Schach bieten kann, also
z. B. ein Bauer auf c4 nur wenn der feindliche König auf d5 oder f5 sich befindet.

Zieht ein Bauer von seiner ursprünglichen Stellung aus
2 Schritte, so kann er von einem auf einem nebenan befindlichen
Felde stehenden feindlichen Bauer, dessen Bereich er dabei
passirt, im nächsten Zuge geschlagen werden. Also z. B. ein Bauer,
der auf e2 steht und nach e4 zieht, kann von einem feindlichen auf d4 oder f4
stehenden Bauer dergestalt geschlagen werden, dass der schlagende Bauer im nächsten
Zuge sich auf e3 stellt. (In Italien hingegen darf der vorbeipassirende Bauer nicht
geschlagen werden). Es steht natürlich im Belieben des Spielers, ob er schlagen
oder den Bauer passiren lassen will.

Ein anderes wichtiges Gesetz, das eben dem Bauernspiel die höchste Bedeutung
verleiht, ist folgendes: Jeder Bauer, der auf die letzte Reihe des
Brets, auf welcher ursprünglich des Gegners Offiziere standen,
gelangt, wird nach beliebiger Wahl des Spielers sogleich irgend
ein Offizier, mag auch der verlangte Offizier noch im Spiele vorhanden sein.
Nur kann ein auf ein weisses 8tes Feld gelangender Bauer natürlich nur ein weisser
Läufer, ein schwarzes 8tes Feld erreichender Bauer nur ein schwarzer Läufer
werden. (Gewöhnlich lässt man sich aber natürlich eine Zweite Dame geben,
da dies der mächtigste Offizier ist. Es können aber ausnahmsweise Fälle vorkommen,
wo man in der Bedrängniss des Augenblicks statt einer Dame sich einen Springer
geben lassen muss, weil eine Dame nichts nützen würde. —

Also jeder der weissen Bauern, welche ursprünglich auf den Feldern a2—h2
stehen, wird zum Offizier, sobald er auf eines der Randfelder von a8—h8 gelangt
ist. Anderseits wird jeder schwarze Bauer von a7—h7 Offizier, sobald er auf
eines der Randfelder von a1—h1 vorgerückt ist.

Der Bauer ist in seinem Gange die beschränkteste Figur; er bildet das gemeine
Fussvolk, obgleich jeder Bauer den Marschallstab in sich trägt, da er ja möglicherweise Dame werden, also den höchsten Rang erreichen kann. Dennoch hängt von
der guten Führung der Bauern grossentheils der Gewinn der Partie ab. Sie sind
es, die das Gefecht eröffnen, an ihre günstige Stellung knüpft sich die Entwicklung
der Macht der Offiziere. Als die geringsten Figuren sind sie auch diejenigen, welche
am ersten behufs Ausführung eines grossen Angriffsplans geopfert werden können,
obgleich, und das vergesse der Lernende niemals, der Mehrbesitz eines Bauern in
geschickter Hand meist das Spiel entscheidet und derjenige, welcher die Bauern nur

als Kanonenfutter betrachtet, nie ein guter Spieler werden wird. Namentlich ist ein Freibauer von höchster Wichtigkeit, d. h. ein Bauer, der auf seinem Wege zur Dame (also auf die Offiziersreihe des Feindes) von keinem gegnerischen Bauer aufgehalten oder geschlagen werden kann. Steht z. B. ein Bauer auf e4, so heisst er Freibauer, wenn auf den Feldern e5, e6, e7, d5, d6, d7, f5, f6, f7 kein feindlicher Bauer sich befindet.

Doppelbauern heissen 2 Bauern, die durch das Schlagen auf ein und derselben Verticallinie über einander stehen, z. B. 2 Bauern, die auf e2 und e5 stehen. Sie gelten im Allgemeinen für schwächer als verbundene Bauern, die sich gegenseitig unterstützen, z. B. 3 Bauern auf f3, g4, h5.

Die Bauern des Königs und der Dame gelten, weil sie dazu bestimmt sind, den Mittelpunkt einzunehmen und meist zuerst bewegt werden, als die wichtigsten, und man hält es im Allgemeinen für vortheilhaft, falls diese beiden Bauern gegen feindliche getauscht werden, sie durch die entsprechenden Läuferbauern ersetzen zu können.

Die Kenntniss vom Bauernspiel, sowohl der Bauern allein als in Verbindung mit Offizieren, bildet die eigentliche Theorie vom Endspiel, welche naturgemäss den Schluss eines Lehrbuchs bildet. Ohne Gewandtheit in diesem Theile der Kunst ist es nicht möglich eine Partie gut zu Ende zu führen, sondern der vorher vielleicht errungene Vortheil geht rettungslos gegen einen im Endspiel erfahrenen Gegner verloren.

Nach dem bis jetzt Vorgetragenen wird man sich eine allgemeine Vorstellung von dem Werthe der Figuren gegen einander machen können.

Der König hat im Anfange des Spiels nur einen untergeordneten Werth, da er bloss als zu vertheidigende Figur in Betracht kommt, und nicht selbst in den Kampf hinaus treten kann, ohne die grösste Gefahr zu laufen. Aber am Ende der Partie, wo die meisten Offiziere abgetauscht sind, und das eigentliche Bauernspiel entscheidet, zeigt sich der König in seiner ganzen Kraft, indem er nicht nur schützend für seine Bauern auftritt; und sie zur Dame führt, sondern raubend unter denen des Gegners einherschreitet und sich dem feindlichen Könige, ihm einengend, gerade gegenüber stellt. Erst sich vorsichtig hinter dem Schutze seines Kriegsheeres haltend, wagt er sich nun weit hinaus bis in die äusserste Reihe des feindlichen Lagers.

Die Dame hat im Allgemeinen den Werth von 2 Thürmen oder 3 leichten Offizieren.

Den Thurm rechnet man gleich einem leichten Offizier und 2 Bauern.

Thurm und 2 Bauern gelten gleich 2 leichten Offizieren.

Läufer und Springer gelten als gleich.

Drei Bauern schätzt man gleich einem leichten Offizier.

# Von den Spieleröffnungen.

Den König matt machen, den König, der so wohlverschanzt, von so vielen Offizieren umgeben, von dem Vorwall von Bauern geschützt ist! — Freilich, nur in Spielen von Anfängern kommen Matts von wenigen Zügen vor. (Das kürzeste ist in 2 Zügen: 1) f2 f3—e7 e5 2) g2 g4—Dd8 h4 +). Denn wer gegen einen geübten Spieler geradezu darauf ausgehen wollte, würde sich in vergeblichen Angriffen erschöpfen, und mit seinen Figuren zurückgetrieben, sich selbst die ganze Wucht des feindlichen Angriffs zuziehen. Bei beiderseitigem starken Spiele dreht sich die Entscheidung meist nur um die Einnahme einer bessern Stellung, oder um den Mehrbesitz eines zur Dame zu führenden Bauers. Hier wird mit aller Kraft und Kunst gerungen, bis, falls der Kampf nicht unentschieden bleibt, eine gut durchgeführte Combination, begünstigt vielleicht durch einen schwachen Zug des Gegners, den Sieg für die eine Partei entscheidet. Denn der starke Spieler weiss auch den geringsten günstigen Moment für sich auszubeuten, aus dem kleinsten augenblicklichen Nachlass in der Berechnungskraft seines Gegners einen Vortheil für sich zu entwickeln. Daraus schon erhellt, dass bei starken Spielern der Gewinn (abgesehen von offenbaren Fehlern, die selbst bei Meistern vorkommen, und von der Art der gewählten Eröffnung) meist von augenblicklicher günstigerer Disposition des einen Spielers über den Andern abhängt, und dass es keine Spieler geben kann, wie manchmal Laien sich einbilden, die gegen jeden Andern stets zu gewinnen vermöchten. Dazu ist das Schachspiel viel zu tief. Freilich, wo der Unterschied in der Kraft eine wirkliche Vorgabe mit Erfolg gestattet, da darf der Stärkere wohl sicher auf Gewinn rechnen.

Wie im Kriege heisst es auch im Schachspiel, welches das Abbild von jenem ist, Raum und Zeit gewinnen. Einen gewissen Vortheil giebt allerdings der Anzug (so heisst der Zug des ersten Spielers im Gegensatze zum Nachzuge, d. h. dem Zuge des zweiten Spielers). Zweck der Theorie von den Eröffnungen ist es eben zu lehren, wie der Anziehende am besten angreift, der Nachziehende am besten sich vertheidigt, und so eine vernunftgemässe Grundlage für die Partie hergestellt wird.

Um die Offiziere herauszufördern, ist es nothwendig zuerst die Bauern zu ziehen. Zwar könnte man auch mit dem Herausziehen der Springer beginnen; aber darauf müsste doch die Bewegung der Bauern folgen. — Es ist schon erwähnt worden, dass die Bauern des Centrums die höchste Bedeutung in Anspruch nehmen. Auch darin überwiegen sie die anderen, dass durch ihren Aufzug die rascheste Entwicklung der dahinter stehenden Offiziere bewirkt wird. Durch den Auszug: Königsbauer 2 Schritte werden sowohl für die Dame wie für den Königsläufer 4 Felder, und ausserdem für den Königsspringer noch ein drittes Feld frei. Von geringerer Folge ist schon der Anzug: Damenbauer 2 Schritte, weil er zwar dem Damenläufer gleichfalls 4 Felder und dem Damenspringer noch ein drittes Feld eröffnet, der Dame dagegen nur 2 Felder. Also wird die Eröffnung: Königsbauer 2 Schritt dem Zwecke am vollständigsten genügen, und werden wir diese zunächst untersuchen.

# 1. Spiele vom Königsbauer.

**Weiss** zieht 1) e2e4, um das Centrum zu beherrschen. Schwarz mag ihm :sen Vortheil nicht einräumen, sondern zieht gleichfalls 1) e7 e5.

**Offenbar** würde, wenn W. jetzt den Damenbauer (d2d4) zwei Schritte zöge, rselbe vom feindlichen Königsbauer geschlagen werden, worauf ihn W. mit der ume (d1d4) zwar zurücknehmen könnte, aber keinen Vortheil davon hätte. Von 'fizieren kann W. die Dame, den Königsläufer und den Königsspringer ziehen. 'ohin soll aber die Dame gehen? — Auf e2 verstellt sie ihrem eigenen Läufer den 'eg, auf f3 dem Königsspringer, und weiter heraus würde sie von jeder geringern indlichen Figur angegriffen und zurückgetrieben werden. Also bleiben nur Läufer ıd Springer zu ziehen übrig, deren Züge nach einander zu betrachten sind. Also ierst der Läuferzug.

Der Läufer auf e2 greift nichts an, auf d3 verstellt er das eigene Spiel, auf 5 würde er bald zurückgetrieben werden; dagegen steht er auf c4 sehr gut, wo : den feindlichen Königsläuferbauer (f7) angreift. Also:

**W.**
2) Lf1c4. Dadurch entsteht das

## Läuferspiel.

| 1) e2e4 | 2) f1c4 |
|---------|---------|
| e7e5    |         |

Schwarz kann nun verschiedene Züge thun. Es kann entweder die Züge des ;egners nachahmen, oder selbst zum Angriff schreiten. Nehmen wir zunächst den :rstern Fall an. Also:

**s.**
2) Lf8c5.

W. hat nun verschiedene Fortsetzungen. Vorerst verfolgen wir den ursprüng- ichen Plan, die Bauern im Centrum neben einander zu stellen. Darum zieht:

**W.**
3) c2—c3, um nachher d2d4 vorzurücken.

S. kann nun auf verschiedene Weise dagegen operiren:

1) Er kann die fernere Nachahmung des Gegners versuchen. 2) Er kann durch den Damenspringer (b8c6) direkt dem Vorrücken des weissen Damenbauern entgegen- treten. 3) Er kann die Dame auf e7 ziehen, um den später etwa bloss werdenden feindlichen Königsbauer zu rauben; oder die Dame auf f6, e5, h4 stellen, W. mit Matt oder Verlust bedrohend. 4) Er kann den Königsspringer auf das dritte Feld seines Läufers setzen (g1f3) den feindlichen Königsbauer angreifend. 5) Er kann, dem Gegner zuvorkommend, seinen eigenen Damenbauer 2 Schritte ziehen (d7d5), ihn opfernd, wodurch ein eigenes Spiel entsteht. Mit allen diesen Methoden werden wir es versuchen, mit dem Rohesten, mit der Nachahmung der weissen Züge durch Schwarz beginnend. Also:

**s.**
3) c7—c6.

W. lässt sich dadurch in Verfolgung seines Plans nicht aufhalten.

**W.**
4) d2d4.

Schlägt nun Schwarz den Bauer so entsteht folgendes Spiel:

| W. | S. | W. | S. |
|---|---|---|---|
| | 4) e5d4 | | 10) Sg8e7 |
| 5) Lc4f7 + | 5) Ke8f7 | 11) Lc1e3 | 11) Th8d8 |
| 6) Dd1h5 + | 6) g7g6 | 12) Le3d4 | 12) Df6g5 |
| 7) Dh5c5 | 7) d4c3 | (Ginge die schwarze Dame auf f4, so | |
| 8) Sb1c3 | 8) d7d6 | griffe sie W. mit Sc3e2 an.) | |
| 9) Dc5d4 | 9) Dd8f6 | 13) Sg1f3 | 13) Dg5g2 |
| 10) Dd4d3 | | 14) Th1g1 | 14) Dg2h3 |

(W. tauscht die Dame nicht, weil er sie für fernere Angriffe benutzen will)

15) Sf3g5 + und erobert die Dame.

Nimmt Schwarz im 4. Zuge den Bauer nicht, sondern zieht seinen Damenbauer gleichfalls 2 Schritte, so bildet sich folgende Fortsetzung:

| W. | S. | W. | S. |
|---|---|---|---|
| 1) e2e4 | 1) e7e5 | 8) Sg1f3 | 8) Sb8d7 |
| 2) Lf1c4 | 2) Lf8c5 | 9) Lc1e3 | 9) h7h6 |
| 3) c2c3 | 3) c7c6 | (Um zu verhindern, dass der weisse | |
| 4) d2d4 | 4) d7d5 | Springer nach g5 kommt, da der Läufer | |
| 5) d4c5 | 5) d5c4 | auf c6 den Bauer c4 schützt.) | |
| 6) Dd1d8 + | 6) Ke8d8 | 10) Sf3d2 | 10) Sg8f6 |

(W. tauscht die Dame um den schwarzen König um die Rochade, und in unsichere Lage zu bringen.)

| W. | S. |
|---|---|
| 11) f2f3 | 11) b7b5 |
| 12) c5b6 | 12) Sd7b6 |
| 13) Le3b6 | 13) a7b6 |
| 7) S b1a3 | 7) Lc8e6 | 14) Sd2c4 | 14) Sf6d7 |

15) O—O—O.    hat 1 Bauer weniger.

Also ist die Nachahmung der Züge von W. für S. schädlich.

Untersuchen wir nun den 2. Fall, nämlich wenn S. im 3. Zuge den Damenspringer in Bewegung setzt.

| W. | S. | W. | S. |
|---|---|---|---|
| 1) e2e4 | 1) e7e5 | 5) Lc4f7 + | 5) Ke8f7 |
| 2) Lf1c4 | 2) Lf8c5 | 6) Dd1h5 + | 6) g7g6 |
| 3) c2c3 | 3) Sb8c6 | 7) Dh5c5 | Verlust d. Rochade. |
| 4) d2d4 | 4) e5d4 | | |

| 4) d2d4 | 5) Sg1e2 | 6) Dd1d3 | 7) f2f4 | 8) e4e5 | 9) Lc4b3 | 10) c3d4 | 11) Sb1c3 |
|---|---|---|---|---|---|---|---|
| Lc5b6 | S g8f6 | 0—0 | e5d4 | d7d5 | S f6e4 | f7f5 | L c8e6 |

Steht gleich; aber W. hat einen Freibauer. Also auch dieser Zug ist für S. nicht günstig.

Schreiten wir nun weiter, zum 3. Fall: Schwarz zöge im 3. Zuge seine Dame.

| W. | S. | W. | S. |
|---|---|---|---|
| 1) e2e4 | 1) e7e5 | 4) Sg1f3 | 4) d7d6 [1) |
| 2) Lf1c4 | 2) Lf8c5 | 5) 0-0 | 5) Lc8e6 |
| 3) c2c3 | 3) Dd8e7 | | W. wird das Centrum einnehmen |

Oder:

| W. | S. | W. | S. |
|---|---|---|---|
| 1) e2e4 | 1) e7e5 | 3) c2c3 | 3) Dd8 f6 |
| 2) Lf1c4 | 2) Lf8c5 | (Hier verstellt die Dame ihrem | |

(Hier verstellt die Dame ihrem Königsspringer den Ausgang.)

---

[1) Schlecht wäre folgendes Spiel für Schwarz:

| S. | W. | S | W. | S. | W. |
|---|---|---|---|---|---|
| 4) Lc5f2 + | 5) Ke1f2 | 5) Dd7c5 + | 6) d2d4 | 6) Dc5c4 | 7) Sf3e5 und steht entwickelter. |

| W. | S. |
|---|---|
| 4) Sg1f3 | 4) Sb8c6 |
| 5) d2d4 | 5) Lc5b6 [1]) |
| 6) d4d5 | 6) Sc6e7 |

| W. |
|---|
| 7) c4d3 (um, falls c7c6 erfolgt, c3c4 zu ziehen, und den angegriffenen Bauer zu ersetzen.) S. steht beengter. |

Oder:

| W. | S. | | W. | S. |
|---|---|---|---|---|
| 1) c2e4 | 1) e7e5 | | 4) Dd1f3 | 4) Dg5g6 |
| 2) Lf1c4 | 2) Lf8c5 | | 5) Sg1e2 | 5) d7d6 |
| 3) c2c3 | 3) Dd8g5 | | 6) d2d4 und hat das Centrum. |

Veränderung: 4) $\underline{Dd1f3}$ 5) $\underline{Sg1e2}$ 6) d2d4
$\overline{Sg8f6}$ $\overline{Dg5g6}$

Oder:

1) c2e4 2) Lf1c4 3) c2c3 4) Dd1e2 5) d2d4 6) e4e5 7) Sg1f3 8) c3d4 $\bigwedge$
$\overline{e7e5}$ $\overline{Lf8c5}$ $\overline{Dd8h4}$ $\overline{Sg8f6}$ $\overline{e5d4}$ $\overline{Sf6g8}$ $\overline{Dh4h5}$

| W. | S. | | W. | S. |
|---|---|---|---|---|
| 1) e2e4 | 1) e7e5 | | 7) Sg1h3 | 7) d7d6 |
| 2) Lf1c4 | 2) Lf8c5 | | 8) f2f3 | 8) Sg4e3 |
| 3) c2c3 | 3) Dd8h4 | | 9) Lc1e3 | 9) Lc5e3 |
| 4) Dd1e2 | 4) Sg8f6 | | 10) De2e3 | 10) Lc8h3 |
| 5) d2d3 | 5) Sf6g4 | | Steht gleich. W. kann an der Er- |
| 6) g2g3 | 6) Dh4f6 [2]) | | langung v. Mittelbauern nicht gehindert |
| | | | werden. |

Ein lebhafteres Spiel und heftigen Angriff erlangt in letzterem Falle W. folgend:

| W. | S. | | W. | S. |
|---|---|---|---|---|
| 1) e2e4 | 1) e7e5 | | 8) Ke1d1 | 8) Df2f1 + |
| 2) Lf1c4 | 2) Lf8c5 | | 9) Kd1c2 | 9) Df1g2 + |
| 3) c2c3 | 3) Dd8h4 | | 10) Sg1e2 | 10) De2h1 |
| 4) Dd1e2 | 4) Sg8f6 | | 11) Dg4g7 | 11) Th8f8 |
| 5) d2d3 | 5) Sf6g4 | | 12) Lc1b6 | 12) Sb8c6 |
| 6) g2g3 | 6) Dh4f6 | | 13) Dg7f6 | 13) Lc5e7 |
| 7) De2g4 | 7) Df6f2 + | | 14) f6f2 und steht besser. |

Wir kommen jetzt zum vierten Fall. Wenn S. nämlich im 3. Zuge den Königsspringer (Sg8f6) zieht. Dadurch entsteht für beide Theile ein gleiches Spiel. Deswegen ist in dieser Lage der Zug für S. der beste.

| W. | S. | | W. | S. |
|---|---|---|---|---|
| 1) e2e4 | 1) e7e5 | | 4) d2d4 | 4) e5d6 |
| 2) Lf1c4 | 2) Lf8c5 | | (Zöge S. statt c5d4: Lc5b6, so antwortet |
| 3) c2c3 | 3) Sg8f6 | | W. mit d4c5 u. auf Sf6e4 mit Dd1d5.) |

[1]) Wenn S. statt dessen zöge 5) e5d4 so folgte:

| W. | S. | W. | S. | W. |
|---|---|---|---|---|
| 6) e4e5 | 6) Df6g6 | 8) Th1g1 | 8) Lc5b4 + | 10) Lc4f7 + u. steht besser. |
| 7) c3d4 | 7) Dg6g2 | 9) Sb1c3 | 9) Dg2h3 | |

[2]) Schlecht wäre:

| S. | W. | S. | W. | S. | W. |
|---|---|---|---|---|---|
| 6) Lc5f2 + | 7) De2f2 | 7) Sg4f2 | 8) g3h4 | 8) Sf2h1 | 9) Kelf1 u. erobert d. Spr. |

4 *

| W. | S. | | W. | S. |
|---|---|---|---|---|
| 5) c3d4 | 5) Lc5b4 + [1]) | | 8) e4d5 | 8) Sf6d5 |
| 6) Lc1d2 | 6) Lb4d2 + | | = | |
| 7) Sb1d2 | 7) d7d5 | | | |

Veränderung im 6. Zuge von Schwarz:

| 6) | 7) Dd1e2 [2]) | 8) Lc4f7 + | 9) De2c4 + | 10) Ld2b4 | 11) Dc4e4 |
|---|---|---|---|---|---|
| Dd8e7 | Sf6e4 | Ke8f7 | Lf7e8 | Se4d6 + | = |

W. kann auch im 5. Zuge statt den Bauer d4 sogleich wieder zu nehmen seinen Königsbauer 1 Schritt vorrücken, wodurch folgendes lebhaftes Spiel entsteht:

| 1) e2e4 | 2) Lf1c4 | 3) c2c3 | 4) d2d4 | 5) e4e5 | 6) Lc4b3 | 7) c3d4 | S. steht etwas |
|---|---|---|---|---|---|---|---|
| e7e5 | Lf8c5 | Sg8f6 | e5d4 | d7d5 | Sf6g8 | Lc5b6 | beengter. |

Veränderung im 6. Zuge von Schwarz:

| 6) Lc4b3 | 7) c3d4 | 8) Lc1e3 | 9) Ke1f1 | 10) g2g3 | 11) Sg1h3 | 12) Kf1g1 |
|---|---|---|---|---|---|---|
| Sf6e4 | Dd8h4 | Lc5b4+ | c7c6 | Lc8h3+ | Dh4h3+ | h7h6 |
| | | | | | | = |

Veränderung im 6. Zuge von Weiss:

| 6) e5f6 | 7) Dd1h5 [3]) | 8) Dh5c5 | 9) Sg1e2 | 10) Lc1e3 | 11) Sb1d2 | 12) Dc5c4 | 13) Dc4e4 |
|---|---|---|---|---|---|---|---|
| d5c4 | 0-0 | Tf8e8+ | d4d3 | d3c2 | Sb8c6 | Dd8f6 | = |

| W. | S. | | W. | S. |
|---|---|---|---|---|
| 1) e2e4 | 1) e7e5 | | 6) Dd1e2 | 6) d7d5 |
| 2) Lf1c4 | 2) Lf8c5 | | 7) e5d6 | 7) 0-0 |
| 3) c2c3 | 3) Sg8f6 | | 8) d6c7 | 8) Dd8c7 |
| 4) d2d4 | 4) e5d4 | | 9) De2e4 ∧ | |
| 5) e4e5 | 5) Sf6e4 | | | |

Veränderung im 5. Zuge von Schwarz:

| W. | S. | | W. | S. |
|---|---|---|---|---|
| 5) e4e5 | 5) Dd8e7 | | 9) Dg4h5 + | 9) g7g6 |
| 6) c3d4 | 6) Lc5b4 + | | 10) Dh5h6 | 10) c7c6 |
| 7) Ke1f1 | 7) Sf6e4 | | 11) f2f3 | 11) d7d5 |
| 8) Dd1g4 | 8) f7f5 [4]) | | 12) Le4e2 [5]) | |

---

[1]) Auf Lc5b6 müsste W. seine Mittelbauern zu erhalten suchen: 5)

| 6) Sb1c3 | 7) f2f3 | 8) Lc4b3 | 9) e4e5 | Lc5b6 |
|---|---|---|---|---|
| 0-0 | c7c6 | d7d5 | | |

[2]) Oder: 7) e4e5   8) Lc4d5

| | Sf6e4 | = |

[3]) Nicht so gut wäre für W. folgendes Spiel:

| 7) f6g7 | 8) Dd1h5 | 9) Ke1d1 | 10) Sg1f3 | 11) Th1e1 | 12) Te1e6 | 13) Dh5c5 |
|---|---|---|---|---|---|---|
| Th8g8 | Dd8e7 + | Tg8g7 | Sb8c6 | Lc8e6 | De7e6 | b7b6 |
| 14) Dc5b5 | 15) c3d4 | | | | | |
| Tg7g2 | a7a6 ∧ | | | | | |

Zieht S. statt dessen 10) d4d3 so folgt: 11) Th1e1   12) Sf3g5 ∧

| | Lc8e6 | |

Zieht W. 8) Lc1h6, so antwortet S. mit Dd8f6.

[4]) Dieser Bauer kann wegen Se4f2 u. darauf folgendem Th8f8 nicht genommen werden.

[5]) S. verliert zwar den Springer, indess scheint S. durch 12) c6c5 einen überwiegenden Angriff zu bekommen, da wenn der Bauer den Springer auf e4 nimmt, S. mit f5 wieder nimmt, und der schwarze Königsthurm (h8f8) gefährlich wird. Darum möchte statt des Königszugs: 7) Ke1f1 das Vorsetzen des Läufers c1d2 zu empfehlen sein.

Nun bleibt uns noch der 5. Fall zu untersuchen, nämlich, wenn S., dem Gegner zuvorkommend, im 3. Zuge seinen eigenen Damenbauer 2 Schritte vorrückt, ihn opfernd. Dergleichen freiwillige Preisgebung eines Bauern in den ersten Zügen einer Partie, ohne scheinbare Aussicht ihn wieder zu erlangen, nennt man **Gambit** (vom italienischen gambetto: ein Bein stellen.) Der Opfernde rechnet darauf, im Fall der Andere den angebotenen Bauer nimmt, dafür einen starken Angriff zu bekommen. Dies ist auch hier der Fall, und W. muss sehr richtig spielen, wenn er dadurch nicht in Verlust gerathen will.

Folgendes ist für W. das richtige Verfahren:

| w. | s. | w. | s. |
|---|---|---|---|
| 1) e2e4 | 1) e7e5 | 5) Dd1f3 | 5) 0-0 |
| 2) Lf1c4 | 2) Lf8c5 | 6) d5c4 | 6) Lc8g4 |
| 3) c2c3 | 3) d7d5 | 7) Df3d3 | |
| 4) Lc4d5 [1]) | 4) Sg8f6 | Bauer mehr. | |

Veränderung auf den 5. Zug von Schwarz:

| w. | s. | w. | s. |
|---|---|---|---|
| | 5) Sf6d5 | 9) d2d4 | 9) e4d3 |
| 6) e4d5 | 6) f7f5 | 10) Dg3d3 | 10) c7c6 |
| 7) Sg1e2 | 7) e5e4 | 11) c3c4 | |
| 8) Df3g3 | 8) 0-0 | Bauer mehr. | |

Oder:

| w. | s. | w. | s. |
|---|---|---|---|
| | 5) Sf6d5 | 8) d2d4 | 8) e5d4 |
| 6) e4d5 | 6) 0-0 | 9) e2d4 | 9) f8e8+ |
| 7) Sg1e2 | 7) f7f5 | 10) d4e2 | Bauer mehr. |

Ein übles Spiel würde dagegen W. sich zuziehen, wenn er im 5. Zuge die Dame statt nach f3 nach b3 zöge:

1) $\frac{e2e4}{e7e5}$ 2) $\frac{Lf1c4}{Lf8c5}$ 3) $\frac{c2c3}{d7d5}$ 4) $\frac{Lc4d5}{Sg8f6}$ 5) $\frac{Dd1b3}{Sf6d5}$ 6) $\frac{Db3d5}{Dd8d5}$ [2]) 7) $\frac{e4d5}{Lc8f5}$ ∧

Falls S. im 5. Zuge rochirt entwickeln sich eigenthümliche Verhältnisse:

| w. | s. | w. | s. |
|---|---|---|---|
| 5) Dd1b3 | 5) 0-0 | 9) d2d4 | 9) Sb8d7 |
| 6) Lb5d7 | 6) Lc8d7 | 10) Da8f8 + | 10) Lc5f8 |
| 7) Db3b7 | 7) Dd8d3 | 11) f2f3 | 11) e5d4 |
| 8) Db7a8 | 8) Dd3a6 | 12) c3d4 | 12) Da6d3 |
| | | | ∧ |

---

[1]) Auf e4d5 folgt Lc5f2+ und nachher Dd8h4+.

[2]) 6) $\frac{e4d5}{Dd8g5}$ 2) $\frac{g2g3}{Dg5f6}$ ∧ . Oder: 6) $\frac{e4d5}{Dd8g5}$ 7) $\frac{Db3a4+}{c8d7}$ 8) $\frac{Da4e4}{Ld7f5}$ 9) $\frac{De4c5+}{Le8d8}$

10) $\frac{De5g3}{Th8e8+}$ 11) $\frac{Ke1d1}{Dg5e7}$ 12) $\frac{f2f3}{Lc5g4}$ Verloren. Oder: 9) $\frac{De4f3}{e5e4}$ 10) $\frac{Df3g8}{Dg5g3}$ ∧

Veränderung im 8. Zuge von Schwarz:

| W. | S. | W. | S. |
|---|---|---|---|
| | 8) c7c6 | 12) d2d4 | 12) c5d4 |
| 9) Da8b7 [1]) | 9) Dd3e4 + | 13) c3d4 | 13) Sg4h2 |
| 10) Sg1e2 | 10) De4g2 | 14) Sb1d2 ∧ | |
| 11) Th1f1 | 11) Sf6g4 | | |

Veränderung im 8. Zuge von Weiss:

| W. | S. | W. | S. |
|---|---|---|---|
| 5) Dd1b3 | 5) 0-0 | 9) b3f7 | 9) De7f7 |
| 6) Sg1f3 | 6) c7c6 [2]) | 10) Se5f7 | 10) Kg8f7 |
| 7) Ld5f7 + | 7) Tf8f7 | 11) d2d4 | |
| 8) Sf3e5 | 8) Dd8e7 | ∧ | |

Das eben analysirte Gambit heisst nach seinem Erfinder: das L e w i s - G a m b i t.

Bisher hatten wir angenommen, dass W. den Plan verfolgt, mit seinen Bauern das Centrum zu besetzen. Statt c2c3 kann er aber im 3. Zuge den Versuch machen einen lebhaften Angriff zu unternehmen.

Ein Beispiel davon liefert das D o p p e l g a m b i t (von Mac Donnell gegen de la Bourdonnais gespielt):

$$\frac{1)\ e2e4}{c7e5} \qquad \frac{2)\ Lf1c4}{Lf8c5} \qquad \frac{3)\ b2b4}{c5b4} \qquad \underline{4)\ f2f4}$$

W. opfert hier also 2 Bauern um einen Angriff zu bekommen, indem er mit seinen Mittelbauern das Centrum beherrschen würde.

Das richtige Spiel von S. besteht in einem Gegenopfer, welches ihm aber unzweifelhaft das Uebergewicht verschafft:

| W. | S. | W. | S. |
|---|---|---|---|
| 4) f2f4 | 4) d7d5 | 10) Kg1h1 | 10) Le8g4 |
| 5) e4d5 | 5) e5e4 [3]) | 11) Dd1e1 | 11) e4e3 |
| 6) Sg1e2 | 6) Sg8f6 | 12) d2e3 | 12) Lg4e2 |
| 7) 0-0 | 7) 0-0 | 13) Lc4e2 · | 13) Sf6e4 |
| 8) Sb1c3 | 8) c7c6 | 14) Lc1b2 | 14) Dd8a5 |
| 9) d5c6 | 9) Sb8c6 | | Verloren. |

Oder:

| W. | S. | W. | S. |
|---|---|---|---|
| 4) f2f4 | 4) d7d5 | 7) c3b4 | 7) d5e4 |
| 5) e4d5 | 5) c7c6 | 8) f4e5 | 8) Dd8d4 |
| 6) c2c3 | 6) c6d5 | 9) Dd1c2 | 9) Lc8f5 ∧ |

Statt im 3. Zuge b7b5 zu ziehen könnte W. Angriffe mit seiner Dame auf e2, f3, g5, h4 versuchen. Sie sind aber, wie alle zu frühe Bewegungen der Dame

---

[1])   $\dfrac{9)\ f2f3}{Sf6e4} \quad \dfrac{10)\ f3e4}{Dd3e4\ +}$   W. gewinnt.

[2])   Fehlerhaft. Das Richtige ist: $6)\dfrac{\ \cdot\ }{Sf6d5} \quad 7)\dfrac{Db3d5}{Dd8d5} \quad 8)\dfrac{e4d5}{e5e4}∧$

[3])   Dadurch wird W. sehr eingeengt.

tweder nicht wirksam oder gar nachtheilig. Dieselben Züge haben wir als vom
achziehenden bereits in Betracht gezogen.

Das Spiel: 1) e2e4  2) Lf1c4  3) Dd1e2 kann S. mit 4) Sb8c6 oder
e7e6 — Lf8c5

l8c7 oder d7d6 beantworten. Zieht W. 4) f2f4 (Lopezgambit), so nimmt S. weder
esen Bauer noch den Springer g1. Bei richtigem Spiel von S. erlangt W. indess
ine günstigen Erfolge.

Statt c2c3 kann W. im 3. Zuge vortheilhaft Sg1f3 ziehen. Antwortet darauf
: Sb8c6, so ist das später zu besprechende Springerspiel hergestellt. Antwortet
er S. mit d7d6, so kann folgendes Spiel entstehen:

1) e2e4  2) Lf1c4  3) Sg1f3
e7e5 — Lf8c5

| W. | S. | W. | S. |
|---|---|---|---|
| 3) | 3) d7d6¹) | 8) Sb1d2 | 8) d6d5 |
| 4) c2c3 | 4) Sg8f6 | 9) e4d5 | 9) Sf6d5 |
| 5) d2d4 | 5) e5d4 | 10) Dd1b3 | 10) c7c6 |
| 6) c3d4 | 6) Lc5b4+ | 11) 0-0 | 11) 0-0 |
| 7) Lc1d2 | 7) Lb4d2+ | | W. steht entwickelter. |

Ein anderer Angriff ist folgender: 1) e2e4  2) Lf1c4  3) f2f4
e7e5 — Lf8c5

| W. | S. | W. | S. | W. | S. |
|---|---|---|---|---|---|
| 3) | 3) Lc5g1 | 8) Dc2d1 | 8) d7d5 | 13) Dd1a4+ | 13) c7c6 |
| 4) Dd1h5 | 4) Dd8e7 | 9) c2c3 | 9) Sf6g4 | 14) Da4c4 | 14) Lc8h3 |
| 5) Th1g1 | 5) Sb8c6 | 10) g2g3 | 10) d5c4 | 15) Dc4d4 | 15) Ta8d8 |
| 6) d2d3 | 6) Sg8f6 | 11) c3d4 | 11) e5d4 | | ∧ |
| 7) Dh5e2 | 7) Sc6d4 | 12) h2h3 | 12) Sg4f6 | | |

Die vielfachen Angriffe denen der Nachziehende im Läuferspiel ausgesetzt ist,
enn er im 2. Zuge gleichfalls den Läufer zieht, haben Veranlassung gegeben, dass
an statt dessen jetzt allgemein Schwarz den Königsspringer (g8f6) ziehen lässt.
adurch greift S. seinerseits sogleich an, kommt dem Gegner zuvor, und das Resul-
t ist ein durchaus gleiches Spiel für S.

1) e2e4  2) Lf1c4
e7e5 — Sg8f6

Die besten Gegenzüge von W. sind 3) Sb1c3, d2d3 und Sg1f3.

Durch die Züge: 3) Sb1c3  4) Sg1f3 wird das Spiel zum giuoco piano (Siehe
Lf8c5 — Sb8c6

pringerspiel), was eine gute Eröffnung für W. ist.

3) d2d3  4) Sg1f3  5) c2c3
Lf8c5 — d7d6 — 00²) =

| W. | S. | W. | S. |
|---|---|---|---|
| 3) d2d3 | 3) Lf8c5 | 8) De5c7+ | 8) Kc8e7 |
| 4) f2f4 | 4) d7d5 | 9) Sg1f3 | 9) Sf2h1 |
| 5) e4d5³) | 5) Sf6d4 | 10) d3d4 | 10) Lc5d6 |
| 6) Dd1e2 | 6) Sg4f2 | 11) Kc1f1 | = |
| 7) De2e5+ | 7) Dd8e7 | | |

¹) 3)        4) Sf3e5  5) Lc4f7+  6) Dd1f3  7) c1c2  8) Df3e4  9) Th1f1 ∧
Sg8f6 — Sf6e4 — Ke8f6 — Lc5f2+ — d7d6 — d6e5
²) Auf Lc8g4 folgt Dd1b3 und W. gewinnt einen Bauer.
³) Lc4d5 gibt ein gleiches Spiel.

3) Sg1f3 4) d2d3 5) Sf3e5 6) d3c4¹)
Sf6e4   Se4d6   Sd6c4   =

3) Sg1f3 4) d2d3 5) Sf3e5
Sf6e4   Se4f6   d7d5   =

3) Sg1f3 4) Dd1e2 5) Sf3e5 6) 00   7) Lc1b3 8) d2d3
Sf6e4   d7d5   Lf8c5   00   Tf8e8   Sc4f2 /\

3) Sg1f3 4) Dd1e2 5) Sf3e5 6) d2d3 7) Ke1f1
Sf6e4   d7d5   Lf8c5   Lc5f2+   Lf2b6 /\

3) d2d4 4) e4e5 5) Lc4b5+²)6) Lb5d7+ 7) Dd1d4 8) Dd4d5 9) Dd5d8+
e5d4   d7d5   Lc8d7   Sf6d7   Sb8c6   Sd7e5   Ta8d8/:

3) d2d4 4) d4e5 5) Lc4f7+ /\
Sf6e4   Lf8c5

| w. | s. | w. | s. |
|---|---|---|---|
| 3) f2f4 | 3) d7d5 | 8) Sb1c3 | 8) Lc8e6 |
| 4) f4e5 | 4) Sf6e4 | 9) d2d3 | 9) Dc4c6 |
| 5) Dd1f3 | 5) Dd8h4+ | 10) Lc1g5 | 10) d5d4 |
| 6) g2g3 | 6) Se4g3 | 11) Df3c6+ | 11) Sb8c6/\ |
| 7) h2g3 | 7) Dh4c4 | | |

Von den anderen Spielen welche S. im 2. Zuge versuchen kann, ist vorzüglich das **G a m b i t  i n  d e r  R ü c k h a n d** erwähnenswerth. Nämlich:

1) e2e4   2) Lf1c4
e7e5   f7f5

S. will hier den Bauer seines Königsläufers opfern, um sich dadurch wenn W. in seine Intentionen eingeht, einen heftigen Angriff zu verschaffen, wie folgende Beispiele darthuen:

| w. | s. | w. | s. |
|---|---|---|---|
| 3) Lc4g8 | 3) Th8g8 | 9) Dh3e3 | 9) Tg7f7 |
| 4) Dd1h5 + | 4) g7g6 | (W. tauscht die Dame nicht, um die Vereinigung der feindlichen Bauern in der Mitte nicht zu befördern.) | |
| 5) Dh5h7 | 5) Tg8g7 | | |
| 6) Dh7h8 | 6) Dd8g5 | | |
| 7) Dh8h3 | 7) f5e4 | 10) Sg1h3 | 10) d7d5 |
| 8) Sb1c3 | 8) Dg5f5 | 11) Sc3d5 | 11) Sb8c6 |
| | | 12) c2c3 | 12) Lc8e6 /\ |

| w. | s. | w. | s. |
|---|---|---|---|
| 3) Lc4g8 | 3) Th8g8 | 9) Dc7h7 | 9) Tg6g2 |
| 4) e4f5 | 4) d7d5 | 10) Dh7h5 + | 10) Ke8d8 |
| 5) Dd1h5 + | 5) g7g6 | 11) Dh5e2 | 11) Sc6d4 |
| 6) f5g6 | 6) Tg7g6 | 12) De2f1 | 12) Sd4c2+ |
| 7) Dh5h7 | 7) Dd8f6 | 13) Ke1d1 | 13) Tg2f2 |
| 8) Dh7c7 | 8) Sb8c6 | Verloren. | |

| w. | s. | w. | s. |
|---|---|---|---|
| 3) e4f5 | 3) Sg8f6 | 7) Dd4e3 + | 7) Ke8f7 |
| 4) d2d4 | 4) e5d4 | 8) Sg1e2 | 8) Lf8b4+ |
| 5) Dd1d4 | 5) d7d5 | 9) c2c3 | 9) Th8e8 |
| 6) Lc4d3 | 6) Sb8c6 | 10) De3g3 | 10) Lb4d6 /\ |

---

¹) Se5c4 würde die Entwickelung von S. befördern.
²) Schlechter wäre: 5) e5f6 6) f6g7   Auf Lc4b3 folgt Sf6e4 u. S. hat das bessere Spiel.
                    d5c4   Lf8g7 /\

Man sieht hieraus wiederum gleich beim Gambit von Lewis, wie gefährlich es ist, wenn die Dame sich im feindlichen Heerlager verliert, und vieler Züge bedarf, um zu ihren Kampfgenossen zurückzugelangen, während der Gegner seine Figuren entwickelt.

Nähme W. im 3. Zuge bloss den Königsspringer (Lc4g8) um nachher 4) d2d3 thun, so entstände daraus eine gleiche Partie; nur hätte sich W. darnach vor zu frühem Rochiren zu hüten, weil S. sich in einer Position befindet, von wo er, die Entblössung von W. benutzend, nach jeder Seite hin einen starken Bauernangriff zu unternehmen vermag. Daher spielt W. lieber folgend:

3) $\frac{d2d3}{Sg8f6}$  4) $\frac{f2f4}{e5f4}$  5) $\frac{Lc1f4}{f5e4}$  6) $\frac{d3e4}{Dd8e7}$  7) $\frac{e4e5}{d7d6}$  8) $\frac{Dd1e2}{d6c5}$  9) $\frac{Lf4e5}{c7c6}$  10) $\frac{Sg1f3}{}\wedge$

3) $\frac{d2d3}{Sg8f6}$  4) $\frac{f2f4}{e5f4}$  5) $\frac{Lc1f4}{d7d5}$  6) $\frac{e4d5}{Sf6d5}$  7) $\frac{Dd1e2+}{d5e7}\wedge$

3) $\frac{d2d3}{Sg8f6}$  4) $\frac{f2f4}{d7d6}$  5) $\frac{Sg1f3}{f5e4}$  6) $\frac{d3e4}{Lc8g4}$  7) $\frac{f4e5}{Lg4f3}$  8) $\frac{Dd1f3}{d6e5}$  9) $\frac{Df3b3}{Dd8c8}$  10) $\frac{Lc1g5}{}\wedge$

3) $\frac{d2d3}{Sg8f6}$  4) $\frac{f2f4}{d7d6}$  5) $\frac{Sg1f3}{e5f4}$  6) $\frac{0-0}{f5e4}$  7) $\frac{d3e4}{}\wedge$

3) $\frac{Sg1f3}{Sb8c6}$  4) $\frac{d2d4}{Sg8f6}$  5) $\frac{d4e5}{Sf6e4}$  6) $\frac{0-0}{Lf8c5}$  7) $\frac{Sb1c3}{Se4c3}$  8) $\frac{b2c3}{}\wedge$

Eine andere nicht zu empfehlende Spielweise entsteht, wenn S. im 2. Zuge auf Lf1c4 mit c7c6 antwortet.

1) $\frac{e2e4}{e7e5}$  2) $\frac{Lf1c4}{c7c6}$

Der stärkste Gegenzug ist Dd1e2, weil er das Spiel von S. lähmt.

| W. | S. | W. | S. |
|---|---|---|---|
| 3) Dd1e2 | 3) Sg8f6 | 8) g2g3 | 8) f4g3 |
| 4) f2f4 | 4) e5f4 | 9) Ld5f7 + | 9) Ke8f7 |
| 5) e4e5 | 5) Sf6d5 | 10) De2f3 | 10) Kf7e8 |
| 6) d2d4 | 6) Lf8e7 | 11) h2g3 | 11) Lh4e7 |
| 7) Lc4d5 | 7) Le7h4+ | | |

Veränderung im 4. Zuge von Schwarz:

4) $\frac{f2f4}{Lf8c5}$  5) $\frac{f4e5}{Lc5g1}$  6) $\frac{Th1g1}{d7d5}$  7) $\frac{e5d6}{0-0}$  8) $\frac{e4e5}{Tf8e8}$  9) $\frac{d2d4}{}\wedge$

| W. | S. | W. | S. |
|---|---|---|---|
| 4) f2f4 | 4) d7d6 | 9) 0-0 | 9) Tf8e8 [1]) |
| 5) f4e5 | 5) d6e5 | 10) Sf3g5 | 10) Te8e5 |
| 6) Sg1f3 | 6) Lf8d6 | 11) Sg5f7 | 11) Te5e2 |
| 7) d2d4 | 7) e5d4 | 12) Sf7d8+ $\wedge$ | |
| 8) e4e5 | 8) 0-0 | | |

Hiermit schliessen wir die Analyse des Läuferspiels. Gegenwärtig sind dessen Combinationen weniger in Ausübung als die des Springerspiels.

---

[1]) 9) $\frac{}{Ld6c5}$  10) $\frac{De2d3}{Sf6g4}$  11) $\frac{Sf3g5}{g7g6}$  12) $\frac{Lc4f7+}{Kg8g7}$  13) $\frac{e5e6}{Sg4e3}$  14) $\frac{Sg5h7}{}\wedge$

# Springerspiel.

Dasselbe entsteht, wenn der Anziehende im 2. Zuge den Königsspringer auf das 3. Feld seines Läufers zieht.

$$1) \ \underline{e2e4} \qquad 2) \ \underline{Sg1f3}$$
$$\overline{e7e5}$$

S. kann nun versuchen seinen angegriffenen Königsbauer durch 2 Bauern zu decken, durch den Königsläuferbauer (f7f6) oder durch den Damenbauer (d7d6)

$$2) \ \underline{Sg1f3}$$
$$\overline{f7f6}$$

Dieser Vertheidigungszug ist, weil er S. eine Blösse gibt, schlecht.

| W. | S. | W. | S. |
|---|---|---|---|
| 1) e2e4 | 1) e7e5 | 6) Lf1c4 + | 6) Kf7g6 |
| 2) Sg1f3 | 2) f7f6 | 7) De5f5 + | 7) Kg6h6 |
| 3) Sf3e5 | 3) f6e5 | 8) d2d4 + | 8) g7g5 |
| 4) Dd1h5 + | 4) Ke8e7 | 9) h2h4 | 9) d7d5 |
| (g7g6 kostet den Thurm) | | 10) Df5f7 | Verloren. |
| 5) Dh5e5 + | 5) Ke7f7 | | |

Oder: 6) $\dfrac{\quad}{d7d5}$    7) $\dfrac{Lc4d5}{Kf7g6}$    8) $\dfrac{h2h4}{h7h6}$    9) $\dfrac{Ld5b7}{Verloren.}$

| W. | S. | W. | S. |
|---|---|---|---|
| 3) Sf3e5 | 3) Dd8e7 | 7) d2d4 | 7) Lc5b6 |
| 4) Se5f3 | 4) De7e4 + | 8) Sb1c3 | 8) De4g6 |
| 5) Lf1e2 | 5) Lf8c5 | 9) Le2c4 $\wedge$ | |
| 6) 0-0 | 6) Sg8e7 | | |

Besser ist die Deckung durch den Bauer d7d6 (die **Philidorsche Vertheidigung**), obgleich dadurch im Anfange der Königsläufer von Schwarz eingeengt wird, was dem Spiel des Vertheidigenden ein gedrücktes Aussehn gibt.

$$1) \ \underline{e2e4} \qquad 2) \ \underline{Sg1f3}$$
$$\overline{e7e5} \qquad\qquad \overline{d7d6}$$

3) $\dfrac{d2d4}{e5d4}$ 4) $\dfrac{Dd1d4}{Lc8d7^1)}$ 5) $\dfrac{Lc1e3}{Sg8f6}$ 6) $\dfrac{Sb1c3}{Lf8e7}$ 7) $\dfrac{Lf1c4}{Sb8c6}$ 8) $\dfrac{Dd4d2}{Sc6e5}$ =

3) $\dfrac{d2d4}{e5d4}$ 4) $\dfrac{Sf3d4}{d6d5^2)}$ 5) $\dfrac{e4d5^3)}{Dd8d5}$ 6) $\dfrac{Dd1e2+}{Lc8e6}$ 7) $\dfrac{Sd4e6^4)}{Dd5e6}$ 8) $\dfrac{De2e6+}{f7e6}$ 9) $\dfrac{Lf1c4}{e6e5}$ =

3) $\dfrac{d2d4}{e5d4}$ 4) $\dfrac{Sf3d4}{d6d5}$ 5) $\dfrac{e4d5}{Dd8d5}$ 6) $\dfrac{Sb1c3}{Dd5d8^5)}$ =

3) $\dfrac{d2d4}{Sg8f6}$ 4) $\dfrac{Lc1g5}{e5d4}$ 5) $\dfrac{Dd1d4}{Lf8c7}$ 6) $\dfrac{Sb1c3}{0-0}$ =

---

[1]) Sb8c6 wird von den Autoren nicht ganz günstig für S ausgeführt.

[2]) 4) $\dfrac{\quad}{Sg8f6}$ 5) $\dfrac{Sb1c3}{Lf8e7}$ 6) $\dfrac{Lf1d3}{0-0}$ 7) $\dfrac{f2f4}{}$

[3]) 5) $\dfrac{c4e5}{Lf\check{c}c5}$ 6) $\dfrac{Sb1c3}{Sg8e7}$

[4]) 7) $\dfrac{Sd4b5}{Sb8a6}$ 8) $\dfrac{Lc1f4}{Dd5c6}$ 9) Sb1c3. Hätte S. im 6. Zuge Lf8e7 gezogen, so bekam W. $\dfrac{}{Lf8b4}$

durch 7) Sd4b5 und darauf folgenden Lc1f4 und 0-0-0 einen starken Angriff.

[5]) 6) $\dfrac{\quad}{Lf8b4}$ 7) $\dfrac{Sd4b5}{Lb4c3+}$ 8) $\dfrac{b2c3}{Dd5d1+}$ 9) $\dfrac{Ke1d1}{Sb8a6}$ 10) $\dfrac{Lc1f4}{\quad}$ 11) $\dfrac{Lf1c4}{Ke8d8}\wedge$

| 3) d2d4 | 4) Lc1g5 | 5) Sb1c3 | 6) Dd1d4 |
|---|---|---|---|
| Sg8f6 | Lf8e7 [1]) | e5d4 | beengter. |

| **W.** | **S.** | **W.** | **S.** |
|---|---|---|---|
| 3) d2d4 | 3) Lc8g4 | 8) Sb1c3 | 8) c7c6 |
| 4) d4e5 | 4) Lg4f3 | 9) 0-0 | 9) Lf8d6 |
| 5) Dd1f3 | 5) d6e5 | 10) f2f4 | 10) e5f4 |
| 6) Lf1c4 | 6) Dd8f6 | 11) Lc1f4 | 11) Ld6f4 |
| 7) Df3b3 | 7) b7b6 | 12) e4e5 ∧ | |

| 3) Lf1c4 | 4) d2d4 | 5) e4d5 | 6) Sf3e5 | 7) Lc4b3 |
|---|---|---|---|---|
| c7c6 | d6d5 | e5e4 | c6d5 | == |

Ein nachtheiliges Spiel würde sich S. zuziehen, wenn er die von Philidor als gewinnbringend ausgegebene Fortsetzung seiner Vertheidigung mit f7f5 unternähme.

| 1) e2e4 | 2) Sg1f3 | 3) d2d4 |
|---|---|---|
| e7e5 | d7d6 | f7f5 |

| **W.** | **S.** | **W.** | **S.** |
|---|---|---|---|
| 4) Lf1c4 | 4) f5e4 | 9) d4d5 + | 9) Kc6b6 |
| 5) Sf3e5 | 5) d6e5 | 10) Lc1e3 + | 10) Lf8c5 |
| 6) Dd1h5+ | 6) Ke8d7 | 11) Le3c5 + | 11) Kb6c5 |
| 7) Dh5f5 + | 7) Kd7c6 | 12) b2b4 + | 12) Kc5b4 |
| 8) Df5e5 | 8) a7a6 | 13) Sb1d2 | 13) Verloren. |

| **W.** | **S.** | **W.** | **S.** |
|---|---|---|---|
| 4) Lf1c4 | 4) f5e4 | 9) Sg6e7 | 9) Dd8e7 |
| 5) Sf3e5 | 5) d6d5 | 10) Lc1g5 | 10) Sb8d7 |
| 6) Dd1h5+ | 6) g7g6 | 11) De5e7 + | 11) Ke8e7 |
| 7) Se5g6 | 7) Sg8f6 | 12) Lc4d5 | 12) Verloren. |
| 8) Dh5e5+ | 8) Lf8e7 | | |

| **W.** | **S.** | **W.** | **S.** |
|---|---|---|---|
| 4) Lf1c4 | 4) e5d4 | 10) Sg5e6 | 10) c7c5 |
| 5) Sf3g5 | 5) Sg8h6 | 11) c2c3 | 11) Sb8c6 |
| 6) 0-0 | 6) Dd8f6 | 12) Lc1h6 | 12) Df6h6 |
| 7) e4f5 | 7) Lc8f5 | 13) Dd1g4 | 13) Sc6e5 |
| 8) Tf1e1 + | 8) Ke8d7 | 14) Se6f8 + | 14) Kd7c7 |
| 9) Lc4e6 + | 9) Lf5e6 | 15) c3d4 ∧ | |

| **w.** | **s.** | **w.** | **s.** |
|---|---|---|---|
| 4) d4e5 | 4) f5e4 | 11) Lc1a3+ | 11) Kf8g8 |
| 5) Sf3g5 | 5) d6d5 | 12) Sf7h6 + | 12) g7h6 |
| 6) e5e6 | 6) Sg8h6 | 13) e6e7 | 13) Df6c3 + |
| 7) Sb1c3 | 7) Lf8b4 | 14) Ke1d1 | 14) Dc3d4 + |
| 8) Dd1h5+ | 8) Ke8f8 | 15) Lf1d3 u. gewinnt. | |
| 9) Sg5f7 | 9) Lb4c3+ | | |
| 10) b2c3 | 10) Dd8f6 | | |

Nahm S. im 14. Zuge den Thurm so zog W. 15) Kd1c2.

Veränderung im 9. Zuge von S.

| **w.** | **s.** | **w.** | **s.** |
|---|---|---|---|
| | 9) Dd8c8 | 11) e6f7 | 11) De8c6 |
| 10) Dh5d5 | 10) Sh6f7 | 12) Lf1c4 ∧ | |

---

[1] 4) ___ 5) d4e5 6) Dd1f3 7) Df3b3 8) Lf1c4 ∧
     Lc8g4    Lg4f3    d6e5    b7b6

| w. | s. | w. | s. |
|---|---|---|---|
| 4) d4e5 | 4) f5e4 | 8) Sg5h7 | 8) Lc8e6 |
| 5) Sf3g5 | 5) d6d5 | 9) Sh7f8 | 9) Ke8f8 |
| 6) e5e6 | 6) Sg8h6 | 10) Sc3e4 | 10) Sh6g4 |
| 7) Sb1c3 . | 7) c7c6 | 11) Se4g5 ∧ | |

Weniger günstig für W. sind folgende 2 Veränderungen.

| s. | w. | w | s. |
|---|---|---|---|
| 8) Sg5e4 | 8) d5e4 | 13) De5c7 | 13) Lc8e6 |
| 9) Dd1h5+ | 9) g7g6 | 14) Sc3e4 ²) | 14) Dg5e7 |
| 10) Dh5e5 | 10) Th8g8 | 15) Td1d8+ | 15) Ke8f7 |
| 11) Lc1h6 | 11) Lf8h6 | 16) Se4d6+ | Remis |
| 12) Ta1d1 | 12) Dd8g5 ¹) | | |

Veränderung im 15. Zuge von S.

15) $\frac{\text{Td1d8+}}{\text{De7d8}}$  16) $\frac{\text{Se4d6+}}{\text{Dd8d6}}$  17) $\frac{\text{Dc7d6}}{\text{Ke8f7}}$  18) $\frac{\text{D6c7+}}{\text{Sb8d7}}$ ?

Veränderung im 7. Zuge von W.

7) $\frac{\text{f2f3}}{\text{e4e3³)}}$  8) $\frac{\text{Lc1e3}}{\text{Dd8d6}}$ =

7) $\frac{\text{f2f3}}{\text{Lf8c5}}$  8) $\frac{\text{f3e4}}{\text{0-0}}$  9) $\frac{\text{Dd1d5}}{\text{Dd8e7}}$  10) $\frac{\text{Lf1c4}}{\text{Sb8c6}}$∧

7) $\frac{\text{f2f3}}{\text{e4f3}}$  8) $\frac{\text{Dd1f3}}{\text{Th8g8}}$  9) $\frac{\text{Sb1c3}}{\text{c7c6}}$  10) $\frac{\text{Df3f7+}}{\text{Sh6f7}}$  11) $\frac{\text{e6f7+}}{\text{Ke8d7}}$  12) $\frac{\text{f7g8 Dame}}{\text{Verloren.}}$

7) $\frac{\text{f2f3}}{\text{Sb8c6}}$  8) $\frac{\text{Lf1b5}}{\text{Dd8d6}}$  9) $\frac{\text{Sb1c3}}{\text{Lc8e6}}$  10) $\frac{\text{Sg5e6}}{\text{Dd6e6}}$  11) $\frac{\text{Dd1d5}}{\text{De6d5}}$ 12) $\frac{\text{Sc3d5}}{\text{0-0-0}}$ 13) f3e4∧

Die italienischen Schriftsteller glaubten irrthümlicher Weise, Philidor mit folgender Fortsetzung zu widerlegen:

4) $\frac{\text{d4e5}}{\text{f5e4}}$  5) $\frac{\text{Sf3g5}}{\text{d6d5}}$  6) $\frac{\text{e5e6}}{\text{Sg8h6}}$  7) $\frac{\text{Sg5h7}}{\text{Lc8e6}}$  8) $\frac{\text{Sh7f8}}{\text{Ke8f8}}$  9) $\frac{\text{Lc1h6}}{\text{Th8h6}}$

Offenbar steht jetzt aber S. durch seine Bauern in sehr guter Verfassung.

---

¹) Dd8e7 wäre nicht gut 12) $\frac{}{\text{Dd8e7}}$ 13) $\frac{\text{Sc3e4}}{\text{Lc8e6}}$ 14) $\frac{\text{Td1d6}}{\text{Lc6f5}}$ 15) $\frac{\text{Se4f6+}}{\text{Ke8f8}}$

16) $\frac{\text{Td6d8+}}{\text{Kf8f7}}$ 17) $\frac{\text{Lf1c4+}}{\text{Lf5e6}}$ 18) $\frac{\text{Sf6g8}}{}$∧ Oder: 13) $\frac{\text{Sc3e4}}{\text{De7c6}}$ 14) $\frac{\text{Se4f6+}}{\text{Ke8f7}}$ 15) $\frac{\text{Lf1c4}}{\text{De6c4}}$

16) $\frac{\text{Sf6g8}}{\text{Kf7g8}}$ 17) $\frac{\text{Td1d8+}}{}$

²) W. darf den Bauer b7 nicht nehmen: 14) $\frac{\text{Dc7b7}}{\text{e1e3}}$ 15) $\frac{\text{f2f3}}{\text{Dg5e7}}$ 16) $\frac{\text{Db7a8}}{\text{Ke8f7}}$ 17) $\frac{\text{Sc3e4}}{\text{Lh6f4}}$

18) $\frac{\text{Lf1e2}}{\text{Kf7g7}}$ 19) $\frac{\text{0-0}}{\text{De7c7}}$ 20) $\frac{\text{Se4c5}}{\text{Lf4h2+}}$ 21) $\frac{\text{Kg1h1}}{\text{Le6c8}}$ 22) $\frac{\text{Td1d4}}{\text{Lh2g3}}$ 23) $\frac{\text{Td4e4}}{\text{Kg7h8}}$ 24) $\frac{\text{Tf1d1}}{\text{Dc7g7}}$ 25) $\frac{\text{Te4h4}}{\text{Lg3h4}}$

26) $\frac{\text{Da8b8}}{\text{c7a6}}$ 27) $\frac{\text{Db8h2}}{\text{La6e2}}$ 28) $\frac{\text{Td1d7}}{\text{Dg7h6}}$ · 29) $\frac{\text{Sc5e4}}{\text{Le2c4}}$ 30) $\frac{\text{Se4f6}}{\text{e3e2}}$∧

³) Das Beste: Zöge S. statt dessen Lf8e7, so würde Wf3e4 nehmen, und nachher durch Dd1h5 + den Offizier vortheilhaft wiedergewinnen

Gewöhnlich wird die Philidorsche Vertheidigung (d7d6) gewählt, um verschiedenen Angriffen auszuweichen, welche die üblichste Deckung des Königsbauern vermittelst des Damenspringers nach sich ziehen kann: 1) e2e4/e7e5  2) Sg8f6/Sb8c6  Als das Nächste bietet sich für W. der Angriff der Deckung durch 3) Lf1b5 (der Zug des Ruy Lopez) dar. Die Vertheidigung dagegen erfordert viel Gewandheit.

1) e2e4/e7e5  2) Sg1f3/Sb8c6  3) Lf1b5

3) d7d6  4) d2d4 oder 4) Lb5c6+/b7c6  5) d2d4/e5d4  
Lc8d7

3) Sc6d4  4) Sf3d4/e5d4  5) d2d3/Lf8c5  6) Dd1h5/Dd8e7  7) Lc1g5/Sg8f6  8) Lg5f6/g7f6  9) Lb5c4/d7d6  10) c2c3 W. ist entwickelter.

Die üblichsten Vertheidigungszüge sind 3) Sg8f6 und a7a6.

3) Sg8f6  4) d2d3/Lf8c5[1])  5) c2c3/Dd8e7[2])  6) 0-0/0-0  7) d3d4/Lc5b6  8) Lc1g5/d7d6  9) Lb5c6/b7c6  =

3) Sg8f6  4) d2d4/Sc6d4  5) Sf3d4/e5d4  6) e4e5/c7c6  7) 0-0/Sf6d5[3])  8) Dd1d4/Sd5c7  9) Lb5c4/d7d5  =

3) Sg8f6  4) d2d4/e5d4  5) e4e5/Sf6e4  6) 0-0/Lf8e7  7) Tf1e1[4])/Se4c5  8) Sf3d4/Sc6d4  9) Dd1d4/0-0  =

| | **W.** | **s.** | **W.** | **s.** |
|---|---|---|---|---|
| 3) — | 3) Sg8f6 | 8) Sf3d4 | 8) d7c6 |
| 4) d2d4 | 4) Sf6e4[5]) | 9) Sd4c6 | 9) Dd8d7 |
| 5) d4d5 | 5) Se4d6 | 10) Dd1d5 | 10) Dd7f5 |
| 6) Lb5c6 | 6) b7c6 | 11) Sb1c3 | 11) Lc8b7 = |
| 7) d5c6 | 7) e5e4 | | |

3) Sg8f6  4) 0-0/Sf6e4  5) Tf1e1/Se4f6[6])  6 Lb5c6/d7c6  7) Te1e5+/Lf8e7  8) Dd1e2/Sf6d5  9) c2c4/Sd5f4  =

3) Sg8f6  4) 0-0/Sf6e4  5) d2d4[7])/Lf8e7  6) d4d5/Se4d6  7) d5c6[8])/Sd6b5  8) c6b7/Lc8b7  9) Sf3e5/d7d5  =

---

[1]) 4) d7d6  5) Lb5c6+/b7c6  6) h2h3/Lf8e7  7) 0-0/0-0  8) Sb1c3/c6c5  9) Sf3h2/Sf6e8  10) f2f4/e5f4  11) Lc1f4/f7f5

[2]) Anderssen rochirt hier.

[3]) 7) c6b5  8) Lc1g5/Lf8e7  9) e5f6/Le7f6  10) Tf1e1+/Ke8f8  11) Lg5f6/Dd8f6  12) Dd1d2 oder Dd1e2 oder c2c3 ∧

[4]) 7) Sf3d4  8) Sc6d4/Dd1d4  9) Se4c5

[5]) Wird vielfach vorgezogen.

[6]) 6) Se4d6  7) Sf3e5/Sc6e5  8) Te1e5+/Lf8e7  9) Lb5a4/0-0  10) La4b3/Le7f6  11) Te5e1/Sd6f5  12) c2c3/d7d5  13) d2d4  —

[7]) 5) Dd1e2 oder d6/Se4f6

[8]) Lb5a4/e5e4

*Springerspiel.*

3) ___ 4) O O 5) d2d4 6) Dd1e2 7) Lb5c6 8) d4e5 ___ =
  Sg8f6    Sf6e4   Lf8e7¹)  Se4d6   b7c6²)   Sd6f5

3) ___ 4) Dd1e2³)5) Lb5a4 6) La4b3 7) Lb3d5 8) c4d5 ___ =
  Sg8f6    a7a6      b7b5    Lf8c5    Sf6d5    Sc6d4

3) ___ 4) Lb5c6 5) O-O 6) d2d4 7) Dd1d4 8) e4e5 9) D4d8+ 10) e5f6
  a7a6    d7c6⁴)   Lf8d6   e5d4    f7f6    Ld6e7   Le7d8    Ld8f6=

3) ___ 4) Lb5c6 5) O-O 6) h2h3 7) Dd1f3 8) Df3g3 ___ =
  a7a6    d7c6    Lc8g4   Lg4f3    Dd8f6

3) ___ 4) Lb5a4 5) c2c3 6) d2d4= Oder 5) d2d4 6) Sf3d4 7) Dd1d4 8) Dd4g7
  a7a6    Lf8e7   Sg8f6   Sf6e4       e5d4    Sc6d4   c7c5    Le7f6∧

3) ___ 4) Lb5a4 5) O-O 6) Sb1c3 7) d2d4 8) La4b3 9) d4d5 10) Lc1e3=
  a7a6    Sg8f6   Lf8e7   d7d6    b7b5    Lc8g4   Sc6d4    Sd4f3+

3) ___ 4) Lb5a4 5) d2d4 6) O-O 7) e4e5 8) Tf1e1 9) La4c6 10) Sf3d4=
  a7a6    Sg8f6   e5d4    Lf8e7   Sf6e4   Se4c5   d7c6     O-O

    Oder 8) Sf3d4 9) Dd1d4=
         Sc6d4    Se4c5

3) ___ 4) Lb5a4 5) c2c3 6) La4b3 7) d2d4 8) c3d4 9) Lb3d5 10) Sb1c3=
  a7a6    Lf8c5   b7b5    d7d6    e5d4    Lc5b6   Sg8e7     Lc8g4

Auch 3) Sg8e7 kommt als Vertheidigung zuweilen vor.

3) ___ 4) c2c3⁵) 5) Lb5c6 6) d2d4 7) c3d4 8) Sb1c3 9) O-O 10) b2c3 11) e4e5
  Sg8e7    a7a6     Se7c6   e5d4    Lf8b4+   O-O    Lb4c3    d7d5     f7f6=

3) ___ 4) c2c3 5) Lb5a4 6) La4b3 7) e4d5 8) d2d4 9) Sf3d4 10) Dd1d4=
  Sg8e7    a7a6   b7b5    d7d6    Se7d5   e5d4    Sc6d4     Lc8e6

Gegen 3) Lf8c5 zieht W. c2c3 und gegen 3) Dd8f6 den Springer b1c3.
3) Lf8d6 verhindert die Entwickelung der eigenen Figuren⁶).

Will W. diesen allerdings lebhaften Angriff nicht machen, so kann er seinen
Königsläufer nach dem bekannten guten Angriffsfelde c4 ziehen. Antwortet darauf
S. mit Lf8c5, so entsteht das beliebte, sehr reichhaltige **giuoco piano**, dessen
Hauptzüge hier folgen: 1) e2e4 2) Sg1f3 2) Lf1c4
                         e7e5    Sb8c6   Lf8c5

4) c2c3 5) d2d4 6) c3d4 7) Lc1d2 8) Sb1d2 9) e4d5 =
  Sg8f6   e5d4    Lc5b4+   Lb4d2+⁷)  d7d5    Sf6d5

4) c2c3 5) d2d4 6) e4e5 7) Lc4b5 8) Lb5c6+ 9) c3d4 10) O-O⁸) 11) Lc1e3
  Sg8f6   e5d4    d7d5    Sf6e4    b7c6     Lc5b6    Lc8g4     O-O

4) c2c3 5) d2d4 6) e4e5 7) Lc4b5 8) Lb5c6+ 9)c3d4 10)Lc1d2 11)Sb1d2
  Sg8f6   e5d4    d7d5    Sf6e4    b7c6     Lc5b4+  Lb4d2+   ∓

---

¹) Auch a7a6 wird gezogen, z. B. 5) ___ 6) Lb5d3 7) Sf3e5 8) Tf1e1 ___
                                    a7a6    d7d5    Sc6d4   Lc8e6

²) 7) ___ 8) d4e5 9) Tf1d1 10) e5e6 11) Sf3e5 12) De2h5+∧
     d7c6   Sd6f5   Lc8d7    f7e6    Le7d6

³) 4) Sb1c3    ⁴) Auch b7c6 lässt sich ziehen, z. B. 4) ___ 5) Sf3e5
     Lf8b4                                              b7c6    Dd8e7

⁵) 4) O-O 5) c2c3 6) d2d4 7) c3d4 ⁶) Z. B. 3) Lf1b5 4) O-O 5) Tf1e1 6) c2c3
     g7g6   Lf8g7   e5d4    d7d5           Lf8d6   Sg8f6    O-O

⁷) 7) Lc1d2 8) Ld2b4 9) Lc4f7+ 10) Dd1b3+ 11) Sf3e5+ aber 7) Sb1c3 8) O-O 9) b2c3
     Sf6e4   Sc6b4    Ke8f7     d7d5              Sf6e4    Lb4c3   d7d5

⁸) Sb1c3
   f7f5

Veränderung im 7. Zuge von W., wenn er statt seinen Laufer nach b5 zu ziehen, den Springer nimmt, was nicht gut ist.

| W. | S. | W. | S. |
|---|---|---|---|
| 7) e5f6 | 7) d5c4 | 14) Lf6h4 | 14) Tg8g7 |
| 8) f6g7 | 8) Th8g8 | 15) Lh4g3 | 15) Lc8g4 |
| 9) Lc1g5 | 9) f7f6 | 16) f3e5 + | 16) c6e5 |
| 10) Dd1e2 + | 10) Dd8e7 | 17) Lg3e5 | 17) g7g6 |
| 11) Lg5f6 | 11) De7e2 + | 18) f2f4 | 18) Lg4e2 |
| 12) Ke1e2 | 12) d4d3 + | 19) g2g3 | 19) Tg6h6 |
| 13) Ke2d2 | 13) Ke8f7 | 20) Le5c7 | 20) Le2f3 /\ |

Oder:

| W. | S. | W. | S. |
|---|---|---|---|
| 7) e5f6 | 7) d5c4 | 12) Df3e3 + | 12) Lc8e6 |
| 8) f6g7 | 8) Th8g8 | 13) Sb1a3 | 13) Tg8g7 |
| 9) c3d4 | 9) Sc6d4 | 14) Sa3c4 | 14) Tg7g2 |
| 10) Lc1c3 | 10) Sd4f3 + | 15) Ta1d1 | 15) Dd8g5 /\ |
| 11) Dd1f3 | 11) Lc5e3 | | |

Der beste Gegenzug von S. wenn W. 6) e4e5 zieht ist d7d5. Zieht er statt dessen den angegriffenen Springer nach e4 so entsteht folgendes zweifelhaftes Spiel:

| W. | S. | W. | S. |
|---|---|---|---|
| 4) c2c3 | 4) Sg8f6 | 11) Dd1c2 | 11) d7d6 |
| 5) d2d4 | 5) e5d4 | 12) Ld5c4 | 12) Se7g6 |
| 6) e4e5 | 6) Sf6e4 | 13) Sb1d2 | 13) c7c6 |
| 7) Lc4d5[1]) | 7) Se4f2 | 14) Sd2b3 | 14) Lc5b6 |
| 8) Ke1f2 | 8) d4c3 + | 15) Ta1d1 | 15) d6d5 |
| 9) Kf2g3 | 9) c3b2 | 16) Th1e1 | 16) Dd8c7 |
| 10) Lc1b2 | 10) Sc6e7 | | |

Andere Fortsetzungen des Angriffs von W. im giuoco piano sind folgende:

$$4)\ \frac{c2c3}{Sg8f6}\quad 5)\ \frac{0\text{-}0}{Sf6e4}$$

$$6)\ \frac{Lc4d5}{Se4f6}\ 7)\ \frac{Ld5c6}{d7c6}\ 8)\ \frac{Sf3e5}{0\text{-}0}\ 9)\ \frac{d2d4}{Lc5b6}\ =$$

$$6)\ \frac{Dd1e2}{d7d5}\ 7)\ \frac{Lc4b5}{0\text{-}0}\ 8)\ \frac{Lb5c6}{b7c6}\ 9)\ \frac{Sf3e5}{Lc8b7}\ 10)\ \frac{d2d4}{Lc5b6}\ =$$

$$4)\ \frac{c2c3}{Sg8f6}\quad 5)\ \frac{Sf3g5}{0\text{-}0}$$

$$6)\ \frac{f2f4}{d7d5}\ 7)\ \frac{f4e5}{Sf6g4}\ 8)\ \frac{d2d4}{d5c4}\ 9)\ \frac{h2h3}{Lc5e7}/\!\!\backslash$$

$$4)\ \frac{c2c3}{Sg8f6}\quad 5)\ \frac{d2d3}{d7d6}$$

$$6)\ \frac{Sf3g5}{0\text{-}0}\ 7)\ \frac{f2f4}{d6d5}\ 8)\ \frac{e4d5}{Sf6d5}\ 9)\ \frac{Lc4d5}{Dd8d5}\ 10)\ \frac{Dd1f3}{Tf8d8}/\!\!\backslash$$

---

[1]) c3d4 ist einfacher.

$$\text{4) } \frac{c2c3}{Sg8f6} \quad \text{5) } \frac{b2b4}{Lc5b6}$$

$$\text{6) } \frac{b4b5}{Sc6a5} \quad \text{7) } \frac{Sf3e5}{0\text{-}0} \quad \text{8) } \frac{d2d3^1)}{d7d6} \quad \text{9) } \frac{Se5f3}{Sa5c4} \quad \text{10) } \frac{d3c4}{Sf6e4}$$

$$\text{6) } \frac{Dd1b3}{Dd8e7} \quad \text{7) } \frac{d2d3}{h7h6}$$

Ein geringerer Gegenzug von S. ist wenn er auf c2c3 mit d7d6 antwortet.

$$\text{4) } \frac{c2c3}{d7d6}$$

| W. | S. | W. | S. |
|---|---|---|---|
| 5) d2d4 | 5) e5d4 | 10) Da4a3 | 10) b5c4 |
| 6) c3d4 | 6) Lc5b4 $+$ [2]) | 11) d5c6 | 11) La5b6 |
| 7) Ke1f1 [3]) | 7) Lb4a5 | 12) Da3c3 | 12) Sg8f6 |
| 8) Dd1a4 | 8) a7a6 | 13) Dc3c4 | 13) a6a5 |
| 6) d4d5 | 9) b7b5 | | S. steht gut. |

| W. | S. | W. | S. |
|---|---|---|---|
| 5) d2d4 | 5) e5d4 | 10) Lc4b5 | 10) a7a6 |
| 6) c3d4 | 6) Lc5b4 $+$ | 11) d4d5 | 11) a6b5 |
| 7) Ke1f1 | 7) Dd8d7 | 12) Da4a8 | 12) Sc6a5 |
| 8) Dd1a4 | 8) Lb4a5 | 13) b2b4 $\wedge$ | |
| 9) Sb1a3 | 9) Lc5b6 | | |

| W. | S. | W. | S. |
|---|---|---|---|
| 5) d2d4 | 5) e5d4 | 10) a4a5 | 10) Se5c4 |
| 6) c3d4 | 6) Lc5b4 $+$ | 11) Da5c3 | 11) Ld7b5 |
| 7) Ke1f1 | 7) Lb4a5 | 12) Dc3g7 | 12) Sc4d2 $+$ |
| 8) Dd1a4 | 8) Lc8d7 | 13) Kf1e1 $\wedge$ | |
| 9) d4d5 | 9) Sc6e5 | | |

Auf c2c3 könnte S. auch mit Dd8e7 antworten:

$$\text{4) } \frac{c2c3}{Dd8e7} \quad \text{5) } \frac{d2d4}{Lc5b6} \quad \text{6) } \frac{d4e5}{Sc6e5} \quad \text{7) } \frac{Sf3e5}{De7e5} \quad \text{8) } \frac{0\text{-}0}{Ld7d6} \quad \text{9) } \frac{Kg1h1}{c8e6} =$$

$$\text{4) } \frac{c2c3}{Dd8e7} \quad \text{5) } \frac{d2d4}{Lc5b6} \quad \text{6) } \frac{0\text{-}0}{d7d6} \quad \text{7) } \frac{b2h3}{Sg8f6} \quad \text{8) } \frac{Tf1e1}{h7h6} \quad \text{9) } \frac{Sb1a3}{0\text{-}0} =$$

$$\text{4) } \frac{c2c3}{Dd8e7} \quad \text{5) } \frac{d2d4}{e5d4} \quad \text{6) } \frac{0\text{-}0}{c6e5} \quad \text{7) } \frac{Sf3e5}{De7e5} \quad \text{8) } \frac{f2f4}{d4c3} + \quad \text{9) } \frac{Kg1h1}{c3b2} \quad \text{10) } \frac{f4e5}{b2a1D} \quad \text{11) } \frac{Dd1d5}{\text{Verloren.}}$$

| W. | S. | W. | S. |
|---|---|---|---|
| 4) c2c3 | 4) Dd8e7 | 8) Sb1c3 | 8) De4f4 $+$ |
| 5) d2d4 | 5) e5d4 [4]) | 9) Kd2c2 | 9) Df4g4 |
| 6) c3d4 | 6) De7e4 | 10) Th1e1 $+$ | 10) Sg8e7 |
| 7) Ke1d2 | 7) Lc5b4 $+$ | 11) Lc4f7 $+\wedge$ | |

1) Oder Dd1a4.
2) c5b6 lässt W. im Besitz des Centrums.
3) Dieser Zug und der nachfolgende Damenzug gefährden den Läufer.
4) Schlecht. Der Läufer muss, wie gezeigt, zurückgehen.

Zieht S. auf c2c3: Dd8f6, so spielt W. d2d4 um nachher e4e5 vorzurücken.

| 1) c2c3 | 5) d2d4 | 6) f3e5 | 7) d4e5 oder Dd1h5 |
|---|---|---|---|
| f7f5 | f5e4 | Sc6e5 | |

| **W.** | **S.** | **W.** | **S.** |
|---|---|---|---|
| 1) c2c3 | 4) f7f5 | 8) Ld5c6+ | 8) b7c6 |
| 5) d2d4 | 5) e5d4 | 9) Sg5e4 | 9) Lc5b6 |
| 6) Sf3g5 | 6) d7d5 | 10) Dd1h5+ | 10) g7g6 |
| 7) Lc4d5 | 7) f5e4 | 11) Dh5e5+ | 11) Dd8e7 |
| | | 12) c3d4 ⋀ | |

Rochirt W. statt c2c3 zu ziehen, so spielt S. d7d6 oder auch Sg8f6[1]).

| 4) 0-0 | 5) c2c3 | 6) d2d4 |
|---|---|---|
| d7d6 | Sg8f6 | e5d4 |

| 4) 0-0 | 5) f1e1 | 6)Sf3g5 | 7)Kg1h1 | 8)Lc4f7+ | 9)Sg5e6+ | 10)Lf7e6 | 11)Dd1g4 |
|---|---|---|---|---|---|---|---|
| d7d6 | Sg8f6 | Lc5f2+ | Sf6g4 | Ke8f8 | Lc8e6 | Lf2e1 | Le1h4 ⋀ |

Statt c2c3 kann W. auch d2d3 ziehen, was wir (wie auch 0-0 sogar vorziehen.
S. antwortet auf 4) d2d3 mit d7d6.

Zum Schluss einige Beispiele von übereiltem Angriff:

| **W.** | **S.** | **W.** | **S.** |
|---|---|---|---|
| 4) d2d3 | 4) d7d6 | 9) Lb3f7+ | 9) Kg8h8 |
| 5) Sf5g5 | 5) Sg8h6[2]) | 10) Dh5h4 | 10) Sd4c2+ |
| 6) Dd1h5 | 6) 0-0 | 11) Kg1h1 | 11) Se2c1 |
| 7) 0-0 | 7) Sc6d4 | 12) Tf1c1 | 12) Lc5f2 ⋀ |
| 8) Lc4b3 | 8) Lc8g4 | | |

| 4) d2d4 | 5) c2c3 | 6) Sf3g5 | 7) Dd1h5 | 8) f2f4 | 9) Lc1f4 | 10) Th1f1 |
|---|---|---|---|---|---|---|
| Lc5d4 | Ld4b6 | Sg8h6 | 0-0 | e5f4 | d7d6 | Dd8e7 ⋀ |

Eine kräftige, wenn auch nicht durchaus sichere Fortsetzung des Giuoco piano entsteht, wenn W. im 4. Zuge den Bauer b2b4 zieht, um durch dessen Opfer den feindlichen Königsläufer von seiner Richtung abzulenken, ein Tempo zu gewinnen, und solcherweise den Mittelpunkt mit den Bauern einnehmend, einen höchst lebhaften Angriff zu erlangen, wobei der freie Ausgang des Damenläufers nach a1 bedeutend mitwirkt. Diese Spielweise heisst nach ihrem Erfinder das **Evansgambit.** S. kann auf 4) b2b4 mit d7d5 einen Gegenangriff versuchen, oder den Läufer c5b6 zurückziehen, oder den Bauer b4 entweder mit Sc6 oder Lc5 wegnehmen.

| 1) e2e4 | 2) Sg1f3 | 3) Lf1c4 | 4) b2b4 |
|---|---|---|---|
| e7e5 | Sb8c6 | Lf8c5 | d7d5 |

| 5) e4d5 | 6) Sf3e5 | Oder: | 6) c2c3 | 7) Sf3e5 | 8) Dd1b3 |
|---|---|---|---|---|---|
| Sc6b4 | Dd8g5[3]) ⋀ | | b4d5 | Lc8e6 | |

Die Züge 5) Lc4d5 oder b4c5 bewirken gleiches Spiel.

---

$$\text{1) } \frac{\text{e2e4}}{\text{e7e5}} \quad \text{2) } \frac{\text{Sg1f3}}{\text{Sb8c6}} \quad \text{3) } \frac{\text{Lf1c4}}{\text{Lf8c5}} \quad \text{4) } \frac{\text{b2b4}}{\text{Lc5b6}}$$

$$\text{5) } \frac{\text{a2a4}}{\text{a7a6}} \quad \text{6) } \frac{\text{c2c3}}{\text{d7d6}} =$$

Verwickelter könnte für W. das Spiel werden, wenn er durch 5) b5b4 den feindlichen Damenspringer angreift, was nicht besonders empfehlenswerth scheint.

$$\text{5) } \frac{\text{b4b5}}{\text{Sc6a5}} \quad \text{6) } \frac{\text{Sb1a3}}{\text{Sg8f6}} \quad \text{7) } \frac{\text{0-0}}{\text{0-0}} \quad \text{8) } \frac{\text{Dd1e2}}{\text{d7d5}} =$$

| W. | S. | W. | S. |
|---|---|---|---|
| 5) b4b5 | 5) Sc6a5 | 11) d4e5 | 11) Df6f4[3]) |
| 6) Sf3e5 | 6) Dd8f6 | 12) Th1f1 | 12) Df4e4+ |
| 7) Lc4f7+ | 7) Ke8f8 | 13) Dd1e2 | 13) De4e2+ |
| 8) d2d4 | 8) d7d6 | 14) Ke1e2 | 14) g7g6 |
| 9) Lc1a3 | 9) Sg8e7 | 15) Lf7e6+[2]) | 15) Kf8g7 |
| 10) f2f4 | 10) d6e5[1]) | 16) Tf1f7+ | 16) Kg7h6 |

Steht gleich, da W. den Bauer auf e5 nicht halten kann.

Oder:

| W. | S. | W. | S. |
|---|---|---|---|
| 9) Lf7g8 | 9) d6e5 | 13) Sb1c3 | 13) Lb6d4 |
| 10) Lg8d5 | 10) c7c6[4]) | 14) Sc3d5 | 14) Df6f7 |
| 11) Lc1a3+ | 11) Kf8e8 | 15) c2c3 | 15) Ld4b6 |
| 12) 0-0 | 12) c6d5 | 16) Kg1h1 | 16) g7g5△ |
| | | | |
| 9) Lf7g8 | 9) d6e5 | 14) Dd1d5+ | 14) Df4f7 |
| 10) Sg8d5 | 10) c7c6 | 15) Th1f1 | 15) Lc8e6 |
| 11) f2f4 | 11) c6d5 | 16) Dd5d6 | 16) Sa5c4 |
| 12) Lc1a3+ | 12) Kf8g8 | 17) Tf1f7 | 17) Sc4d6 |
| 13) d4e5 | 13) Df6f4 | 18) Tf7e7 | 18) Lb6a5+△ |

Schlecht wäre es dagegen für W. wenn er im 7. Zuge den König statt nach f8 nach e7 oder d8 rückte.

$$\text{7) } \frac{\text{Lc4f7+}}{\text{Ke8e7}} \quad \text{8) } \frac{\text{d2d4}}{\text{d7d6}} \quad \text{9) } \frac{\text{Lc1a3}}{\text{Sg8h6}} \quad \text{10) } \text{f7b3}△$$

$$\text{7) } \frac{\text{Lc4f7+}}{\text{Ke8d8}} \quad \text{8) } \frac{\text{d2d4}}{\text{d7d6}} \quad \text{9) } \frac{\text{Lf7g8}}{\text{Th8g8}} \quad \text{10) } \frac{\text{Lc1g5}}{\text{Df6g5}} \quad \text{11) } \text{Se5f7+}△$$

---

[1]) 10) $\frac{}{\text{Df6f4}}$  11) $\frac{\text{Th1f1}}{\text{Df4e4+}}$  12) $\frac{\text{Dd1e2}}{\text{De4e2+}}$  13) $\frac{\text{Ke1e2}}{\text{d6e5}}$  14) Lf7g6+ (stetes Schach.)

[2]) 11) $\frac{}{\text{Df6f7}}$  12) $\frac{\text{Dd1d8+}}{\text{Df7e8}}$  13) $\frac{\text{La3e7+}}{\text{Kf8f7}}$  14) $\frac{\text{Dd8e8+}}{\text{Th8e8}}$  15) Lc7b4  ▬

[3]) Bilguer führt statt dessen e5e6 zum Nachtheil für W. aus.

[4]) 10) $\frac{}{\text{Lb6d4}}$  11) $\frac{\text{f2f4}}{\text{Ld4a1}}$  12) $\frac{\text{Th1f1}}{\text{Df6g6}}$  13) $\frac{\text{f4e5+}}{\text{Kf8e8}}$  14) $\frac{\text{Ld5f7}}{\text{Dg6f7}}$  15) $\frac{\text{Tf1f7}}{\text{Ke8f7}}$  16) $\frac{\text{Dd1b5+}}{\text{g7g}}$

17) $\frac{\text{Dh5f3+}}{\text{Kf7e8}}$  18) $\frac{\text{Lc1g5}}{\text{La1c5}}$  19) $\frac{\text{Df3a3}}{\text{Le5d5}}$  20) $\frac{\text{Da3a5}}{\text{Th8f8}}$  Oder 12) $\frac{\text{f4e5}}{\text{Df6g6}}$  13) $\frac{\text{0-0+}}{\text{Kf8e8}}$  14) $\frac{\text{Ld5f}}{\text{Dg6f}}$

15) $\frac{\text{Tf1f7}}{\text{Ke8f7}}$  16) $\frac{\text{c2c3}}{\text{Kh8f8}}$  17) $\frac{\text{Lc1a3}}{\text{Lc8e6}}$  18) $\frac{\text{La3f8}}{\text{Ta8f8}}$

Statt 6) Dd8f6 ist in neuerer Zeit Sg8h6 8) in Aufnahme gekommen, worüber nachfolgend einige Spielweisen:

| W. | S. | W. | S. |
|---|---|---|---|
| | 6) Sg8h6 | 12) c2c3 | 12) Dd8g5 |
| 7) d2d4 | 7) d7d6 | 13) Dd1f3+[1]) | 13) Kf7g8 |
| 8) Lc1h6 | 8) d6e5 | 14) Sb1d2 | 14) Dg5g2 |
| 9) Lh6g7 | 9) Th8g8 | 15) Df3g2 | 15) Tg6g2 |
| 10) Lc4f7+ | 10) Ke8f7 | 16) Kc1e2 | |
| 11) Lg7e5 | 11) Tg8g6 | | |

Oder:

| 11) | 12) Sb1d2 | 13) Dd1h5+ | 14) Dh5h4 | 15) 0-0-0 | 16) Dh4g5 | 17) Th1g1 |
|---|---|---|---|---|---|---|
| Dd8g5 | Dg5g2 | Dg2g6 | h7h6 | Dg6g5 | Tg8g5 | |
| 9) | 10) Dd1d4 | 11) Lg7h8 | 12) Lc4d3 | 13) Lh8g7 | 14) Lg7h6 | |
| Dd8d4 | Lb6d4 | Ld4a1 | Ke8c7 | Lc8e6 | = | |

Auch der Zug 6) Lb6d4 kommt in Betracht.

| W. | S. | W. | S. |
|---|---|---|---|
| | 6) Lb6d4 | 12) Dc4e6 | 12) d7e6 |
| 7) Se5f7 | 7) Dd8f6 | 13) Sb1a3 | 13) Lc8d7 |
| 8) Dd1e2 | 8) Ld4a1[2]) | 14) 0-0 | 14) Kc8f8 |
| 9) Sf7h8 | 9) Sg8e7 | 15) Sa3c2 | 15) Ld7b5 |
| 10) c2c3 | 10) Sa5c4 | 16) Tf1e1 | 16) La1c3 |
| 11) De2c4 | 11) Df6e6 | 17) d2c3 | 17) Kf8g8= |

| 6) | 7) Lc4f7+ | 8) Lc1a3+ | 9) Lf7g8 | 10) c2c3 | 11) d2d4 | 12) Sb1d2 | 13) Dd1e2 |
|---|---|---|---|---|---|---|---|
| Lb6d4 | Ke8f8 | d7d6 | Kf8g8 | Ld4e5 | Le5f6 | Lc8e6 | Dd8d7 ∧ |

Wir kommen jetzt zur Wegnahme des Bauern b4 durch den Springer (c6b4)

| 1) e2e4 | 2) Sg1f3 | 3) Lf1c4 | 4) b2b4 |
|---|---|---|---|
| e7e5 | Sb8c6 | Lf8c5 | Sc6b4 |

| 5) c2c3 | 6) d2d4 | 7) c3d4 | 8) Ke1f1 | 9) a2a3 | 10) Ta1a2 | oder | 9) e4e5 |
|---|---|---|---|---|---|---|---|
| Sb4c6 | e5d4 | Lc5b4+ | Dd8e7[3]) | Lb1a5 | | | |

| 5) c2c3[4]) | 6) d2d4 | 7) c3d4 | 8) Lc1b2 | 9) d4d5 |
|---|---|---|---|---|
| Sb4c6 | e5d4 | Lc5b6 | Sg8f6 | Sc6a5[5]) |

Oder:

| 8) 0-0 | 9) Lc1a3 | 10) Dd1b3 | 11) Lc4f7+ | 12) Db3d5 | 13) Dd5g5 | 14) e4e5 | 15) g2f3 |
|---|---|---|---|---|---|---|---|
| d7d6 | Lc8g4 | Sc6a5 | Ke8f8 | Sg8f6 | Lg4f3 | Kf8f7 | Th8g8 ∧ |

| 5) c2c3 | 6) 0-0 | 7) d2d4 | 8) c3d4 | 9) d4d5 | 10) Lc1b2 | 11) Lc4d3 | 12) h2h3 | 13) Dd1d2 |
|---|---|---|---|---|---|---|---|---|
| Sb4c6 | d7d6 | e5d4 | Lc5b6 | Sc6a5 | Sg8e7 | 0-0 | Sc7g6 | c7c5[6]) |

[1]) Auch Le5g3.

[2]) **Bilguer** (Zusätze) spielt folgendermassen: 6) ___ 7) Se5f7 8) Dd1e2 9) Sf7h8
      Lb6d4   Dd8f6   Sa5c4   Ld4a1

10) Dc2e4 11) c2c3 12) e4d5 13) 0-0 14) Lc1a3 ∧
      Sg8e7   d7d5   Lc8f5   Lf5b1

[3]) 8) Ke1f1 9) Dd1b3 ∧
     Lb4a5

[4]) 8) Sf3e5
     Dd8f6

[5]) 9) ___ 10) d5d6 11) Lb2f6 12) Dd1d6 ∧ Im Evansgambit geht der angegrif-
    Sc6e7   c7d6   g7f6

fene Damenspringer gewöhnlich nach a5 wo er den Läufer auf c4 angreift. Doch ist zu bemerken, dass wenn S. bereits d7d6 gezogen hat, die weisse Dame durch d1a4+ den Springer falls er den Läufer c4 genommen hat, wieder erobert. Auch steht der Springer auf a5 unthätig und ist schwer in's Spiel zu bringen.

[6]) Im Evansgambit ist es für den Nachziehenden wichtig, mit seiner überwiegenden Bauernmasse des Damenflügels rechtzeitig eine kräftige Diversion zu machen.

5) c2c3   6) 0-0   7) d2d4   8) c3b4   9) e4e5   10) d4d5   11) d5d6   12) Dd1d5/\
Sb4c6   Sg8f6¹)   e5d4   Lc5b6   Sf6e4   Sc6a5   Sa2c4

Die Züge 4) ——— 5) c2c3 bewirken eine Spielstellung wie sie gleichfalls
Sc6b4

entstehen würde, wenn S. den Bauer mit dem Läufer nähme. (4) Lc5b4), W.
darauf c2c3 spielte und S. den Läufer nach c5 zurückzöge. Wir gehen daher gleich
zu der Wegnahme der Bauern mit dem Läufer über.

1) e2e4   2) Sg1f3   3) Lf1c4   4) b2b4
e7c5   Sb8c6   Lf8c5   Lb5b4

W. hat nun ein so lebhaftes Angriffsspiel, dass manche Autoren dadurch das
Opfer des Bauern aufgewogen halten.

Würde jetzt W. rochiren, so müsste S. mit Sg8f6 antworten und auf c2c3
den Läufer nach a5 bringen. Zieht W. indessen, was häufig geschieht, c2c3 zum
Angriff auf den Läufer, so hat derselbe zwei Felder worauf er sich zurückziehen
kann: a5 u. c5. Betrachten wir zuerst den Rückzug nach a5.

1) e2e4   2) Sg1f3   3) Lf1c4   4) b2b4   5) c2c3   6) d2d4   7) 0-0³)   8) c3d4
e7e5   Sb8c6   Lf8c5   Lc5b4   Lb4a5   e5d4²)   d7d6⁴)   u. s. w.

¹) 0-0 ist richtig.
²) 6) ——— 7) Lc1a3   8) d4d5   9) Dd1a4
Dd8e7   d7d6   Sc6b8   Verloren.

³) Zieht jetzt W. Dd1b3, so erlangt er einen starken Angriff.
7) Dd1b3   8) 0-0   9) Lc1a3   10) e4e5   11) c3d4   12) Sf3d4   13) Sb1c3   14) Db3c3
Dd8e7   La5b6   Dc7f6   Df6g6   Sc6d4   Lb6d4   Ld4c3   Sg8e7
15) Ta1d1   16) Td1d3 (Bilguer hat e5e6). Oder 7) Dd1b3   8) 0-0   9) Lc1a3   10) c3d4
b7b6   Lc8b7   Dd8c7   La5b6   d7d6   Lb6d4
11) Sf3d4   12) Db3b2   13) Sb1c3   14) f2f4   15) Ta1c1 Oder 7) Dd1b3   8) Lc1b2
Sc6d4   c7c5   Sg8f6   0-0   Lc8e6   Dd8f6   d4d3
9) 0-0   10) Lc4d3   11) c3c4
Sg8e7   0-0   Df6h6
⁴) Die Wegnahme des Bauern auf c3 würde S. einen sehr heftigen Angriff zuziehen:
7) 0-0   8) Dd1b3   9) Sb1c3   10) Db3c3   11) Lc1a3   12) e4e5   13) Dc3b2 Oder 7) 0-0
d4c3   Dd8e7   La5c3   Sg8f6   d7d6   Sf6e4   d4c3
8) Dd1b3   9) e4e5   10) Tf1e1   11) Db3a4+   12) Sf3e5   13) Da4a5   14) Ta1b1   15) Lc1a3+
Dd8f6   Sc6e5   d7d6   Ke8f8   c3c2   c2b1D   d6e5   Sg8e7
16) Te1e5   17) Te5c7   18) Tc7c6+  Die Wegnahme des Bauern durch den Läufer hätte
b7b6   b6a5   Verloren.
dieselben Folgen: 7) 0-0   8) Sb1c3   9) Dd1b3   10) Lc1a3   11) e4e5   12) Sf3g5 Oder:
La5c3   d4c3   Dd8e7   De7f6   Df6g6
9) Dd1b3   10) e4e5   11) Sf3e5   12) Lc4f7+   13) Lc1a3+
Dd8f6   Sc6e5   Df6d6   Ke8f8
S. könnte versuchen im 7. Zuge d4d3 zu ziehen, was aber auch nicht günstig ist.
7)   8) Dd1b3   9) e4e5   10) Sb1d2   11) Lc1a3   12) Ta1c1 Oder: 10)   11) Lc1a3
d4d3   Dd8e7   Sc6e5   Ke8f8   d7d6   Ke8d8   d7d6
12) Ta1c1   13) Sd2f3   14) Sf3g5   15) Lc4f7   16) Db3b7   17) Sg5e6+   18) Lf7c6.  Spielt S. im
Se5f3+   Dc7f8   Sg8h6   Lc8d7   Ta8c8   d7c6
8. Zuge seine Dame nach f6 so entstehen folgende Spiele: 7)   8) Dd1b3   9) Tf1e1
d4d3   Dd8f6   La5b6
oder e4e5) (auf Sg8e7 folgt 10) Lc1g5   11) Lg5e7   12) e4e5) 10) e4e5   11) Db3d1
Df6g6   Ke8e7   Df6f5 (Df6g6   Sg8h6
12) Lc4d3)  11) Db3d1   12) Lc4d3   13) Lc1a3   14) Te1c4   15) Sb1d2. Oder: 7) 0-0   8) Dd1b3
Sg8e7   Df6h5   0-0   g7g5   d4d3   Dd6f6
9) Tf1e1   10) e4e5   11) Lc1g5   12) Lc4f7+   13) Sb1d2   14) Sd2c4   15) Lf7e6   16) Sf3e5
d7d6   d6e5   Df6d6   Ke8f8   La5b6   Lc8c6   Dd6e6

In der That ist die eben angegebene Art das Evansgambit zu eröffnen, die gegenwärtig allgemein übliche[1]), wobei zu bemerken, dass S. im 7. Zuge statt d7d6 nicht Sg8f6 ziehen darf, weil alsdann W. durch den von Su hle angegebenen Zug Lc1a3 zum Siege gelangt.

Ueber die Art wie W. seinen Angriff fortzusetzen hat, sind die Meinungen verschieden. Nachfolgend einige Ausführungen:

| 1) e2e4 | 2) Sg1f3 | 3) Lf1c4 | 4) b2b4 | 5) c2c3 | 6) d2d4 |
|---|---|---|---|---|---|
| e7e5 | Sb8c6 | Lf8c5 | Lc5b4 | Lb4a5 | e5d4 |

| w. | s. | w. | s. |
|---|---|---|---|
| 7) 0-0 | 7) d7d6[2]) | 10) Lc4d3 | 10) Sg8f6 |
| 8) c3d4 | 8) La5b6[3]) | 11) Sb1c3 | 11) 0-0 |
| 9) d4d5[4]) | 9) Sc6a5 | | |

| 7) 0-0 | 8) c3d4 | 9) d4d5 | 10) c1b2 |
|---|---|---|---|
| d7d6 | La5b6 | Sc6a4 | Sg8e7 |

| w. | s. | w. | s. |
|---|---|---|---|
| 7) 0-0 | 7) d7d6 | 19) Td1d3 | 19) c7c6 |
| 8) c3d4 | 8) La5b6 | 20) Td3b3+ | 20) Kh7g8 |
| 9) Lc1b2 | 9) Sg8f6 | 21) Th3g3 | 21) Dg5h4 |
| 10) Dd1c2 | 10) 0-0 | 22) Sd5f6+ | 22) g7f6 |
| 11) e4e5 | 11) d6e5 | 23) Tg3g6+ | 23) f7g6 |
| 12) d4e5 | 12) Sf6d5 | 24) Dc2g6+ | 24) Kg8h8 |
| 13) Tf1d1 | 13) Lc8e6 | 25) e5f6 | 25) Tf8f7 |
| 14) Lc4d5 | 14) Lc6d5 | 26) Dg6f7 | 26) Ta8g8 |
| 15) Sb1c3 | 15) Sc6e7 | 27) Kg1h1 | 27) Dh4g4 |
| 16) Sf3g5 | 16) Se7g6 | 28) Ta1g1 | 28) Lb6f2 |
| 17) Sg5h7 | 17) Kg8h7 | 29) Df7e8 | 29) Kh8h7 |
| 18) Sc3d5 | 18) Dd8g5 | 30) f6f7 | Verloren. |

Dies Spiel ist einer schönen Partie von Dufresne in Berlin gegen Harrwitz entnommen.

| w, | s. | w. | s. |
|---|---|---|---|
| 7) 0-0 | 7) d7d6 | 11) g2f3 | 11) Ke8f8 |
| 8) c3d4 | 8) La5b6 | 12) Lc1e3 | 12) Sc6e7 |
| 9) Sb1c3 | 9) Lc8g4 (Richtig.) | 13) Kg1h1 | 13) d6d5 |
| 10) Lc4b5 | 10) Lg4f3 | | |

Zieht dagegen S. im 10. Zuge den Läufer zurück, was vielfach vorkommt, so setzt W. seinen Angriff folgendermassen kräftig fort.

| 7) 0-0 | 8) c3d4 | 9) Sb1c3 | 10) Lc4b5 | 11) e4e5 | 12) d4d5 | Oder: 12) Tf1e1 | 13) d4d5 |
|---|---|---|---|---|---|---|---|
| d7d6 | La5b6 | Lc8g4 | Lg4d7 | d6e5 | | | Sg8e7 |

---

[1]) Indess ist der starke Angriff den W. durch 7) Dd1b3 erlangt, (welchem man auch durch 7) Dd8f6 statt e7 zu begegnen versucht hat) nur durch den Rückzug des Läufers im 5. Zuge nach c5 statt a5 zu vermeiden, weswegen 5) Lb4c5 der einzig richtige Zug ist.

[2]) Noch sei folgender Angriffsweise erwähnt, falls jetzt S. den Bauer c3 nimmt:

| 7) 0-0 | 8) Dd1b3 | 9) e4e5 | 10) Sb1c3. | 7) d4c3 gilt als angeblich verloren für S., und als |
|---|---|---|---|---|
| d4c3 | Dd8f6 | Df6g6 | | stärkster Gegenzug 8) Dd1b3. |

[3]) Das Richtige; sonst z. B. 8) c3d4 9) e4e5 10) Dd1b3

Sg8f6   d6e5

[4]) Auf h2h3, ein Zug der z. B. von Anderssen empfohlen wird, folgt Sc6a5.

Oder:

11) e4e5   12) d4e5   13) Lc1g5 $\wedge$. Zieht S. 12) h7h6, so möchte W. am besten
    d6e5      Sg8e7                    13) Lc1a3 ziehen.

Nimmt S im 11. Zuge den Bauer e5 nicht, so nimmt W. e5d6, und richtet auf den so vereinzelten Bauer des Gegners seinen Angriff.

| W. | S. | | W. | S. |
|---|---|---|---|---|
| 7) 0-0 | 7) d7d6 | | 12) Lc4f7 + | 12) Ke8f8 |
| 8) c3d4 | 8) La5b6 | | 13) Db3d5 | 13) Sg8f6 |
| 9) Sb1c3 | 9) Lc8g4 (Sc6a5 ist | 14) Dd5g5 | 14) Kf8f7 |
| 10) Dd1a4 | 10) Lg4d7 schlecht.) | 15) e4e5 | 15) Th8e8[1]) |
| 11) Da4b3 | 11) Sc6a5 | | | |

Veränderung im 9. Zuge von S.

| W. | S. | | W. | S. |
|---|---|---|---|---|
| 9) — | 9) Sg8f6 | | 14) d4d5 | 14) Dd8f6 |
| 10) e4e5 | 10) d6d5[2]) | 15) Lc1g5 | 15) Df6c3 |
| 11) e5f6 | 11) d5c4 | | 16) d5e6 | 16) Dc3d3 |
| 12) f6g7 | 12) Th8g8 | | 17) e6f7+ | 17) Ke8f8 |
| 13) Tf1e1+ | 13) Lc8e6 | | 18) Te1e7+ | Verloren. |

Falls W. im 6. Zuge statt d2d4 zu ziehen, rochirt, antwortet S. gleichfalls mit d7d6, wodurch die Stellung dieselbe wird wie die vorhin besprochene. Ausserdem kann S. noch gut mit 6) Sg8f6 antworten.

Nachfolgend sei einiger Combinationen erwähnt:

1) e2e4   2) Sg1f3   3) Lf1c4   4) b2b4   5) c2c3   6) 0-0[3])
  e7e5      Sb8c6      Lf8c5      Lc5b4      Lb4a5      Sg8f6

| W. | S. | | W. | S. |
|---|---|---|---|---|
| 7) Sf3g5 | 7) 0-0 | | 14) La3f8 | 14) Sa5c4 |
| 8) f2f4 | 8) d7d5[4]) | 15) Lf8a3 | 15) Lc8e6 |
| 9) e4d5 | 9) Sf6d5[5]) | 16) Dd1e2 | 16) Le6d5 |
| 10) Lc1a3 | 10) Sd5f4 | 17) La3c1 | 17) e5e4 |
| 11) Tf1f4 | 11) Dd8g5 | 18) d2d3 | 18) e4d3 |
| 12) Tf4f1 | 12) La5b6 + | 19) Lc1g5 | 19) d3e2 |
| 13) Kg1h1 | 13) Sc6a5 | 20) Tf1e1 | 20) Ta8e8 $\wedge$ |

| W. | S. | | W. | S. |
|---|---|---|---|---|
| 7) d2d4 | 7) 0-0 (das Beste.) | 10) Lc4f7 + | 10) Kg8f7 |
| 8) Sf3e5 (Auf Dd1c2 | 8) Sf6e4 | 11) d4d5 | 11) Sc6e7 $\wedge$ |
| 9) Se5f7 folgt 8) Dd8e7.) | 9) Tf8f7 | | | |

----

[1]) Die Rettung des Springers nach e8 oder g4 verursacht mancherlei Angriffscombinationen von W. z B.; 15) ___ 16) Dg5f4+ 17) Sf3g5 18) e5e6 19) Sc3d5 20) Df4f7+ 21) e6f7+
         Sf6e8     Kf7g8     Dd8e7     Ld7c8     De7f8     Df8f7

[2]) 10) ___ 11) Lc1a3
     d6e5

[3]) Hierdurch vermeidet W. den vorher erwähnten Zug von S. 7) d4c3.

[4]) Oder: 8) ___ 9) d2d3 10) f4e5
      d7d6    h7h6    Sc6e5 $\wedge$

[5]) 9) ___ 10) Dd1c2 11) Kg1h1 12) f4e5 13) e5f6 14) Dc2e4 $\wedge$
   Lc8g4    La5b6+    Sc6a5    Sa5c4    g7g6

| **W.** | **S.** | **W.** | **S.** |
|---|---|---|---|
| 7) d2d4 | 7) e5d4 | 14) Dd1h5 | 14) Dd8c7 |
| 8) Lc1a3 | 8) d7d6 | 15) Sd2e4 | 15) Lc3b4 |
| 9) e4e5 | 9) Sf6g4[1) | 16) La3b4 | 16) Sc6b4 |
| 10) e5d6 | 10) c7d6 | 17) Lc4f7 + | 17) Ke8d8[2) |
| 11) Tf1e1 + | 11) Sg4e5 | 18) Ta1d1 | 18) Th8f8 |
| 12) Sf3e5 | 12) d6e5 | 19) Se4g5 | 19) Sb4c6 |
| 13) Sb1d2 | 13) La5c3 | 20) Dh5h7 ∧ | |

| **W.** | **S.** | **W.** | **S.** |
|---|---|---|---|
| 7) d2d4 | 7) e5d4 | 11) Sf3d2 | 11) Sc6e7 |
| 8) Lc1a3 | 8) Sf6e4 | 12) Sd2e4 | 12) f5e4 |
| 9) Dd1b3 | 9) d7d6 | 14) Lc4f7 + | 14) Ke8f8 |
| 10) Tf1e1 | 10) f7f5 | 15) Te1e4 ∧ | |

| 7) d2d4 | 8) e4e5 | 9) Dd1b3 | 10) Lc1a3 | 11) c3d4 | 12) Db3e3 | 13) Lc4d5 ∧ |
|---|---|---|---|---|---|---|
| e5d4 | Sf6e4 | 0-0 | d7d6 | La5b6 | Lc8f5 | |

Wir haben bisher angenommen, dass der schwarze Läufer nach a5 zurückgeht. Untersuchen wir jetzt den Fall wenn er nach c5 sich zurückzieht. Dabei ist gleich zu bemerken, dass wenn darauf W. rochirt, S. nicht mit Sg8f6 sondern d7d6 erwidern muss, weil sonst S. in Nachtheil geräth. In dieser Hinsicht ist also Lb4c5 dem Rückzuge auf a5 nachzustellen. Ausserdem ändert es nichts am Spiele.

| 1) e2e4 | 2) Sg1f3 | 3) Lf1c4 | 4) b2b4 | 5) c2c3 | 6) 0-0 | 7) d2d4 | 8) c3d4 |
|---|---|---|---|---|---|---|---|
| e7e5 | Sb8c6 | Lf8c5 | Lc5b4 | Lb4c5 | d7d6 | e5d4 | Lc5b6 |

Die Stellung ist ganz dieselbe wie die schon besprochene, und werden wir daher nur zeigen, wie S. in Nachtheil kommt, wenn er im 6. Zuge statt d7d6 den Springer nach f6 zieht, während der Läufer auf c5 statt a5 steht.

| **W.** | **S.** | **W.** | **S.** |
|---|---|---|---|
| 6) 0-0 | 6) Sg8f6 | 12) Lc1g5 | 12) f7f6 |
| 7) d2d4 | 7) e5d4 | 13) e5f6 | 13) g7f6 |
| 8) c3d4 | 8) Lc5b6 | 14) Tf1e1 + | 14) Ke8f8 |
| 9) e4e5 | 9) Sf6e4 | 15) Lg5h6 + | 15) Kf8g8 |
| 10) d4d5 | 10) Sc6a5 | 16) Sf3h4 ∧ | |
| 11) Lc4d3 | 11) Se4c5 | | |

Veränderungen im 9. Zuge.

| **W.** | **S.** | **W.** | **S.** |
|---|---|---|---|
| 9) e4e5 | 9) Sf6g8 | 14) Dd1d5 | 14) Dd8f6 |
| 10) d4d5 | 10) Sc6e7 | 15) Lc1g5 | 15) Df6g6 |
| 11) d5d6 | 11) c7d6 | 16) Sf3h4 | 16) Dg6h5 |
| 12) e5d6 | 12) Se7c6 | 17) Lg5e7 + | |
| 13) Tf1e1 + | 13) Ke8f8 | ∧ | |

| 9) e4e5 | 10) Lc4b5 | 11) Lc1a3 ∧ |
|---|---|---|
| d7d5 | Sf6e4 | |

---

[1) d6e5 oder Sc6e5 ist schlechter.
[2) Besser als Ke8f8.

| W. | s. | W. | s |
|---|---|---|---|
| 6) 0-0 | 6) Sg8f6 | 12) Sf3g5 | 12) Sc6d4 |
| 7) d2d4 | 7) e5d4 | 13) De2e3 | 13) Lc3a1 |
| 8) c3d4 | 8) Lc5b4 | 14) Lc4f7 + | 14) Ke8f8 |
| 9) e4e5 | 9) Sf6e4 | 15) Lc1a3+ | 15) d7d6 |
| 10) Dd1e2 | 10) Se4c3 | 16) e5d6 ∧ | |
| 11) Sb1c3 | 11) Lb4c3 | | |

Veränderung im 12. Zuge von S.

| W. | s. | W. | s. |
|---|---|---|---|
| 12) | 12) Lc3a1 | 16) La3d6+ | 16) Sc6e7 |
| 13) Lc4f7 + | 13) Ke8f8 | 17) Ld6a3 | 17) La1c3 |
| 14) Lc1a3+ | 14) d7d6 | 18) De2f3 | 18) Lc3d4 |
| 15) e5d6 | 15) c7d6 | 19) Tf1d1 ∧ | |

Ausser nach a5 und c5 kann der schwarze Läufer auch (abgesehen von d6 wo er seine eigenen Figuren verstellt, und worauf W. rochirt) nach e7 zurückgehen, was aber kein günstiges Spiel gibt.

| W. | s. | W. | s. |
|---|---|---|---|
| 1) e2e4 | 1) e7e5 | 7) d2d4 | 7) Sc6a5 |
| 2) Sg1f3 | 2) Sb8c6 | 8) Db3a4 | 8) Sa5c4 |
| 3) Lf1c4 | 3) Lf8c5 | 9) Da4c4 | 9) Sb6g4 |
| 4) b2b4 | 4) Lc5b4 | 10) d4e5 | 10) 0-0 |
| 5) c2c3 | 5) Lb4e7 | 11) h2h3 | 11) Sg4h6 |
| 6) Dd1b3 | 6) Sg8h6 | 12) Lc1h6 | 12) g7h6 |

W. hat seinen Bauer bei besserer Stellung wieder.

Nach Beendigung des Evansgambit bleibt noch als Veränderung des giuoco piano der Fall übrig, wo die eine oder andere Partei im 3. Zuge den Läufer nicht nach c4 oder c5 sondern nach e2 oder e7 bewegt.

$$ 1) \frac{e2e4}{e7e5} \quad 2) \frac{Sg1f3}{Sb8c6} \quad 3) \; Lf1e2 $$

S. antwortet darauf mit Sg8f6. Diese Eröffnungsweise ist für W. von untergeordneten Werthe.

Ebenso könnte S. nach 3) Lf1c4 mit Lf8e7 antworten, also:

$$ 1) \frac{e2e4}{e7e5} \quad 2) \frac{Sg1f3}{Sb8c6} \quad 3) \frac{Lf1c4}{Lf8e7} $$

Dadurch bekommt das Spiel in seinen Folgen eine Aehnlichkeit mit der Philidor'schen Vertheidigung des Springerspiels:

$$ 1) \frac{e2e4}{e7e5} \quad 2) \frac{Sg1f3}{d7d6} $$ u. s. w. ist jedoch für S. von keiner besondern Kraft.

Wenn der Nachziehende im 3. Zuge nachdem Lf1c4 gezogen worden, seinen Königsläufer nicht bewegen will, so kann er den Zug 3) Sg8f6 versuchen, wodurch ein Spiel entsteht, das den Namen führt:

## Das Zweispringerspiel im Nachzuge.

$$\text{1) } \frac{e2e4}{e7e5} \quad \text{2) } \frac{Sg1f3}{Sb8c6} \quad \text{3) } \frac{Lf1c4}{Sg8f6\,^1)}$$

Diese Deckung ist keine genügende; dennoch könnte sich W. wenn er nicht durchaus richtig spielt, einen starken Angriff zuziehen, der den Bauer mehr als aufwiegt. Am richtigsten spielt W. folgend:

$$\text{4) } \frac{Sf3g5}{d7d5} \quad \text{5) } \frac{e4d5}{Sc6a5} \quad \text{6) } \frac{d2d3}{Lf8c5\,^2)} \quad \text{7) } \frac{0\text{-}0}{0\text{-}0} \quad \text{8) } \frac{Sb1c3}{h7h6} \quad \text{9) } \frac{Sg5e4}{Lc8g4}\bigwedge$$

Oder:

$$\text{8) } \frac{Sb1c3}{Lc8g4} \quad \text{9) } \frac{Dd1e1}{Lc5d4} \quad \text{10) } \frac{Sg5e4}{}\bigwedge$$

Ausserdem hat W. folgende ungünstigere Spielweise:

| w. | s. | w. | s. |
|---|---|---|---|
| 4) Sf3g5 | 4) d7d5 | 10) d2d3 | 10) 0-0 |
| 5) e4d5 | 5) Sc6a5 | 11) 0-0 | 11) h7h6 |
| 6) Lc4b5+ | 6) c7c6 ³) | 12) Sg5e4 | 12) Sf6e4 |
| 7) d5c6 | 7) b7c6 | 13) Df3e4 | 13) f7f5 |
| 8) Dd1f3+ ⁴) | 8) Dd8c7 | S. hat das Angriffsspiel. | |
| 9) Lb5a4 | (8) Lc8b7 sieht drohender aus als es ist.) | | |
| | 9) Lf8d6 | | |

Veränderung im 6. Zuge von Schwarz:

| w. | s. | w. | s. |
|---|---|---|---|
| 6) — | 6) Lc8d7 | 13) Sg5e4 | 13) Sf6e4 |
| 7) Dd1e2 | 7) Lf8d6 | 14) Sc3e4 | 14) f7f5 |
| 8) Lb5d7 | 8) Dd8d7 | 15) Se4c3 | 15) e5e4 |
| 9) c2c4 | 9) c7c6 | 16) De2b5 | 16) Dd7c7 |
| 10) Sb1c3 | 10) 0-0 | 17) h2h3 | 17) Sa5c4 |
| 11) 0-0 | 11) c6d5 | Schwarz hat einen starken Angriff. | |
| 12) c4d5 | 12) h7h6 | | |

Nicht günstig ist es dagegen für S. im 4. Zuge, den Bauer e4 oder im 5. Zuge d5 mit seinem Springer zu nehmen.

---

¹) Statt Sg8f6 könnte S. auch f7f5 ziehen. W. mag dann den Springer g8 nehmen und nachher d2d4 vorrücken; für S. ist die Stellung keine günstige.

²) Auf Sf6d5 folgt Dd1f3.

³) Dies oder Lb8d7 sind für S. die stärksten Vertheidigungszüge.

⁴) Schlechter wäre:

$$\text{8) } \frac{Lb5a4}{h7h6} \quad \text{9) } \frac{Sg5f3}{e5e4} \quad \text{1) } \frac{Dd1e2}{Lc8c6} \quad \text{11) } \frac{Sf3e5}{Dd8d4} \quad \text{12) } \frac{La4c6+}{Sa5c6} \quad \text{13) } \frac{De2b5*)}{Lf8c5} \quad \text{14) } \frac{Db5c6+}{Ke8e7}$$

$$\text{15) } \frac{Dc6b7+}{Ke7d6} \quad \text{16) } \frac{f2f4}{e4f3} \quad \text{17) } \frac{e5f3}{Dd4f2+} \quad \text{18) } \frac{Ke1d1}{Df2g2} \quad \text{19) } \frac{Db7a6+}{Kd6c} \quad \text{2) } \frac{Da6f1}{Le6b3}\bigwedge$$

Der Rückzug des Läufers nach e2 statt a4 ist auch nicht gut, da er das weisse Spiel einengt.

Zöge S. im 9. Zuge statt e5e4: Lf8c5 so würde sich W. durch d2d4, also Opferung dieses Bauern, freiere Bewegung verschaffen.

---

*) $\text{13) } \frac{Se5c6}{Dd4c5} \quad \text{14) } \frac{Sc6a7}{Ta8a7}\bigwedge$

| W. | S. | W. | S. |
|---|---|---|---|
| 4) Sf3g5 | 4) Sf6e4 | 9) Dd1d2 | 9) h7h6 |
| 5) Lc4f7+[1]) | 5) Ke8e7 | 10) f4e5 | 10) Sc6e5[2]) |
| 6) d2d3 | 6) Se4f6 | 11) Dd2e3 | 11) h6g5 |
| 7) Lf7b3 | 7) d7d5 | 12) De3e5+ | 12) Ke7f7 |
| 8) f2f4 | 8) Lc8g4 | 13) 0-0 /\ | |

| W. | S. | W. | S. |
|---|---|---|---|
| 4) Sf3g5 | 4) d7d5 | 9) Df3e4 | 9) c7c6 |
| 5) e4d5 | 5) Sf6d5 | 10) a2a3 | 10) Sb4a6 |
| 6) Sg5f7[3]) | 6) Ke8f7 | 11) d2d4 | 11) Dd8d6 |
| 7) Dd1f3+ | 7) Kf7e6 | 12) Lc1f4 | 12) b7b5 |
| 8) Sb1c3 | 8) Sc6b4 | 13) Lf4e5 /\ | |

| W. | S. | W. | S. |
|---|---|---|---|
| 4) Sf3g5 | 4) d7d5 | 12) Sc3d5 | 12) c6d5 |
| 5) e4d5 | 5) Sf6d5 | 13) De4d5+ | 13) Kd7c7 |
| 6) Sg5f7 | 6) Ke8f7 | 14) Dd5a5+ | 14) Kc7d7 |
| 7) Dd1f3+ | 7) Kf7e6 | 15) Lc4b5+ | 15) Kd7e6 |
| 8) Sb1c3 | 8) Sc6b4 | 16) Da5d8 | 16) Lf8b4+ |
| 9) Df3e4 | 9) c7c6 | 17) a3b4 | 17) Th8d8 |
| 10) a2a3 | 10) Sb4a6 | /\ | |
| 11) d2d4 | 11) Ke6d7 | | |

| W. | S. | W. | S. |
|---|---|---|---|
| 4) Sf3g5 | 4) d7d5 | 12) Te1e5 | 12) Se7g6[5]) |
| 5) e4d5 | 5) f6d5 | 13) Sc3d5 | 13) Sg6e5 |
| 6) Sg5f7 | 6) Ke8f7 | 14) d4e5+ | 14) Kd6d7 |
| 7) Dd1f3+ | 7) Kf7e6 | 15) e5e6+ | 15) Kd7d6 |
| 8) Sb1c3 | 8) Sc6e7 | 16) Lc1f4+ | 16) Kd6e6 |
| 9) d2d4 | 9) h7h6 | 17) Ta1e1+ | 17) Ke6f7 |
| 10) 0-0 | 10) c7c6 | 18) Lf4d2+ | 18) Kf7g8 |
| 11) Tf1e1 | 11) Ke6d6[4]) | 19) Sd5f6+ | 0 |

| W. | S. | W. | S. |
|---|---|---|---|
| 4) Sf3g5 | 4) d7d5 | 12) Th1c1 | 12) Ke6d7 |
| 5) e4d5 | 5) Sf6d5 | 13) Lc4d5 | 13) c3b2+ |
| 6) Sg5f7 | 6) Ke8f7 | 14) Kc1b1 | 14) c6d5 |
| 7) Dd1f3+ | 7) Kf7e6 | 15) Td1d5+ | 15) Kd7e8[6]) |
| 8) Sb1c3 | 8) Sc6e7 | 16) Td5d8+ | 16) Ke8d8 |
| 9) d2d4 | 9) c7c6 | 17) Df3d5+ | 17) Kd8e8 |
| 10) Lc1g5 | 10) e5d4 | 18) Sg5e7 | 18) Lf8e7 |
| 11) 0-0-0 | 11) d4c3 | 19) Dd5d6 /\ | |

---

[1]) Das Richtige. Sg5f7 wäre schlecht wegen Dd8h4 und auf 5) Sgbe4 folgt d7d5.

[2]) Auf h6g5 folgt Dd2g5.

[3]) Ausführliche Untersuchungen über diese Spielweise sind von Bilguer angestellt, aus denen nachfolgend einige Beispiele mitgetheilt werden. Mindestens erobert W. 3 Bauern für den geopferten Springer:

[4]) Auf Ke6d7 folgt d4e5

[5]) Auf d5c3 folgt Lc1f4. Auf b7b5 gewinnt W. folgend:
12) Te1e5 13) Lc4d5 14) Te5d5+ 15) Df3d5+ 16) Lc1g5+ 17) Ta1e1+
   b7b5     c6d5    Se7d5    Kd6c7    h6g5

[6]) Sc7d5 ist nicht besser.

Wenn W. im 4. Zuge d2d4 spielt, so nimmt S. e5d4 und antwortet auf
5) e4e5 mit d7d5, wodurch sich eine schon früher besprochene Spieleröffnung, ohne
besondern Vortheil für W. herstellt.

Wenn Weiss im 3. Zuge nicht den Läufer ziehen will, so kann er den Damenbauer 2 Schritte oder den Damenläuferbauer 1 Schritt vorrücken.

Das erstere Spiel führt den Namen:

## Schottisches Gambit.

$$\frac{1)\ \text{c2e4}}{\text{e7e5}} \quad \frac{2)\ \text{Sg1f3}}{\text{Sb8c6}} \quad 3)\ \text{d2d4}$$

(Von einigen Partien, die der Schachklub zu Edinburgh gegen den Londoner
durchführte.) Der Zweck dieses Zugs besteht darin, den feindlichen Königsbauer
von seiner Linie abzulenken, dagegen dem eigenen Königsbauer das Vordringen zu
ermöglichen, und wenn der Nachziehende den gewonnenen Bauer behaupten will,
einen sehr starken Angriff einzuleiten, welcher durch das rasche Herausbringen der
Offiziere gefördert wird. Den Bauer d4 dürfte S. am besten mit dem Bauer nehmen.

Nimmt er mit dem Springer, so entsteht folgendes Spiel:

| W. | S. | W. | S. |
|---|---|---|---|
| 3) | 3) Sc6d4 | 8) 0-0 | 8) d7d6 |
| 4) Sf3d4 | 4) e5d4 | 9) Lc1b5 | 9) Lc8d7 |
| 5) Dd1d4 | 5) Sg8e7 | 10) Sb1c3 | 10) Lf8e7 |
| 6) Lf1c4 | 6) Se7h6 | 11) Lc1e3 $\wedge$ | 11) [1]) |
| 7) Dd4d5 | 7) Dd8f6 | | |

Schwächer spielt W. wenn er den Königsbauer mit dem Springer nimmt, statt
die Springer zu tauschen, wie nachstehende Beispiele zeigen:

$$\frac{3)\ \text{d2d4}}{\text{Sc6d4}} \quad \frac{4)\ \text{Sf3e5}}{\text{Sd4e6}} \quad \frac{5)\ \text{Lf1c4}}{\text{Sg8f6}} \quad \frac{6)\ \text{0-0}}{\text{Lf8c5}^{2)}} \quad \frac{7)\ \text{Sb1c3}}{\text{0-0}} =$$

$$\frac{3)\ \text{d2d4}}{\text{Sc6d4}} \quad \frac{4)\ \text{Sf3e5}}{\text{Sd4e6}} \quad \frac{5)\ \text{Lf1c4}}{\text{e7c6}} \quad \frac{6)\ \text{Lc4e6}}{\text{Dd8a5+}} \quad \frac{7)\ \text{Sb1c3}}{\text{Da5e5}} \quad \frac{8)\ \text{Lc6b3}}{\text{Lf8c5}} \quad \frac{9)\ \text{0-0}}{} =$$

$$\frac{3)\ \text{d2d4}}{\text{Sc6d4}} \quad \frac{4)\ \text{Sf3e5}}{\text{Lf8c5}^{3)}} \quad \frac{5)\ \text{Lf1c4}}{\text{Sd4e6}} \quad \frac{6)\ \text{Lc4e6}}{\text{f7c6}} \quad \frac{7)\ \text{Dd1h5+}}{\text{g7g6}} \quad \frac{8)\ \text{Se5g6}}{\text{Sg8f6}} \quad \frac{9)\ \text{Dh5c5}\wedge}{}$$

Nimmt Schwarz den Bauer mit dem Bauer so hat Weiss zwei Spielarten.
Entweder er nimmt den Bauer sogleich wieder, oder er bahnt einen weiter aus-
sehenden Angriff an. Das erstere wollen wir zunächst in Betracht ziehen.

---

[1]) Andere Beispiele von Fortsetzungen sind folgende:

$$\frac{5)\ \text{Dd1d4}}{\text{Dd8f6}} \quad \frac{6)\ \text{e4e5}}{\text{Df6g6}} \quad \frac{7)\ \text{Sb1c3}}{\text{Dg6c2}} \quad \frac{8)\ \text{Lf1d3}}{\text{Lf8c5}} \quad \frac{9)\ \text{Dd4e5}}{\text{Dc2d3}} \quad \frac{10)\ \text{Sc3b5}}{\text{Dd3e4+}} \quad \frac{11)\ \text{Lc1e3}}{\text{De4g2}} \quad \frac{12)\ \text{Sb5c7+}}{\text{Ke8d8}}$$

13) Dc5f8+ Oder: 5) Dd1d4 6) e4e5 7) Sb1c3 8) Dd4e4 9) Sc3d5 10) Kc1e2 11) Lc1d2 $\wedge$

$$\overline{\text{Verloren.}} \quad \frac{}{\text{Dd8f6}} \quad \frac{}{\text{Df6g6}} \quad \frac{}{\text{Dg6b6}} \quad \frac{}{\text{Lf8c5}} \quad \frac{}{\text{Lc5f2+}} \quad \frac{}{\text{Db6c5}}$$

Oder: 5) Dd1d4 6) Sb1c3 7) Sb1c3 8) Dd4c5 9) Lc1h6 10) Lf1d3 11) Sc4d6+ 12) e5d6

$$\frac{}{\text{Dd8f6}} \quad \frac{}{\text{Df6g6}} \quad \frac{}{\text{c7c6}} \quad \frac{}{\text{Sg8h6}} \quad \frac{}{\text{Dg6h6}} \quad \frac{}{\text{Lf8e7}} \quad \frac{}{\text{Lc7d6}} \quad \frac{}{\text{Dh6e6+}}$$

13) Kc1d2 $\wedge$ Oder: 5) Dd1d4 6) Lf1c4 7) Dd4d5 8) 0-0 9) c2c3 10) e4e5 $\wedge$

$$\frac{}{\text{Sg8e7}} \quad \frac{}{\text{Se7c6}} \quad \frac{}{\text{Dd8f6}} \quad \frac{}{\text{Lf8b4}} \quad \frac{}{\text{Lb4a5}}$$

[2]) $\frac{6)\ \text{0-0}}{\text{Sf6e4}} \quad \frac{7)\ \text{Se5f7}}{\text{Ke8f7}} \quad \frac{8)\ \text{Lc4e6+}}{\text{Kf7c6}} \quad \frac{9)\ \text{Dd1g4+}}{}$

[3]) Fehlerhaft.

7*

1) e2e4   2) Sg1f3   3) d2d4   4) Sf3d4
----
e7e5      Sb8c6      e5d4

Nähme jetzt S. d4 mit den Springer, so würde Dd1d4 folgen u. wir hätten die schon besprochene, für S. etwas gedrückte Stellung wieder. Nachfolgende Vertheidigung ist besser:

4) Sf3d4   5) Sd4c6   6) Dd1f3   7) g2g3   8) Lc1f4   9) Lf1c4   10) Sb1d2
----
Lf8c5      Dd8f6      Df6f3      b7c6      d7d6       Lc8e6          =  .

Oder: 5) c2c3    oder: 5) Lc1e3   oder: 5) ____     6) c2c3
----
Dd8h4           Dd8h4           Dd8f6           Sg8e7

Bedenklicher für S. ist 4) Dd8h4, obgleich die Meinungen darüber getheilt sind.

4) Sf3d4   5) Dd1d3   6) Dd3e2   7) Sb1d2   8) g2g3   9) De2h5   c2c3
----
Dd8h4      Sc6e5      Sg8f6      Lf8c5      Dh4h5     Sf6h5

4) Sf3d4   5) Dd1d3   6) Sb1d2   7) g2g3
----
Dd8h4      Sg8f6      Lf8c5

4) Sf3d4   5) Sd4b5[1]   6) Lf1e2   7) 0-0      8) Sb1c3
----
Dd8h4      Db4e4          Ke8d8[2]   a7a6       De4e8

| w. | s. | w. | s. |
|---|---|---|---|
| 4) Sf3d4 | 4) Dd8h4 | | |
| 5) Sd4b5 | 5) Dh4e4+ | 9) Sb1d2 | 9) De4g6 |
| 6) Lf1e2 | 6) Lf8b4+ | 10) Le2d3 | 10) Dg6h6 |
| 7) Lc1d2 | 7) Ke8d8 | 11) f2f4 | 11) Sc6 b4 |
| 8) 0-0 | 8) Lb4d2 | 12) Ld3c4 ⋀ | |

4) Sf3d4   5) Sd4b5   6) Dd1f3   7) Lc1e3   8) Df3e2   9) Lc3b6   10) Sb1c3   11) 0-0-0 ⋀
----
Dd8h4      Lf8c5      Lc5b6      Sc6e5      Dh4d8      a7b6       d7d6

4) Sf3d4   5) Sd4b5   6) Dd1f3   7) Sb5c7+   8) Df3f4   9) Ke1d1   10) Lc1f4   11) Sc7a8 ⋀
----
Dd8h4      Lf8c5      Sc6d4     Ke8d8       Sd4c2+     Dh4f4      Sc2a1

Wir kommen jetzt zu dem Falle, wenn W. auf die sofortige Wiedernahme des Bauern verzichtet. Hier bietet sich von selbst als stärkster Angriff der Zug des Königsläufers f1c4 dar. Schwarz hat nun 2 Arten der Erwiderung. Entweder er beabsichtigt keine Erhaltung des eroberten Bauern, was die einfachste und sicherste Vertheidigung gibt, oder er versucht den Vortheil des Bauernmehrbesitzes durch erzwungenen Abtausch desselben festzuhalten. Im ersteren Fall ist es namentlich der Zug Lf8c5, welcher eine gute Vertheidigung bietet.

1) e2e4   2) Sg1f3   3) d2d4   4) Lf1c4
----
e7e5      Sb8c6      e5d4      Lf8c5

Weiss hat nun verschiedene Arten der Fortsetzung. Die stärkste ist: 5) c2c3, worauf Schwarz am einfachsten mit Sg8f6 antwortet, wodurch eine Stellung des giuoco piano hergestellt wird.

5) c2c3[3]   6) c3d4   7) Lc1d2[4]   8) Sb1d2
----
Sg8f6        Lc5b4+   Lb4d2+        d7d5          =

---

[1] Dieser Zug von Horwitz opfert einen Bauer für den Angriff.

[2] Auf 6) ____  gewinnt 7) f2f4 und auf 6) ____  7) Dd1d6   8) Ke1e2   9) Sb5c7 +
          De4e5                                    Lf8d6      De4e2+    c7d6    Verloren·

[3] 5) c2c3   6) Lc4f7+   7) Dd1d5+   8) Dd5h5+   9) Dh5c5 ⋀
       d4c3      Ke8f7       Kf7e8       g7g6

[4] Auf Ke1f1 folgt 0-0.

5) c2c3  6) e4e5  7) Lc4b5 u. s. w. (Siehe giuoco piano).
$\overline{\text{Sg8f6}}$  $\overline{\text{d7d5}}$  $\overline{\text{Sf6e4}}$

Ausser Sg8f6 ist d4d3 gut.

5) c2c3  6) b2b4  7) b4b5  8) Lc4d3  9) .e4e5[1]) 10) Sb1d2  11) Lc1a3
$\overline{\text{d4d3}}$  $\overline{\text{Lc5b6}}$  $\overline{\text{Sc6a5}}$  $\overline{\text{d7d5}}$  $\overline{\text{Lc8g4}}$  $\overline{\text{Sg8e7}}$  $=$

5) c2c3  6) Sf3g5  7) Dd1h5  8) Sg5f7  9) Ke1f2  10) Th1e1 S. steht gut.
$\overline{\text{d4d3}}$  $\overline{\text{Sg8h6}}$  $\overline{\text{Dd8e7}}$  $\overline{\text{Lc5f2+}}$  $\overline{\text{Sh6f7}}$  $\overline{\text{Sc6e5}}$

Nachtheilig dagegen wäre es, wenn S. im 5. Zuge die Dame nach e7 zöge, wie folgende Beispiele zeigen:

| W. | 8. | W. | 8. |
|---|---|---|---|
| 5) c2c3 | 5) Dd8e7 | 11) Sd5b4 | 11) Sc6b4 |
| 6) 0-0 | 6) d4c3 | 12) Sf3g5 | 12) Sg8h6 |
| 7) Sb1c3 | 7) d7d6 | 13) Dd1d4 | 13) f7f6 |
| 8) Sc3d5 | 8) De7d7 | 14) Sg5e6 + | 14) Kf8e8 |
| (De7d8 wäre schlechter.) | | 15) Dd4d2 | 15) Dd7e7 |
| 9) b2b4 | 9) Lc5b4 | 16) Se6c7 + | 16) De7c7 |
| 10) Lc1b2 | 10) Ke8f8 | 17) Dd2b4 $\wedge$ | |

Veränderung im 9. Zuge von S.

9) \_\_\_\_  10) Sd5b4  11) Sf3g5  12) Lc1b2  13) Dd1b3  14) Sg5f7  15) Db3b4$\wedge$
$\overline{\text{Sc6b4}}$  $\overline{\text{Lc5b4}}$  $\overline{\text{Sg8h6}}$  $\overline{\text{Ke8f8}}$  $\overline{\text{Dd7e7}}$  $\overline{\text{Sh6f7}}$  $\overline{\text{Sf7e5}}$

Diese Beispiele mögen als Anleitung dienen, wie W. im angegebenen Falle zu ziehen hat.

Ausser c2c3 kann W. noch rochiren oder mit Sf3g5 den Angriff fortsetzen.

5) 0-0  6) c2c3  7) Sb1c3  8) Sf3g5  9) b2b4  10) Dd1b3
$\overline{\text{d7d6}}$  $\overline{\text{d4c3}}$  $\overline{\text{Sg8e7}}$  $\overline{\text{Sc6e5}}$  $\overline{\text{Lc5b6}}$  $\overline{\text{0-0}\wedge}$

5) Sf3g5  6) Sg5f7  7) Lc4f7+  8) Dd1h5+  9) Dh5c5
$\overline{\text{Sg8h6}}$  $\overline{\text{Sh6f7}}$  $\overline{\text{Ke8f7}}$  $\overline{\text{g7g6}}$  $\overline{\text{d7d5}\wedge}$

| W. | 8. | | W. | 8. |
|---|---|---|---|---|
| 5) Sf3g5 | 5) Sg8h6 | | 11) Sb1c3 | 11) c7c6 |
| 6) Dd1h5 | 6) Dd8e7 | (Dd8f6 ist | 12) Lc1d2 | 12) De7f6 |
| 7) 0-0 | 7) d7d6 | besser.) | 13) Dh5e2 | 13) Sd3f4 |
| 8) h2h3 | 8) Sc6e5 | | 14) Ld2f4 | 14) Df6f4 |
| 9) Lc4b3 | 9) d4d3 | | 15) Dd1h5 | 15) Df4f6 $\wedge$ |
| 10) c2d3 | 10) Se5d3 | | | |

Ausser dem Läuferzuge f8c5 könnte S. auch 4) Sg8f6 ziehen.

1) e2e4  2) Sg1f3  3) d2d4  4) Lf1c4
$\overline{\text{e7e5}}$  $\overline{\text{Sb8c6}}$  $\overline{\text{e5d4}}$  $\overline{\text{Sg8f6}}$

5) 0-0(stärkste) 6) Tf1e1 7) Lc4d5 8)Sb1c3 9) Sc3e4 10) Lc1g5 11) Lg5f6 12) Sf3d4
$\overline{\text{Sf6e4}[2])}$  $\overline{\text{d7d5}}$  $\overline{\text{Dd8d5}}$  $\overline{\text{Dd5h5}}$  $\overline{\text{Lc8e6}}$  $\overline{\text{h7h6}}$  $\overline{\text{Dh5a5}}$  $\overline{\text{Sc6e7}}$

6) 0-0  6) Tf1e1  7) Sf3d4  8) Lc4d5  9) Ld5e4  10) Lc1e3 $=$
$\overline{\text{Sf6e4}}$  $\overline{\text{d7d5}}$  $\overline{\text{Lf8c5}}$  $\overline{\text{0-0}}$  $\overline{\text{Dd8d4}}$  $\overline{\text{Dd4d1}}$

---

[1]) 9) e4d5 —
$\overline{\text{Dd8d8}}$
[2]) Hier ist d7d5 zu beachten.

| w. | s. | w. | s. |
|---|---|---|---|
| 5) Sf3d4 | 5) Sf6e4 | 10) Dd5e4 | 10) Dd8e8 |
| 6) Lc4f7+ | 6) Ke8f7 | 11) De4e8 | 11) Lf8b4+ |
| 7) Dd1h5 + | 7) g7g6 | 12) c2c3 | 12) Th8e8+ |
| 8) Dh5d5+ | 8) Kf7g7 | 13) Ke1d1 | 13) Lb4c5 ⋀ |
| 9) Sd4c6 | 9) b7c6 | | |

$$\frac{5)\ e4e5}{d7d5}\ \frac{6)\ Lc4b5}{Sf6e4}\ \frac{7)\ Sf3d4}{Lc8d7}\ \frac{8)\ Lb5c6}{b7c6}\ \frac{9)\ 0\text{-}0}{Lf8e7}\ \text{Oder}\ \frac{5)\ e4e5}{Sf6g4}\ 6)\,0\text{-}0\,(Lc4f7+\ gewährt}{}$$
keinen Vortheil.)

$$\frac{5)\ Sf3g5}{Sc6e5}\ \frac{6)\ Lc4b3}{h7h6}\ \frac{7)\ f2f4}{h6g5}\ \frac{8)\ f4e5}{Sf6e4}\ \frac{9)\ Lb3f7+}{Ke8f7}\ \frac{10)\ Dd1f3+}{}\ \text{Oder}\ \frac{9)\ 0\text{-}0}{d7d5}\ \frac{10)\ e5d6}{f7f5}$$

$$\frac{5)\ Sf3g5}{d7d5}\ =$$

Spielt S. im 4. Zuge d7d6 so nimmt W. 5) Sf3d4. Zieht S. dagegen 4) Dd8f6 so rochirt W. und S. bekommt in beiden Fällen ein beengtes Spiel.

Will S. den Bauer zu erhalten suchen, so kann es nur dadurch geschehen, dass er denselben gegen einen 2. von W. tauscht. Dazu führt der Läuferzug f8b4+ W. ist nun genöthigt c2c3 zu ziehen, und erlangt den heftigsten Angriff wenn S. diesen Bauer nicht bloss nimmt, sondern auch den Mehrbesitz von 2 Bauern zu bewahren sucht.

$$1.\ \frac{e2e4}{e7e5}\quad 2)\ \frac{Sg1f3}{Sb8c6}\quad 3)\ \frac{d2d4}{e5d4}\quad 4)\ \frac{Lf1c4}{Lf8b4+}\quad 5)\ \frac{c2c3}{d4c3}\quad 6)\ \frac{0\text{-}0^1)}{c3b2}\quad 7)\ Lc1b2$$

Diese Spielart führt den Namen der kompromittirten Partie. Für das Opfer der beiden Bauern hat W. eine ausgezeichnete Angriffsstellung, namentlich auch durch die Läufer, während die Figuren von S. noch unentwickelt sind. Beispiels wegen wollen wir einige Fortsetzungen mittheilen:

$$\frac{7)\ Lc1b2}{Ke8f8^2)}\ \frac{8)\ a2a3^3)}{Lb4a5}\ \frac{9)\ Dd1d5}{Dd8e7}\ \frac{10)\ e4e5^4)}{d7d6}\ \frac{11)\ e5d6}{c7d6}\ \frac{12)\ Lc4b5}{Lc8e6}\ \frac{13)\ Dd5d3}{Sg8h6}\ \frac{14)\ Sb1c3}{}\ \text{u. s. w.}$$

$$\frac{7)\ Lc1b2}{Ke8f8}\ \frac{8)\ e4e5}{Dd8e7}\ \frac{9)\ a2a3}{Lb4c5}\ \frac{10)\ Sb1c3}{d7d6}\ \frac{11)\ Sc3d5}{De7d7}\ \frac{12)\ Tf1e1}{d6e5}\ \frac{13)\ Lb2e5}{Sc6e5}\ \frac{14)\ Sf3e5}{}\ \text{u. s. w.}$$

$$\frac{7)\ Lc1b2}{Lb4f8}\ \frac{8)\ Dd1d5^5)}{Sg8h6}\ \frac{9)\ Sf3g5}{Sc6b4}\ \frac{10)\ Dd5d2}{Sb4c2}\ \frac{11)\ Sg5f7}{Sh6f7}\ \frac{12)\ Dd2c2}{}\ ⋀$$

---

¹) Schwächer ist b2c3 z. B :
$$\frac{6)\ b2c3}{Lb4a5}\ \frac{7)\ 0\text{-}0^*)}{d7d6}\ \frac{8)\ e4e5}{Sg8e7^{**})}$$
$$\frac{6)\ b2c3}{Dd8f6}\ \frac{7)\ Lc1g5}{Lb4c3+}\ \frac{8)\ Ke1f1}{La3c1}\ \frac{9)\ Lg5f6}{La1f6}$$
W. hat die Dame für Thurm, Läufer und 2 Bauern erobert.

²) Das Beste wie es scheint.

³) Ein wichtiger Zug, da er S zwingt das wichtige Feld a5 mit seinem auf dieser Stelle ziemlich unnützen Läufer zu besetzen, oder mit demselben auf c5 gehend, die Felder c1 und c3 frei zu lassen.

⁴) $\frac{10)\ Sf3g5}{Sg8h6}\ 11)\ f2f4$

⁵) Besser als e4e5.

*) $\frac{7)\ e4e5}{d7d5}$

**) $8)\ \frac{}{d6c5}\ 9)\ \frac{Lc4f7+}{Ke8f7}\ 10)\ Sf3e5+\ ⋀$

7) Lc1b2  8) Sb1c3  9) e4e5  10) Sc3e4  11) Dd1d2  12) Se4f6+  13) Ta1d1 ∧
   Lb4f8    Sg8h6    Lf8e7    0-0       d7d6                 Kg8h8

7) Lc1b2  8) Sf3g5  9) e4e5  10) Dd1h5  11) Sg5f7 ∧
   Sg8f6    0-0      Sf6e8    h7h6

7) Lc1b2  8) Sf3g5  9) e4e5  10) Dd1g4  11) e5e6  12) Sg5f7 ∧
   Sg8f6    0-0      Sf6g4    d7d5      d5c4

| w. | s. | w. | s. |
|---|---|---|---|
| 7) c1b2 | 7) f7f6 | 11) Tf1e1+ | 11) Ke8f8 |
| 8) Dd1b3 | 8) Sg8h6 | 12) Sb1c3 | 12) d7d6 |
| 9) e4e5 | 9) Lb4e7 | 13) Sc3d5 | 13) Lf6b2 |
| 10) e5f6 | 10) Lc7f6 | 14) Db3b2 ∧ | |

Man wird aus diesen Beispielen ersehen wie der Angriff zu leiten ist.

Die grosse Gefährlichkeit des Angriffs hat den Ausweg einschlagen lassen, statt den Bauer b2 gleichfalls zu nehmen, mit dem Besitz des einen Bauern sich zu begnügen, und nach d4c3, wenn W. in 6. Zuge rochirt hat, auf Sicherstellung des eigenen Spiels sein Augenmerk zu richten. Es bieten sich hierzu zwei Züge dar: d7d6 und c3c2.

1) e2e4  2) Sg1f3  3) d2d4  4) Lf1c4  5) c2c3  6) 0-0
   e7e5    Sb8c6    e5d4    Lf8b4+    d4c3

| w. | s. | w. | s. |
|---|---|---|---|
| 6) 0-0 | 6) d7d6 [1]) | 12) Lc4d5 | 12) Sg8e7 |
| 7) a2a3 | 7) Lb4a5 | 13) Lc1g5 | 13) Df6g6 |
| 8) b2b4 | 8) La5b6 | 14) Lg5e7 | 14) Ke8e7 |
| 9) Dd1b3 | 9) Dd8f6 | 15) Ld5c6 | 15) b7c6 |
| 10) Sb1c3 | 10) Lc8e6 | 16) Db3c4 | 16) c6c5 |
| 11) Sc3d5 | 11) Le6d5 | | ∧ |

Veränderung im 12. Zuge:

| w. | s. | w. | s. |
|---|---|---|---|
| 12) e4d5 | 12) Sc6e5 | 17) Db3f3 | 17) Ta8c8 |
| 13) Lc4b5+ | 13) c7c6 | 18) Ta1c1 | 18) Sg8e7 |
| 14) d5c6 | 14) b7c6 | 19) Lg5e7 | 19) Ke8e7 |
| 15) Sf3e5 | 15) d6e5 | 20) Lb5c6 | 20) Th8d8 |
| 16) Lc1g5 | 16) Df6d6 | | == |

6) 0-0  7) Dd1c2  8) a2a3  9) b2b4
   c3c2    d7d6      Lb4c5    c5b6   W. hat ein gutes Spiel.

Mag es auch möglich sein, mit 6) Lf8b4+ die Partie zu halten, jedenfalls ist Lf8c5, in der Praxis vorzuziehen.

Wir enden hiermit die Besprechung des schottischen Gambits, und gehen zu derjenigen Spielweise über, wo W. im 3. Zuge den Damenläuferbauer 1 Schritt zieht, in der Absicht, im nächsten Zuge das Centrum mit seinen Bauern einzunehmen. Der Angriff ist indess kein nachhaltiger, und darum diese Eröffnung nicht besonders zu empfehlen. Die Gegenzüge von S. sind: d7d5, f7f5 und Sg8f6.

---

1) 6) 0-0  7) e4e5  8) e5f6 ∧
      Sg8f6    d7d5

1) $\underline{\text{e2e4}}$   2) $\underline{\text{Sg1f3}}$   3) $\underline{\text{c2c3}}$
     e7e5      Sb8c6

| W. | S. | W. | S. |
|---|---|---|---|
| 3) c2c3 | 3) d7d5 | 9) Lb5c4 | 9) Dd5e4+ |
| 4) Lf1b5 | 4) d5e4¹) | 10) Ke1f2 | 10) Lc8e6 |
| 5) Sf3e5²) | 5) Dd8d5 | 11) d2d3 | 11) De4f5 |
| 6) Dd1a4 | 6) Sg8e7 | 12) Lc4e6 | 12) f7e6 |
| 7) f2f4 | 7) e4f3 | 13) Th1e1 | 13) 0-0-0 |
| 8) Se5f3 | 8) a7a6 | 14) d3d4 | = |

| W. | S. | W. | S. |
|---|---|---|---|
| 3) c2c3 | 3) f7f5 | 10) Lb5c4 | 10) Dd6d1+ |
| 4) d2d4 | 4) d7d6³) | 11) Ke1d1 | 11) Sc6d8 |
| 5) d4e5 | 5) f5e4 | 12) Sg5e4 | 12) Lc8e6 |
| 6) Sf3g5 | 6) d6d5 | 13) Lc4e6 | 13) Sd8e6 |
| 7) e5e6 | 7) Sg7h6 | 14) Lc1h6 | W. hat bessere Bauern. |
| 8) Lf1b5 | 8) Dd8d6 | | |
| 9) c3c4 | 9) d5c4 | | |

Nachtheiliger für W. wäre es wenn er nach f7f5 im 4. Zuge Lf1b5 oder e4f5 zöge wie nachfolgend gezeigt wird:

3) $\dfrac{\text{c2c3}}{\text{f7f5}}$   4) $\dfrac{\text{Lf1b5}}{\text{f5e4}}$   5) $\dfrac{\text{Lb5c6}}{\text{d7c6}}$   6) $\dfrac{\text{Sf3e5}}{\text{Dd8g5}}$∧

3) $\dfrac{\text{c2c3}}{\text{f7f5}}$   4) $\dfrac{\text{e4f5}}{\text{d7d6}}$   5) $\dfrac{\text{g2g4}}{\text{h7h5}}$   6) $\dfrac{\text{Sf3g1}}{\text{h5g4}}$   7) $\dfrac{\text{Dd1g4}}{\text{Sg8e7}}$   8) $\dfrac{\text{Lf1d3}}{\text{g7g6}}$∧

| W. | S. | W. | S. |
|---|---|---|---|
| 3) c2c3 | 3) Sg8f6⁴) | 9) Sb1d2 | 9) 0-0 |
| 4) d2d4 | 4) Sf6e4 | 10) Sd2e4 | 10) f5e4 |
| 5) d4d5 | 5) Lf8c5 | 11) Da4e4 | 11) Lf2b6 |
| 6) d5c6 | 6) Lc5f2+ | 12) Lc1g5 | S. hat für seinen Offizier 2 |
| 7) Ke1e2 | 7) b7c6 | | Bauern und bessere Stellung. |
| 8) Dd1a4 | 8) f7f5 | | |

| W. | S. | W. | S. |
|---|---|---|---|
| 3) c2c3 | 3) Sg8f6 | 9) Dd5b3 | 9) d7d5 |
| 4) d2d4 | 4) Sf6e4 | 10) e5d6 | 10) Dd8d6 |
| 5) d4e5 | 5) Lf8c5 | 11) Sd2e4 | 11) f5e4 |
| 6) Dd1d5 | 6) Lc5f2+ | 12) Ke2f2 | 12) e4f3 |
| 7) Ke1e2 | 7) f7f5 | 13) g2f3 | 13) Lc8e6∧ |
| 8) Sb1d2 | 8) Sc6e7 | | |

---

¹) Weniger gut wäre:
     4) $\dfrac{\ }{\text{Dd8d6}}$   5) $\dfrac{\text{e4d5}}{\text{Dd6d5}}$   6) $\dfrac{\text{Lb5c6}}{\text{b7c6}}$   7) $\dfrac{\text{Dd1e2}}{\text{Lf8d6}}$   8) $\dfrac{\text{d2d4}}{\text{Lc8g4}}$   9) $\dfrac{\text{Sb1d2}}{\text{f7f6}}$   10) 0-0∧

²) 5) $\dfrac{\text{Lb5c6+}}{\text{b7c6}}$   6) $\dfrac{\text{f3e5}}{\text{Dd8d5}}$   7) $\dfrac{\text{Dd1a4}}{\text{Lc8b7}}$∧

³) Das Richtige; denn:
4) $\dfrac{\text{d2d4}}{\text{e5d4}}$   5) $\dfrac{\text{e4e5}}{\text{d4c3}}$   6) Sb1c3∧   Oder:   4) $\dfrac{\text{d2d4}}{\text{f5e4}}$   5) $\dfrac{\text{Sf3e5}}{\text{Sf8f6}}$   6) $\dfrac{\text{Lf1b5}}{\text{Lf8e7}}$   7) Dd1b3∧   Oder:
4) $\dfrac{\text{d2d4}}{\text{f5e4}}$   5) $\dfrac{\text{Sf3e5}}{\text{Sg8f6}}$   6) $\dfrac{\text{Lf1b5}}{\text{a7a6}}$   7) $\dfrac{\text{Lb5c6}}{\text{b5c6}}$   8) $\dfrac{\text{Lc1g5}}{\text{Ta8b8}}$   9) $\dfrac{\text{b2b4}}{\text{Lc8b7}}$   10) $\dfrac{\text{0-0}}{\text{d7d5}}$   11) $\dfrac{\text{f2f3}}{\text{Lf4e6}}$   12) $\dfrac{\text{f3e4}}{\text{0-0}}$
13) Sb1d2∧

⁴) Schwächer ist Lf8c5:
3) $\dfrac{\text{c2c3}}{\text{Lf8c5}}$   4) $\dfrac{\text{b2b4}}{\text{Lc5b6}}$   5) $\dfrac{\text{b4b5}}{\text{Sc6a5}}$   6) $\dfrac{\text{Sf3e5}}{\text{Dd8e7}}$   7) $\dfrac{\text{d2d4}}{\text{d7d6}}$   8) $\dfrac{\text{Lc1a3}}{\text{f7f6}}$   9) $\dfrac{\text{Se5f3}}{\text{De7e4+}}$   10) $\dfrac{\text{Lf1e2}}{\text{Sg8h6}}$   11) $\dfrac{\text{0-0}}{\text{0 0}}$   12) Le2d3∧

| 3) c2c3 | 4) d2d4 | 5) Lf1b5 | 6) Sf3e5 | 7) Dd1b3 | 8) Lb5c6 | 9) 0-0 | |
|---|---|---|---|---|---|---|---|
| Sg8f6 | d7d5 | Sf6e4 | Lc8d7 | Se4d6 | Ld7c6 | Lf8e7 | = |

Bisher hatten wir angenommen, dass S. im 2. Zuge den angegriffenen Königsbauer deckt, und haben den Zug des Damenspringers b8c6 als den besten erkannt. S. könnte aber auch statt sich auf die Vertheidigung zu beschränken gleichfalls mit seinem Königsspringer, den feindlichen Damenbauer angreifen.

Diese Eröffnung findet sich zwar schon bei den älteren Schriftstellern vor, aber weil sie auf Veranlassung russischer Schachspieler auch neuerer Zeit wieder in Ausübung kam, führt sie den Namen:

## Petroffsche Vertheidigung.

| 1) e2e4 | 2) Sg1f3 |
|---|---|
| e7e5 | Sg8f6 |

Indess gibt der Zug g8f6 dem schwarzen Spiele eine gewisse Schwäche, bei scheinbar gleicher Stellung. (nämlich bei der Antwort 3) Sf3e5) so dass diese Eröffnung dem Damenspringerzuge b8c6 nachzustellen, und daher nicht auf gleiche Weise zu empfehlen ist.

| w. | s. | | w. | s. |
|---|---|---|---|---|
| 3) Sf3e5 | 3) d7d6[1]) | | 8) c2c4 | 8) Lc8e6 |
| 4) Se5f3 | 4) Sf6e4 | | 9) a2a3 | 9) c7c6 |
| 5) d2d4 | 5) d6d5 | | 10) Dd1c2 | |
| 6) Lf1d3 | 6) Lf8e7 | | W. hat gutes Spiel. | |
| 7) 0-0 | 7) 0-0 | | | |

Veränderung im 9. Zuge:

| 9) Dd1c2 W. hat gutes Spiel. |
|---|
| Se4f6 |

Veränderung im 7. Zuge:

| 7) 0-0 | 8) Lc1f4 | 9) Sb1d2 | 10) Tf1e1 W. hat gutes Spiel. |
|---|---|---|---|
| Se4d6 | Lc8e6 | Sb8d7 | 0-0 |

Veränderung im 6. Zuge:

| 6) Lf1d3 | 7) 0-0 | 8) c2c4 | 9) Dd1c2 | 10) Dc2b3 W. hat gutes Spiel. |
|---|---|---|---|---|
| Lf8d6 | 0-0 | Lc8e6 | f7f5 | |

---

[1]) Ungünstiger für S. ist:

| 3) | 4) Dd1c2 | 5) Dc2e4 | 6) d2d4 | 7) f2f4 | 8) Sb1c3 | 9) Sc3d5 | 10) d4e5 | 11) f4e5 |
|---|---|---|---|---|---|---|---|---|
| Sf6e4 | Dd8e7 | d7d6 | f7f6 | Sb8d7 | d6e5 | De7d6 | f6e5 | Dd6c6 |

| 12) Lf1b5 ∧ |
|---|
| Dc6g6 |

Veränderung im 8. Zuge:

| 8) Sb1c3 | 9) f4e5 | 10) Sc3d5 | 11) Lf1b5+ | 12) Sd5f6+ | 13) Lb5c6+ | 14) Lc1d2 | 15) 0-0-0 |
|---|---|---|---|---|---|---|---|
| f6e5 | d6e5 | Sd7f6 | c7c6 | g7f6 | Ke8d8 | a7a5*) | b7c6 |

| 16) De4c6 | 17) Ld2a5+ | 18) d4e5+ | 19) e5e6 ∧ |
|---|---|---|---|
| a8a6 | a6a5 | Lc8d7 | |

*) 14) Lc1d2 15) De4c6 16) Ke1f2 17) Ld2a5+ 18) Th1e1 ∧
b7c6 · e5d4+ · Ta8b8 · Tb8b6

Veränderung im 5. Zuge von S.

| **W.** | **S.** | **W.** | **S.** |
|---|---|---|---|
| 5) d2d4 | 5) Lf8e7 | 9) Sb1c3 | 9) c7c5 |
| 6) Lf1d3 | 6) Se4f6 | 10) c4d5 | 10) c5d4 |
| 7) c2c4 | 7) 0-0 | 11) Sf3d4 | 11) Sf6d5 |
| 8) 0-0 | 8) d6d5 | 12) Lf3h7+ $\wedge$ | |

Oder:

10) c4d5  11) Sc3d5  12) Dd1e2
 Sf6d5     Dd8d5    W. ist besser entwickelt.

3) d2d4  4) e4e5  5) Sf3d4  6) e5d6  7) Lf1c4  8) Lc1e3  9) 0-0
 e5d4     Sf6e4[1)]    d7d6     Lf8d6    Ld6c5    0-0    Sb8d7 ═

3) d2d4  4) e4e5  5) Lf1d3  6) Sf3d4  7) e5d6  8) 0-0
 e5d4     Sf6e4     Se4c5     d7d6     Lf8d6    0-0 ═

3) d2d4  4) Lf1d3  5) Sf3e5  6) c2c4  7) Se5c4  8) Sc4e3  9) 0-0
 Sf6e4     d7d5     Se4d6     d5c4     Lc8e6    Lf8e7    0-0 ═

| **W.** | **S.** | **W.** | **S.** |
|---|---|---|---|
| 3) d2d4 | 3) Sf6e4 | 8) Lc1e3 | 8) c5d4 |
| 4) Lf1d3 | 4) d7d5 | 9) Le3d4 | 9) f7f6 |
| 5) Sf3e5 | 5) c7c5 | 10) Se5g4 | 10) f6f5 |
| 6) 0-0 | 6) Lf8d6 | 11) Sg4e5 | 11) Sb8c6 |
| 7) f2f4 | 7) 0-0 | 12) Se5c6 | 12) b7c6 $\wedge$ |

3) Lf1c4[2)]  4) Dd1e2  5) Sf3e5  6) d2d3  7) d3e4  8) 0-0  W. hat gutes Spiel.
 Sf6e4     d7d5     Lf8c5    d5c4     Lc8e6

| **W.** | **S.** | **W.** | **S.** |
|---|---|---|---|
| 2) Lf1c4 | 3) Sf6e4 | 11) Th1f1 | 11) d5c4 |
| 4) Dd1e2 | 4) d7d5 | 12) Sd8e6 | 12) c4d3+ |
| 5) Sf3e5 | 5) Lf8c5 | 13) c2d3 | 13) Ke8e7 |
| 6) d2d3 | 6) Lc5f2+ | 14) Se6g7 | 14) Th8g8 |
| 7) Ke1d1 | 7) Lf2b6 | 15) Sg7f5+ | 15) Ke7e6 |
| 8) Se5f7 | 8) Lc8g4 | 16) Lc1e3 | 16) Lb6e3 |
| 9) Sf7d8 | 9) Lg4e2+ | 17) Sf5e3 $\wedge$ | 17) Sf2g4 |
| 10) Kd1e2 | 10) Se4f2 | | |

Ausser dem Königsspringer kann S. entweder den Damenbauer oder den Königs-läuferbauer 2 Schritte ziehen. Das erstere Spiel:

1) e2e4  2) Sg1f3
 e7e5     d7d5

ist kein zu empfehlendes, weil die schwarze Dame zu früh in's Feld kommt und zu Rückzügen genöthigt ist, während W. sich vortheilhaft entwickelt.

3) e4d5[3)]  4) Dd1e2  5) Sf3d4  6) Sb1c3 $\wedge$
 e5e4       Dd8e7     Sg8f6[4)]

---

1) Auf Dd8e7 folgt 5) Dd1e2
2) Auf Sb1c3 folgt Lf8b4 oder Sb8c6
3) Das Richtige.
4) Auf c7c5 folgt d4b5 und nachher d2d4

| W. | S. | W. | S. |
|---|---|---|---|
| 3) e4d5 | 3) Dd8d5 | 8) Tf1e1 | 8) f7f6 |
| 4) Sb1c3 | 4) Dd5e6 | 9) d2d4 | 9) a7a6 |
| 5) Lf1b5+ | 5) Lc8d7 | 10) d4e5 | 10) f6e5 |
| 6) 0-0 | 6) Ld7b5 | 11) Sf3e5 △ | |
| 7) Sc3b5 | 7) Lf8d6 | | |

Noch ungünstiger ist im Springerspiel das Gambit in der Rückhand.

$$1) \frac{e2e4}{e7e5} \quad 2) \frac{Sg1f3}{f7f5}$$

| W. | S. | W. | S. |
|---|---|---|---|
| 3) Sf3e5 | 3) d8f6 | 7) f2f3 | 7) e4f3 |
| 4) d2d4 | 4) d7d6 | 8) Dd1f3 | 8) Sg8f6 |
| 5) Se5c4 | 5) f5e4 | 9) Lf1d3 | 9) Dg6g4 |
| 6) Sb1c3 | 6) Df6g6 | 10) Df3e3+ △ | |

| W. | S. | W. | S. |
|---|---|---|---|
| 3) Sf3e5 | 3) Dd8f6 | 10) Sc3e4 | 10) Df6e6 |
| 4) d2d4 | 4) d7d6 | 11) Dd1e2 | 11) d6d5 |
| 5) Se5c4 | 5) f5e4 | 12) Sc4d6+ | 12) Lf8d6 |
| 6) Sb1c3 | 6) Lc8f5 | 13) Se4d6+ | 13) Ke8e7 |
| 7) g2g4 | 7) Lf5g6 | 14) De2e6+ | 14) Ke7e6 |
| 8) Lf1g2 | 8) c7c6 | 15) Sd6b7 △ | |
| 9) Lg2e4 | 9) Lg6e4 | | |

Veränderung im 6. Zuge.

| W. | S. | W. | S. |
|---|---|---|---|
| 6) Sb1c3 | 6) c7c6 | 12) Lf1c4+ | 12) e6e7 |
| 7) Sc3e4 | 7) Df6e6 | 13) Sf7h8 | 13) Lc8e6 |
| 8) Dd1e2 | 8) d6d5 | 14) Lc4d3 | 14) Sg8f6 |
| 9) Se4d6+ | 9) Ke8d7 | 15) Lc1g5 | 15) Le6g8 |
| 10) Sd6f7 | 10) d5c4 | 16) 0-0 △ | |
| 11) De2e6+ | 11) Kd7e6 | | |

| W. | S. | W. | S. |
|---|---|---|---|
| 3) Sf3e5 | 3) Dd8f6 | 7) h2h4 | 7) h7h6 |
| 4) d2d4 | 4) f5e4 | 8) Dd1h5 | 8) Ke7d6 |
| 5) Lf1c4 | 5) c7c6 | 9) Lc1g5 | 9) h6g5 |
| 6) Lc4f7+ | 6) Ke8e7 | 10) Dh5h8+ | |

| W. | S. | W. | S. |
|---|---|---|---|
| 3) Sf3e5 | 3) Dd8f6 | 7) Sc3b5 | 7) Sb8a6 |
| 4) d2d4 | 4) f5e4 | 8) Se5f7 | 8) d7d5 |
| 5) Lf1c4 | 5) Sg8e7 | 9) Sf7d6 + △ | |
| 6) Sb1c3 | 6) Df6f5 | | |

$$3) \frac{Sf3e5}{Dd8e7} \quad 4) \frac{Dd1h5+}{g7g6} \quad 5) \frac{Se5g6}{e7e4+} \quad 6) \frac{Lf1e2}{Sg8f6} \quad 7) Dh5h3 \; △$$

Ein eigenthümliches Spiel entsteht, wenn W. im 3. Zuge statt Sf3e5 den Königs-läufer nach c4 zieht:

| W. | S. | W. | S. |
|---|---|---|---|
| 3) Lf1c4¹) | 3) f5e4 | 6) Th1f1 | 6) d7d5 |
| 4) Sf3e5 | 4) Dd8g5 | 7) Sf7h8 | 7) Lc8g4 |
| 5) Se5f7 | 5) Dg5g2 | 8) Lc4e2 | 8) Lg4h3 |

---

¹) e4f5 ist wie in allen ähnlichen Fällen nicht gut. Der Bauer wäre nicht haltbar.

| w. | s. |
|---|---|
| 9) d2d3 | 9) Lf8d6 |
| 10) d3e4 | 10) Dg2e4 |
| 11) Tf1g1 | 11) Ld6h2 |
| 12) Tg1g7 | 12) De4h1+ |

| w. | s. |
|---|---|
| 13) Ke1d2 | 13) Lh2f4+ |
| 14) Kd2c3 | 14) Lf4e5+ |
| 15) Kc3b3 /\ | |

Veränderung im 7. Zuge.

| w. | s. |
|---|---|
| 7) Sf7h8 | 7) d5c4 |
| 8) Dd1h5+ | 8) g7g6 |
| 9) Dh5h7 | 9) Le8c6 |
| 10) Dh7g6+ | 10) Dg2g6 |
| 11) Sh8g6 | 11) Lf8d6 |
| 12) f2f4 | 12) e4f3 |

| w. | s. |
|---|---|
| 13) Tf1f3 | 13) Sb8c6 |
| 14) d2d3 | 14) c4d3 |
| 15) c2d3 | 15) Sc6b4 |
| 16) Lc1f4 | 16) Le6f7 |
| 17) Lf4d6 | 17) c7d6 |
| 18) Sg6h8 /\ | |

3) Lf1c4   4) d2d4[1])
d7d6

Nur der Vollständigkeit wegen sei noch eines Zuges erwähnt, den S. als Antwort auf 2) Sg1f3 machen kann, der aber entschieden nachtheilig ist.

1) e2e4   2) Sg1f3
e7c5      Lf8c5

3) Sf3e5   4) d2d4   5) Lf1c4 /\
Dd8e7      Lc5b6

| w. | s. | w. | s. |
|---|---|---|---|
| 3) Sf3e5 | 3) Dd8e7 | 7) Ke1f2 | 7( Sb8c6 |
| 4) d2d4 | 4) Lc5d6 | 8) Lf1d3 | 8) De4d4+ |
| 5) f2f4 | 5) f7f6 | 9) Lc1e3 | 9) Dd4d5 |
| 6) Se5c4 | 6) De7c4+ | 10) Ld3g6+ /\ | |

Veränderung im 7. Zuge

| w. | s. | w. | s. |
|---|---|---|---|
| 7) Ke1f2 | 7) Ld6f4 | 13) Dd1e2 | 13) Sb8c6 |
| 8) Sb1c3 | 8) De4f5 | 14) Sc4a5 | 14) O-O |
| 9) Lf1d3 | 9) Df5g5 | 15) Sa5c6 | 15) Se7c6 |
| 10) Tf1e1+ | 10) Sg8e7 | 16) Sc3d5 | 16) Sc6d4 |
| 11) Kf2g1 | 11) Lf4c1 | 17) De2e4 /\ | |
| 12) Ta1c1 | 12) d7d5 | | |

| w. | s. | w. | s. |
|---|---|---|---|
| 3) Sf3e5 | 3) Dd8e7 | 7) Sb1d2 | 7) De4e7 |
| 4) d2d4 | 4) d7d6 | 8) d4c5 | 8) d6c5 |
| 5) Se5f7 | 5) De7c4+ | 9) Dd1h5+ | 9) g7g6 |
| 6) Lc1e3 | 6) Ke8f7 | 10) Dh5c5 /\ | |

Wir sind hiermit zum Schluss des Springerspiels gelangt, und darum folge hier ein

---

[1]) Dieselbe Stellung entstand auch aus der Philidorschen Vertheidigung der Springerpartie:

1) e2e4   2) Sgf3   3) d2d4   4) Lf1c4
e7c5      d7d6      f7f5

und ist dort das Weitere nachzusehen. S. verliert.

## Vergleichender Rückblick
### auf das Läufer- und Springerspiel.

Offenbar ist das Läuferspiel wie eine Art Vorstufe zu dem an Combinationen viel reichern und lebhaftern Springerspiel, dessen erste Offiziersbewegung unmittelbar angreift. Die Angriffe der Springerspieleröffnung sind zugleich complicirter, indem sie auch den Figuren der Damenseite (Damenläufer und Damenspringer) eine thätigere Rolle zuertheilen, als ihnen im Läuferspiel anheimfällt. Dennoch ist eine gewisse Familienähnlichkeit zwischen manchen Formen beider Spielweisen nicht zu verkennen, wie wir ja gesehen haben, dass gerade der Zug, welcher als stärkster gegen das Läuferspiel gilt, nämlich

$$\text{2) } \frac{\text{Lf1c4}}{\text{Sg8f6}} \quad \text{durch 3) } \frac{\text{Sb1c3}}{\text{Lf8c5}} \quad \text{4) } \frac{\text{Sg1f3}}{\text{Sb8c6}}$$

zum giuoco piano überleitet. — Sowohl Läuferspiel wie Springerspiel scheiden sich in die beiden Hauptgruppen, wo der Anziehende mit c2c3 das Centrum einzunehmen sucht, oder durch andere Züge seinen Angriff fortsetzt. Nur ist in dem Läuferspiel, nachdem beiderseits der Läufer gezogen worden, der Zug c2c3 von grosser Bedeutung, während er im Springerspiel erst nach vorhergegangenem Läuferzuge rechte Kraft erlangt, da das Spiel:

$$\text{2) } \frac{\text{Sg1f3}}{\text{Sb8c6}} \quad \text{3) c2c3}$$

nur untergeordneten Werth beanspruchen kann. — Als besten Gegenzug gegen den Versuch des Anziehenden, mit c2c3 das Centrum einzunehmen bewährt sich sowohl im giuoco piano wie im Läuferspiel S.g8f6. Alle andern Vertheidigungszüge sind von geringerem Werthe. Gleichwie im Springerspiel nach den Zügen:

$$\text{2) } \frac{\text{Sg1f3}}{\text{Sb8c6}} \quad \text{3) } \frac{\text{Lf1c4}}{\text{Lf8c5}} \quad \text{4) } \frac{\text{c2c3}}{\text{Sg8f6}} \quad \text{5) } \frac{\text{d2d4}}{\text{e5d4}} \quad \text{6) e4e5}$$

so ist auch im Läuferspiel nach

$$\text{2) } \frac{\text{Lf1c4}}{\text{Lf8c5}} \quad \text{3) } \frac{\text{c2c3}}{\text{Sg8f6}} \quad \text{4) } \frac{\text{d2d4}}{\text{e5d4}} \quad \text{5) e4e5}$$

der Zug des Damenbauern: d7d5 am besten, weil er zugleich einen Gegenangriff und den Figuren von S. Bahn macht. Die Wegnahme des feindlichen Königsspringers (e5f6) steht in beiden Fällen der Bewegung des Läufers c4 nach. — Der Zug 2) f7f5 ist sowohl in der Springer- wie Läufer-Spieleröffnung nachtheilig. — Die höhern Theile des Springerspiels (das Evansgambit, das schottische Gambit) fehlen dem Läuferspiel. Das Doppelgambit ist nur schwächlich, und die Gambitversuche mit

$$\text{2) } \frac{\text{Lf1c4}}{\text{Lf8c5}} \quad \text{3) Dd1c2}$$

und nachher f2f4 sind von keiner bedeutenden Tragweite.

Nachfolgend geben wir eine kurze Uebersicht der hauptsächlichsten ersten Angriffs- und Vertheidigungszüge im Läufer und Springerspiel. Zur Bezeichnung der besten Züge dient ein Ausrufungszeichen (!).

## Läuferspiel.

$$\text{1) } \frac{\text{e2e4}}{\text{e7e5}} \qquad \text{2) f1c4}$$

$$\text{2) } \frac{}{\text{Lf8c5}} \quad \text{3) } \frac{\text{c2c3}}{\text{c7c6}} \quad \text{4) } \frac{\text{d2d4}}{\text{e5d4}} \quad \text{5) } \text{Lc4f7+} \wedge$$

| 2) | 3) | 4) | 5) | 6) | 7) |
|---|---|---|---|---|---|
| $\dfrac{}{\text{Lf8c5}}$ | $\dfrac{\text{c2c3}}{\text{c7c6}}$ | $\dfrac{\text{d2d4}}{\text{d7d5}}$ | $\dfrac{\text{d4c5}}{\text{d5c4}}$ | $\dfrac{\text{Dd1d8+}\wedge}{}$ | |
| $\dfrac{}{\text{Lf8c5}}$ | $\dfrac{\text{c2c3}}{\text{Sb8c6}}$ | $\dfrac{\text{d2d4}}{\text{e5d4}}$ | $\dfrac{\text{Lc4f7+}\wedge}{}$ | | |
| $\dfrac{}{\text{Lf8c5}}$ | $\dfrac{\text{c2c3}}{\text{Sb8c6}}$ | $\dfrac{\text{d2d4}}{\text{Lc5b6}}$ | $\dfrac{\text{Sg1e2}\wedge}{}$ | | |
| $\dfrac{}{\text{Lf8c5}}$ | $\dfrac{\text{c2c3}}{\text{Dd8e7}}$ | $\dfrac{\text{Sg1f3}}{\text{d7d6}}$ | $\dfrac{\text{0-0}\wedge}{}$ | | |
| $\dfrac{}{\text{Lf8c5}}$ | $\dfrac{\text{c2c3}}{\text{Dd8e7}}$ | $\dfrac{\text{Sg1f3}}{\text{Lc5f2+}}$ | $\dfrac{\text{Ke1f2}}{\text{Dd7c5+}}$ | $\dfrac{\text{d2d4}\wedge}{}$ | |
| $\dfrac{}{\text{Lf8c5}}$ | $\dfrac{\text{c2c3}}{\text{Dd8f6}}$ | $\dfrac{\text{Sg1f3}}{\text{Sb8c6}}$ | $\dfrac{\text{d2d4}}{\text{e5d4}}$ | $\dfrac{\text{e4e5+}}{}$ | |
| $\dfrac{}{\text{Lf8c5}}$ | $\dfrac{\text{c2c3}}{\text{Dd8f6}}$ | $\dfrac{\text{Sg1f3}}{\text{Sb8c6}}$ | $\dfrac{\text{d2d4}}{\text{Lc5b6}}$ | $\dfrac{\text{d4d5}\wedge}{}$ | |
| $\dfrac{}{\text{Lf8c5}}$ | $\dfrac{\text{c2c3}}{\text{Dd8g5}}$ | $\dfrac{\text{Dd1f3}}{\text{Dg5g6}}$ | $\dfrac{\text{Sg1e2}}{\text{d7d6}}$ | $\dfrac{\text{d2d4}\wedge}{}$ | |
| $\dfrac{}{\text{Lf8c5}}$ | $\dfrac{\text{c2c3}}{\text{Dd8g5}}$ | $\dfrac{\text{Dd1f3}}{\text{Sg8f6}}$ | $\dfrac{\text{Sg1e2}\wedge}{}$ | | |
| $\dfrac{}{\text{Lf8c5}}$ | $\dfrac{\text{c2c3}}{\text{Dd8h4}}$ | $\dfrac{\text{Dd1e2}}{\text{Sg8f6}}$ | $\dfrac{\text{d2d4}}{\text{e5d4}}$ | $\dfrac{\text{e4e5}\wedge}{}$ | |
| $\dfrac{}{\text{Lf8c5}}$ | $\dfrac{\text{c2c3}}{\text{Sg8f6(!)}}$ | $\dfrac{\text{d2d4}}{\text{e5d4}}$ | $\dfrac{\text{c3d4}}{\text{Lc5b4+}}$ | $\dfrac{\text{Lc1d2}}{\text{Lb4d2+}}$ | $\dfrac{\text{Sb1d2}}{\text{d7d5}}$ = |
| $\dfrac{}{\text{Lf8c5}}$ | $\dfrac{\text{c2c3}}{\text{Sg8f6}}$ | $\dfrac{\text{d2d4}}{\text{e5d4}}$ | $\dfrac{\text{e4e5}}{\text{d7d5(!)}}$ = | | |
| $\dfrac{}{\text{Lf8c5}}$ | $\dfrac{\text{c2c3}}{\text{d7d5}}$ | $\dfrac{\text{Lc4d5}}{\text{Sg8f6}}$ | $\dfrac{\text{Dd1f3+}}{}$ | | |
| $\dfrac{}{\text{Lf8c5}}$ | $\dfrac{\text{b2b4}}{\text{Lc5b4}}$ | $\dfrac{\text{f2f4}}{\text{d7d5(!)}\wedge}$ | | | |
| $\dfrac{}{\text{Lf8c5}}$ | $\dfrac{\text{Dd1e2 .}}{\text{Sb8c6 oder Dd8e7 oder d7d6}}$ | | | | |
| $\dfrac{}{\text{Lf8c5}}$ | $\dfrac{\text{Sg1f3}}{\text{Sb8c6}}$ (Springerspiel.) | | | | |
| $\dfrac{}{\text{Lf8c5}}$ | $\dfrac{\text{f2f4}}{\text{Lc5g1}}$ | $\dfrac{\text{Dd1h3}}{\text{Dd8e7}}$ | $\dfrac{\text{Th1g1}}{\text{Sb8c6}}\!\!\rightarrow$ | | |
| $\dfrac{}{\text{Sg8f6(!)}}$ | $\dfrac{\text{Sb1c3(!)}}{}$ | | | | |
| $\dfrac{}{\text{Sg8f6}}$ | $\dfrac{\text{d2d3}}{\text{Lf8c5}}$ | $\dfrac{\text{Sg1f3}}{\text{d7d6}}$ = | | | |
| $\dfrac{}{\text{Sg8f6}}$ | $\dfrac{\text{d2d3}}{\text{Lf8c5}}$ | $\dfrac{\text{f2f4}}{\text{d7d5}}$ | $\dfrac{\text{Lc4d5 oder e4d5}}{}$ = | | |

2)
$\overline{\text{Sg8f6}}$ 　 3) $\dfrac{\text{Sg1f3}}{\text{Sf6e4}}$ 　 4) $\dfrac{\text{d2d3}}{=}$

2)
$\overline{\text{Sg8f6}}$ 　 3) $\dfrac{\text{d2d4}}{\text{e5d4}}$ 　 4) $\dfrac{\text{e4e5}}{\text{d7d5}}$ 　 5) $\dfrac{\text{Lc4b5+}}{\text{Lc8d7}}$

2)
$\overline{\text{Sg8f6}}$ 　 3) $\dfrac{\text{f2f4}}{\text{d7d5}}$ 　 4) $\dfrac{\text{f4e5}}{\text{Sf6e4}}$ 　 5) $\dfrac{\text{Dd1f3}}{\text{Dd8h4+} \wedge}$

2)
$\overline{\text{f7f5}}$ 　 3) $\dfrac{\text{d2d3}}{\text{Sg8f6}}$ 　 4) $\text{f2f4} \wedge$

2)
$\overline{\text{f7f5}}$ 　 3) $\dfrac{\text{Sg1f3(!)}}{\text{Sb8c6}}$ 　 4) $\dfrac{\text{d2d4}}{\text{Sg8f6}}$ 　 5) $\text{d4e5} \wedge$

2)
$\overline{\text{c7c6}}$ 　 3) $\dfrac{\text{Dd1e2}}{\text{Sg8f6}}$ 　 4) $\text{f2f4} \wedge$

# Springerspiel.

1) $\dfrac{\text{e2e4}}{\text{e7e5}}$ 　 2) $\text{Sg1f3}$

2)
$\overline{\text{f7f6}}$ 　 3) $\text{Sf3e5 (!)} \wedge$

2)
$\overline{\text{d7d6}}$ 　 3) $\dfrac{\text{d2d4 (!)}}{\text{e5d4}}$ 　 4) $\dfrac{\text{Dd1d4 (!)}}{=}$

2)
$\overline{\text{d7d6}}$ 　 3) $\dfrac{\text{d2d4}}{\text{e5d4}}$ 　 4) $\dfrac{\text{Sf3d4}}{\text{d6d5(!)}} =$

2)
$\overline{\text{d7d6}}$ 　 3) $\dfrac{\text{d2d4}}{\text{f7f5}}$ 　 4) Lf1c4 (!) auch d4e5

2)
$\overline{\text{d7d6}}$ 　 3) $\dfrac{\text{Lf1c4}}{\text{c7c6}}$ 　 4) $\dfrac{\text{d2d4}}{\text{d6d5}} =$

2)
$\overline{\text{Sb8c6(!)}}$ 　 3) $\dfrac{\text{Lf1b5}}{\text{Sg8f6(!)}} =$

2)
$\overline{\text{Sb8c6}}$ 　 3) $\dfrac{\text{Lf1b5}}{\text{a7a6(!)}} =$

2)
$\overline{\text{Sb8c6}}$ 　 3) $\dfrac{\text{Lf1b5}}{\text{Lf8c5}}$ 　 4) $\text{c2c3} \wedge$

2)
$\overline{\text{Sb8c6}}$ 　 3) $\dfrac{\text{Lf1b5}}{\text{Dd8f6}}$ 　 4) $\text{Sb1c3} \wedge$

2)
$\overline{\text{Sb8c6}}$ 　 3) $\dfrac{\text{Lf1b5}}{\text{Sg8e7}} =$

2)
$\overline{\text{Sb8c6}}$ 　 3) $\dfrac{\text{Lf1c4}}{\text{Lf8c5 (!)}}$ 　 4) $\dfrac{\text{c2c3}}{\text{Sg8f6 (!)}}$ 　 5) $\dfrac{\text{d2d4}}{\text{e5d4}}$ 　 6) $\dfrac{\text{c3d4}}{\text{Lc5b4+}} =$

2)
$\overline{\text{Sb8c6}}$ 　 3) $\dfrac{\text{Lf1c4}}{\text{Lf8c5}}$ 　 4) $\dfrac{\text{c2c3}}{\text{Sg8f6}}$ 　 5) $\dfrac{\text{d2d4}}{\text{e5d4}}$ 　 6) $\dfrac{\text{e4e5}}{\text{d7d5(!)}} =$

| 2) | 3) | 4) | 5) | 6) | 7) |
|---|---|---|---|---|---|
| Sb8c6 | Lf1c4 / Lf8c5 | c2c3 / Sg8f6 | d2d4 / e5d4 | e4e5 / Sf6e4 | c3d4 oder Lc4d5 |
| Sb8c6 | Lf1c4 / Lf8c5 | c2c3 / Sg8f6 | 0-0 / Sf6e4 = | | |
| Sb8c6 | Lf1c4 / Lf8c5 | c2c3 / Sg8f6 | Sf3g5 oder d2d3 oder b2b4 oder | | |
| Sb8c6 | Lf1c4 / Lf8c5 | c2c3 / Dd8e7 = | | | |
| Sb8c6 | Lf1c4 / Lf8c5 | c2c3 / d7d6 | d2d4 (!) ∧ | | |
| Sb8c6 | Lf1c4 / Lf8c5 | c2c3 / Dd8f6 | d2d4 (!) ∧ | | |
| Sb8c6 . | Lf8c3 | c2c3 / f7f5 | d2d4 (!) ∧ | | |
| Sb8c6 | Lf1c4 / Lf8c5 | 0-0 / d7d6 (!) | | | |
| Sb8c6 | Lf1c4 / Lf8c5 | 0-0 / Sg8f6 | d2d4 / Lc5d4 | Sf3d4 / Sc6d4 | f2f4 ∧ |
| Sb8c6 | Lf1c4 / Lf8c5 | d2d3 / Sg8f6 = | | | |
| Sb8c6 | Lf1c4 / Lf8c5 | b2b4 / d7d5 | e4d5 / Sc6b4 | Sb1c3 ∧ | |
| Sb8c6 | Lf1c4 / Lf8c5 | b2b4 / Lc5b6 | a2a4 / a7a6 = | | |
| Sb8c6 | Lf1c4 / Lf8c5 | b2b4 / Lc5b6 | b4b5 / Lc6a5 | Sf3e5 / Lb6d4 ∧ | |
| Sb8c6 | Lf1c4 / Lf8c5 | b2b4 / Sc6b4 | c2c3 / Sb4c6 | d2d4 / e5d4 | c3d4 / Lc5b6 ∧ |
| Sb8c6 | Lf1c4 / Lf8c5 | b2b4 / Lc5b4 | c2c3 / Lb4a5 | d2d4 / e5d4 | 0-0 / d7d6 ∧ |
| Sb8c6 | Lf1c4 / Lf8c5 | b2b4 / Lc5b4 | c2c3 / Lb4a5 | 0-0 / d7d6 oder Sg8f6 ∧ | |
| Sb8c6 | Lf1c4 / Lf8c5 | b2b4 / Lc5b4 | c2c3 / Lb4c5 | 0-0 / d7d6 (nicht Sg8f6) ∧ | |
| Sb8c6 | Lf1c4 / Lf8c5 | b2b4 / Lc5b4 | 0-0 / Sg8f6 ∧ | | |
| Sb8c6 | Lf1c4 / Lf8c5 | b2b4 / Lc5b4 | c2c3 / Lb4e7 | Dd1b3 ∧ | |
| Sb8c6 | Lf1c4 / Lf8e7 | | | | |

| 2) | 3) Lf1c2 |
|---|---|
| Sb8c6 | Sg8f6 |

| 2) | 3) Lf1c4 | 4) Lc4g8 $\wedge$ |
|---|---|---|
| Sb8c6 | f7f5 | |

| 2) | 3) Lf1c4 | 4) Sf3g5(!) | 5) e4d5 | 6) d2d3 (!) $\wedge$ |
|---|---|---|---|---|
| Sb8c6 | Sg8f6 | d7d5 | Sc6a5 (!) | |

| 2) | 3) Lf1c4 | 4) Sf3g5 | 5) e4d5 | 6) Lc4b5+ |
|---|---|---|---|---|
| Sb8c6 | Sg8f6 | d7d5 | Sc6a5 | c7c6 oder Lc8d7 $\wedge$ |

| 2) | 3) Lf1c4 | 4) Sf3g5 | 5) Lc4f7+ $\wedge$ |
|---|---|---|---|
| Sb8c6 | Sg8f6 | Sf6e4 | |

| 2) | 3) Lf1c4 | 4) Sf3g5 | 5) e4d5 | 6) Sg5f7 (!) $\wedge$ |
|---|---|---|---|---|
| Sb8c6 | Sg8f6 | d7d5 | Sf6d5 | |

| 2) | 3) d2d4 | 4) Sf3d4(!) | 5) Dd1d4 $\wedge$ |
|---|---|---|---|
| Sb8c6 | Sc6d4 | e5d4 | |

| 2) | 3) d2d4 | 4) Sf3e5 | 5) Lf1c4 | |
|---|---|---|---|---|
| Sb8c6 | Sc6d4 | d4e6 | Sg8f6 oder c7c6 | = |

| 2) | 3) d2d4 | 4) Sf3d4 | 5) Sd4c6 | |
|---|---|---|---|---|
| Sb8c6 | e5d4 | Lf8c5(!) | Dd8f6 | = |

| 2) | 3) d2d4 | 4) Sf3d4 | 5) Sd4b5(!) $\wedge$ |
|---|---|---|---|
| Sb8c6 | e5d4 | Dd8h4 | |

| 2) | 3) d2d4 | 4) Lf1c4(!) | 5) c2c3 | |
|---|---|---|---|---|
| Sb8b6 | e5d4 | Lf8c5 (!) | Sg8f6 (!) auch d4d3 | = |

| 2) | 3) d2d4 | 4) Lf1c4 | 5) c2c3 | 6) 0-0 $\wedge$ |
|---|---|---|---|---|
| Sb8c6 | e5d4 | Lf8c5 | Dd8e7 | |

| 2) | 3) d2d4 | 4) Lf1c4 | 5) 0-0 | 6) c2c3 | 7) Sb1c3 |
|---|---|---|---|---|---|
| Sb8c6 | e5d4 | Lf8c5 | d7d6 (!) | d4c3 | Sg8e7 $\wedge$ |

| 2) | 3) d2d4 | 4) Lf1c4 | 5) f3g5 |
|---|---|---|---|
| Sb8c6 | e5d4 | Lf8c5 | Sg8h6 $\wedge$ |

| 2) | 3) d2d4 | 4) Lf1c4 | |
|---|---|---|---|
| Sb8c6 | e5d4 | Sg8f6 | = |

| 2) | 3) d2d4 | 4) Lf1c4 | 5) c2c3 |
|---|---|---|---|
| Sb8c6 | e5d4 | Lf8b4+ | ? |

| 2) | 3) c2c3 |
|---|---|
| Sb8c6 | d7d5, f7f5 oder Sg8f6 |

| 2) | 3) c2c3 | 4) b2b4 | 5) b4b5 | 6) Sf3e5 $\wedge$ |
|---|---|---|---|---|
| Sb8c6 | Lf8c5 | Lc5b6 | Sc6a5 | |

| 2) | 3) Sf3e5 (!) $\wedge$ |
|---|---|
| Sg8f6 | |

| 2) | 3) d2d4 |
|---|---|
| Sg8f6 | = |

2) $\dfrac{\quad}{\text{Sg8f6}}$　3) $\dfrac{\text{Sf3e5(!)}}{\text{d7d6}}$　4) $\dfrac{\text{Se5f3}}{\text{Sf6e4}}$　5) $\underline{\text{d2d4}}$

2) $\dfrac{\quad}{\text{Sg8f6}}$　3) $\dfrac{\text{d2d4}}{\text{e5d4}}$　4) $\dfrac{\text{e4e5}}{\text{Sf6e4}}$ $=$

2) $\dfrac{\quad}{\text{Sg8f6}}$　3) $\dfrac{\text{d2d4}}{\text{Sf6e4}}$　4) $\dfrac{\text{Lf1d3}}{\text{d7d5}}$　5) $\underline{\text{Sf3e5}}$ $=$

2) $\dfrac{\quad}{\text{Sg8f6}}$　3) $\dfrac{\text{Lf1c4}}{\text{Sf6e4}}$　4) $\dfrac{\text{Dd1e2}}{\text{d7d5}}$　5) $\dfrac{\text{Sf3e5}}{\text{Lf8c5}}$

2) $\dfrac{\quad}{\text{d7d5}}$　3) $\dfrac{\text{e4d5}}{\text{e5e4}}$　4) $\underline{\text{Dd1e2}} \wedge$

2) $\dfrac{\quad}{\text{d7d5}}$　3) $\dfrac{\text{e4d5}}{\text{Dd8d5}}$　4) $\underline{\text{Sb1c3}} \wedge$

2) $\dfrac{\quad}{\text{f7f5}}$　3) $\dfrac{\text{Sf3e5}}{\text{Dd8f6}}$　4) $\dfrac{\text{d2d4}}{\text{d7d6}}$　5) $\dfrac{\text{Se5c4}}{\text{f5e4}}$　6) $\underline{\text{Sb1c3}} \wedge$

2) $\dfrac{\quad}{\text{f7f5}}$　3) $\dfrac{\text{Sf3e5}}{\text{Dd8f6}}$　4) $\dfrac{\text{d2d4}}{\text{f5e4}}$　5) $\underline{\text{Lf1c4}} \wedge$

2) $\dfrac{\quad}{\text{f7f5}}$　3) $\dfrac{\text{Lf1c4}}{\text{f5e4}}$　4) $\dfrac{\text{Sf3e5}}{\text{Dd8g5}}$　5) $\underline{\text{Se5f7}} \wedge$

2) $\dfrac{\quad}{\text{f7f6}}$　3) $\dfrac{\text{Lf1c4}}{\text{d7d6}}$　4) $\underline{\text{d2d4}} \wedge$

2) $\dfrac{\quad}{\text{Lf8c5}}$　3) $\dfrac{\text{Sf3e5}}{\text{Dd8e7}}$　4) $\underline{\text{d2d4}} \wedge$

## Damenspringerspiel.

Ausser dem Königsläufer und Königsspringer kann W. auch den Damenspringer im 2. Zuge ziehen. Doch wird diese Eröffnung, als wenig vortheilhaft, seltener gewählt. Nachfolgend einige Beispiele:

1) $\underline{\dfrac{\text{e2e4}}{\text{e7e5}}}$　2) $\underline{\text{Sb1c3}}$

2) $\dfrac{\quad}{\text{Sg8f6}^1)}$　3) $\dfrac{\text{Sg1f3}}{\text{Lf8b4}}$　4) $\dfrac{\text{Sf3e5}}{\text{Dd8e7}}$　5) $\dfrac{\text{f2f4}}{\text{d7d6}}$　6) $\dfrac{\text{e5f3}}{\text{Lb4c3}}$　7) $\dfrac{\text{d2c3}}{\text{Sf6e4}}$　8) $\underline{\dfrac{\text{Lf1e2}}{0\text{-}0}}$　9) $\underline{\dfrac{0\text{-}0}{\quad}}$ $=$

2) $\dfrac{\quad}{\text{Sg8f6}}$　3) $\dfrac{\text{Sg1f3}}{\text{Sb8c6}}$　4) $\underline{\dfrac{\text{d2d4}^2)}{\text{Lf8b4}}}$ $=$

2) $\dfrac{\quad}{\text{Sg8f6}}$　3) $\dfrac{\text{f2f4}}{\text{d7d5}}$　4) $\underline{\dfrac{\text{f4e5}^3)}{\text{Sf6e4}}}$ $=$

Nach $\overset{..}{\phantom{.}}$ 1) $\dfrac{\text{e2e4}}{\text{e7e5}}$ hat W. die Wahl unter folgenden Bauernzügen: d2d4, c2c3, f2f4.

---

1) Am besten.
2) 4) $\dfrac{\text{Lf1c4}}{\text{Lf8c5}}$ —
3) 3) $\dfrac{\text{e4d5}}{\text{Sf6d5}}$ —

Die beiden ersteren Züge wollen wir im Nachfolgenden zuerst skizziren. Der dritte Zug nimmt unter dem Namen **Königsgambit** ein besonderes grosses Kapitel in der Theorie ein, da er auch eine bedeutende Rolle in der Praxis bildet.

## Centrumgambit.

$$\frac{1)\ \text{e2e4}}{\text{e7e5}} \qquad 2)\ \text{d2d4}$$

| W. | S. | W. | S. |
|----|----|----|----|
| 2) | 2) e5d4 | 8) Ld3b5 | 8) Lc8d7 |
| 3) Sg1f3 | 3) Lf8b4+ | 9) Lb5c6 | 9) Ld7c6 |
| 4) Lc1d2 | 4) Dd8e7[1]) | 10) Sf3d4 | 10) Sg8h6 |
| 5) Lf1d3 | 5) Sb8c6 | 11) Dd1h5 | 11) 0-0 |
| 6) 0-0 | 6) Lb4d2 | | = |
| 7) Sb1d2 | 7) d7d6 | | |

$$\underset{\text{e5d4}}{2)} \quad \underset{\text{Lf8b4+}}{3)\ \text{Sg1f3}} \quad \underset{\text{d4c3}}{4)\ \text{c2c3}} \quad \underset{\text{Lb4c5}}{5)\ \text{b2c3}} \quad \underset{\text{d7d6}\wedge}{6)\ \text{Lf1c4}}$$

| W. | S. | W. | S. |
|----|----|----|----|
| 2) — | 2) e5d4 | 5) b2c3 | 5) Dd8f6 |
| 3) Lf1c4 | 3) Lf8b4+ | 6) Lc4f7+ | 6) Df6f7 |
| 4) c2c3 | 4) d4c3 | 7) c3b4 | 7) Df7e7 $\wedge$[2]) |

Veränderung im 6. Zuge von W.:

$$\underset{\text{Lb4c5}}{6)\ \text{Dd1b3}} \quad \underset{\text{d7d6}}{7)\ \text{Sg1f3}} \quad \underset{\text{Sb8c6}\wedge}{8)\ \text{0-0}}$$

$$\underset{\text{e5d4}}{2)} \quad \underset{\text{Lf8b4+}}{3)\ \text{Lf1c4}} \quad \underset{\text{d4c3}}{4)\ \text{c2c3}} \quad \underset{\text{Ke8f7}}{5)\ \text{Lc4f7+}} \quad \underset{\text{d7d5}}{6)\ \text{Dd1b3+}} \quad \underset{\text{c3b2}}{7)\ \text{Db3b4}} \quad \underset{\text{Sg8f6}}{8)\ \text{Lc1b2}} \quad \underset{\text{Th8e8}\wedge}{9)\ \text{e4e5}}$$

Es ist nicht gut, wenn S. den Bauer d4 mit c7c5 deckt. Z. B.

| W. | S. | W. | S. |
|----|----|----|----|
| 2) — | 2) e5d4 | 11) Lf4d6 | 11) Lf8d6 |
| 3) Lf1c4 | 3) c7c5 | 12) e4e5 | 12) Sc6e5 |
| 4) c2c3 | 4) Sb8c6 | 13) Sf3e5 | 13) Dd7e7 |
| 5) Sg1f3 | 5) d4c3 | 14) Db3a4+ | 14) Ke8f8 |
| 6) Sb1c3 | 6) d7d6 | 15) Se5d7+ | 15) Kf8f7 |
| 7) Lc1f4 | 7) Lc8e6 | 16) Sc3e4 | 16) Ld6f4+ |
| 8) Lc4e6 | 8) f7e6 | 17) Kc1b1 | 17) b7b5 |
| 9) Dd1b3 | 9) Dd8d7 | 18) Da4b3 $\wedge$ | |
| 10) 0-0-0 | 10) a7a6 | | |

$$\frac{1)\ \text{e2e4}}{\text{e7e5}} \qquad 2)\ \text{c2c3}$$

Diese Eröffnung ist sehr matt:

$$\underset{\text{d7d5}}{2)} \quad \underset{\text{d5e4}[4])}{3)\ \text{Sg1f3}[3])} \quad \underset{\text{Lf8d6}}{4)\ \text{Sf3e5}} \quad \underset{\text{Lc8e6}}{5)\ \text{Se5c4}} \quad \underset{\text{e4d3}}{6)\ \text{d2d4}} =$$

[1]) Lb4c5 scheint W. mehr Gelegenheit zu Angriffen zu geben.
[2]) 7) $\underset{\text{Df7f6}}{\quad}$ 8) $\underset{\text{Df6a1}}{\text{Sg1e2}}$ 9) Se2c3 Dame verloren
[3]) Am besten.
[4]) 3) $\underset{\text{Lc8g4}}{\quad}$ 4) $\underset{\text{Dd8d7}}{\text{Dd1a4+}}$ 5) $\underset{\text{Lg4f3}}{\text{Da4b3}}$ 6) $\underset{\text{Lf3g2}}{\text{Db3b7}}$ 7) $\underset{\text{Dd7c6}}{\text{Lf1g2}}$ 8) $\underset{\text{Ke8e7}}{\text{Db7c8+}}$ 9) e4d5 $\wedge$

| 2) | 3) d2d4 | 4) d4e5 | 5) Lc1e3 | — |
|---|---|---|---|---|
| Sg8f6 | Sf6e4 | d7d5 | Sb8c6 | |

| 2) | 3) f2f4 | 4) f4e5 | 5) Sg1f3 | 6) d2d4 | 7) Lf1d3 | = |
|---|---|---|---|---|---|---|
| Sg8f6 | d7d5¹) | Sf6e4 | Lf8c5 | Lc5b6 | 0-0 | |

| 2) | 3) Dd1c2 | 4) Sg1f3 | 5) Lf1c4 | 6) 0-0 | 7) d2d3 | = |
|---|---|---|---|---|---|---|
| Sg8f6 | Lf8c5 | Sb8c6 | d7d6 | 0-0 | Lc8g4 | |

---

# Gambit des Königs.

Dasselbe wird durch die Eröffnung

$$\frac{1)\ e2e4}{e7e5} \qquad 2)\ f2f4$$

gebildet. Wir haben schon Gelegenheit gehabt von den Gambits zu spreche
Eigentliche Gambits sind aber nur solche, wo im 2. Zuge der Königsläuferbaue
oder der Damenläuferbauer (Damengambit) geopfert wird. Im Königs-Gamb
verfolgt der Opfernde den Zweck, vermittelst Ablenkung des feindlichen König
bauern das Centrum mit seinen Bauern zu besetzen, und während der Gegner sic
mit Unterstützung des auf die F Linie gelangten Königsbauern durch die aufgezogene
Bauern seines Königsflügels abmüht seine Figuren rasch zum Angriff zu führe
Unter solchen Umständen möchte das Spiel des Nachziehenden allerdings gefährde
und der Mehrbesitz des Bauern, welcher als Doppelbauer ohnehin schwächer is
die damit verknüpften Nachtheile kaum werth zu sein scheinen, abgesehen davo
dass die Erhaltung des Bauern im Kiseritzkygambit nicht nachweisbar. Da m
überdies im praktischen Spiel die Vertheidigung gegen einen starken Spieler d
grösste Vorsicht und Ausdauer verlangt, indem die kleinste Schwäche zu verderl
lichen Combinationen Veranlassung geben kann, so wollen wir zuvörderst den Fa
untersuchen, wo S. den angebotenen Läuferbauer nicht nimmt, was bei ernste
Kämpfen überhaupt anzurathen.

## Abgelehntes Königs-Gambit.

$$\frac{1)\ e2e4}{e7e5} \qquad 2)\ f2f4$$

Das üblichste Gegenspiel, welches die Rochade von W. zu behindern trachtet ist

| 2) | 3) Sg1f3 |
|---|---|
| Lf8c5 | d7d6 |

| 4) b2b4 | 5) c2c3 | 6) Lf1c4 | 7) d2d4 | 8) c3d4 | 9) 0-0 |
|---|---|---|---|---|---|
| Lc5b4 | Lb4c5 | Sb8c6 | e5d4 | Lc5b6 | Sg8f6 ∧ |

¹) 

| 3) | 4) f4e5 | 5) Dd1g4 | 6) Dg4g7 | 7) d2d4 | 8) Sg1f3 ∧ |
|---|---|---|---|---|---|
| Lf8c5 | Sf6e4 | Se4f2 | Th8f8 | Sf2h1 | Lc5e7 |

4) c2c3   5) d2d4   6) g2f3   7) Ke1e2  
$\overline{\text{Lc8g4}}$   $\overline{\text{Lg4f3}}$   $\overline{\text{Dd5h4+}}$   $\overline{\text{Lc5b6}}\bigwedge$

4) c2c3   5) d2d4   6) c3d4   7) g2f3   8) Ke1e2   9) Lc1e3   10) Sb1c3  
$\overline{\text{Lc8g4}^{1)}}$   $\overline{\text{e5d4}}$   $\overline{\text{Lg4f3}}$   $\overline{\text{Dd8h4+}}$   $\overline{\text{Lc5b6}}$   $\overline{\text{Sg8f6}}$   $\overline{\text{Sf6h5}}\bigwedge$

| w. | s. | w. | s. |
|---|---|---|---|
| 4) c2c3 | 4) Lc8g4 | | |
| 5) Lf1e2 | 5) Lg4f3 | | |
| 6) Le2f3 | 6) Sb8c6 | 9) d2d4 | 9) e5d4 |
| 7) b2b4 | 7) Lc5b6 | 10) c3d4 | 10) Dd8f6 |
| 8) b4b5 | 8) Sc6a5 | 11) e4e5 | 11) d6e5 |

S. steht besser.

4) c2c3   5) Lf1c4   6) Dd1f3   7) b2b4   8) d2d3   9) f4f5  
$\overline{\text{Lc8g4}}$   $\overline{\text{Lg4f3}}$   $\overline{\text{Sg8f6}}$   $\overline{\text{Lc5b6}}$   $\overline{\text{Sb8d7}^{2)}}$   $=$

4) d2d4   5) Sf3d4   6) Dd1d3   7) Dd3d4   8) Lc1b5   9) Lb5c6   10) Sb1c3  
$\overline{\text{e5d4}}$   $\overline{\text{Sg8f6}}$   $\overline{\text{Lc5d4}}$   $\overline{\text{Sb8c6}}$   $\overline{\text{Lc8d7}}$   $\overline{\text{Ld7c6}}$   $\overline{\text{Dd8e7}}\bigwedge$

| w. | s. | w. | s. |
|---|---|---|---|
| 4) d2d4 | 4) e5d4 | | |
| 5) Sf3d4 | 5) Sg8f6 | 12) Lb5d7 | 12) Sb8d7 |
| 6) Sb1c3 | 6) Sf6e4 | 13) Dd1a4 | 13) Sd7c5 |
| 7) Sc3e4 | 7) Dd8e7 | 14) Da4a3 | 14) Sc5d3 |
| 8) Lf1b5+ | 8) Ke8f8 | 15) Da3c3 | 15) Ta8e8 |
| 9) 0-0 | 9) De7e4 | 16) Tf1d1 | 16) Sd3f2 |
| 10) c2c3 | 10) Lc5d4+ | 17) Td1f1 | 17) Sf2g4 |
| 11) c3d4 | 11) Lc8d7 | 18) h2h3 | 18) Sg4e3 $\bigwedge$ |

| w. | s. | w. | s. |
|---|---|---|---|
| 4) d2d4 | 4) e5d4 | | |
| 5) Lf1d3 | 5) Sb8c6 | 9) Tf1e1 | 9) 0-0 |
| 6) 0-0 | 6) Lc8g4 | 10) h2h3 | 10) Lg4f3 |
| 7) Kg1h1 | 7) Sg8f6 | 11) Dd1f3 | 11) Sf6d7 |
| 8) a2a3 | 8) a7a5 | 12) g2g4 | 12) f7f6 $\bigwedge$ |

| w. | s. | w. | s. |
|---|---|---|---|
| 4) Lf1c4 | 4) Sb8c6 | | |
| 5) d2d3 | 5) Lc8g4 | 9) Df3e3 | 9) e5f4 |
| 6) c2c3 | 6) Lg4f3 | 10) De3f4 | 10) Sc6e5 |
| 7) Dd1f3 | 7) Sg8f6 | 11) Sb1d2 | 11) Se5c4 |
| 8) Lc1e3 | 8) Lc5e3 | 12) Sd2c4 | $=$ |

---

¹) 4)   5) d2d4   6) c3d4   7) Ke1f2 $\bigwedge$   Oder: 4)   5) d2d4   6) c3d4   7) Lf1d3  
   $\overline{\text{Dd8e7}}$   $\overline{\text{e5d4}}$   $\overline{\text{De7e4}}$     $\overline{\text{Sg8f6}}$   $\overline{\text{e5d4}}$   $\overline{\text{Lc5b6}}$   $\overline{\text{0-0}}$

8) 0-0   9) Lc1e3   10) Dd1d2   11) Sb1c3   12) e4e5   13) Sc3d5   14) Sd5b6   15) d4c5 $\bigwedge$  
$\overline{\text{Sb8c6}}$   $\overline{\text{Sf6g4}}$   $\overline{\text{Dd8e7}}$   $\overline{\text{f7f5}}$   $\overline{\text{d6e5}}$   $\overline{\text{De7d6}}$   $\overline{\text{a7b6}}$   $\overline{\text{Dd6e7}}$

²) 8)   9) a2a4   10) a4a5   11) b4b5 $\bigwedge$   Oder: 8)   9) a2a4   10) b4b5   11) f4e5  
   $\overline{\text{Sb8c6}}$   $\overline{\text{a7a6}}$   $\overline{\text{Lb6a7}}$     $\overline{\text{Sb8c6}}$   $\overline{\text{a7a5}}$   $\overline{\text{Sc6e7}}$   $\overline{\text{d6e5}}$

12) Df3g3   13) Lc1g5  
$\overline{\text{Se7g6}}$   $\overline{\text{Dd8d6}}$   Offenbar ist 5) Lf1c4 der beste Zug für W.

Andere Vertheidigungszüge beim abgelehnten Gambit sind folgende:

$$\frac{1)\ e2e4}{e7e5} \qquad 2)\ f2f4$$

| w. | s. | w. | s. |
|---|---|---|---|
|  | 2) d7d5 | 7) d2d4 | 7) De5e6 |
| 3) e4d5 | 3) Dd8d5 | 8) Dd1d3 | 8) Lg4e2 |
| 4) Sb1c3 | 4) Dd5e6 | 9) Sg1e2 | 9) Lf8d6 |
| 5) f4e5 | 5) De6e5+ | 10) 0-0 | 10) Sg8f6 |
| 6) Lf1e2 | 6) Lc8g4 | 11) Se2f4 ∧ |  |

| w. | s. | w. | s. |
|---|---|---|---|
|  | 2) d7d5 | 6) Sf3e5 | 6) Sg8h6 |
| 3) e4d5 | 3) Dd8d5 | 7) Lf1c4 | 7) De6e7 |
| 4) Sb1c3 | 4) Dd5e6 | 8) Lc4b3 | 8) f7f6 |
| 5) Sg1f3 | 5) e5e4 | 9) Se5c4 | == |

$$2)\ \frac{}{d7d5} \quad 3)\ \frac{e4d5}{Dd8d5} \quad 4)\ \frac{Sb1c3}{Dd5e6} \quad 5)\ \frac{Sg1f3}{e5f4+} \quad 6)\ \frac{Ke1f2}{Lf8e7}\ \wedge\ ^1)$$

| w. | s. | w. | s. |
|---|---|---|---|
|  | 2) d7d5 | 7) d2d4 | 7) Dd8b6 |
| 3) e4d5 | 3) e5e4 | 8) Sg1e2 | 8) Lc8g4 |
| 4) Lf1b5+ | 4) c7c6 ²) | 9) Sb1c3 | 9) Lf8b4 |
| 5) d5c6 | 5) b7c6 | 10) 0-0 | 10) c6c5 |
| 6) Lb5c4 | 6) Sg8f6 | 11) Lc1e3 ∧ |  |

Veränderung im 7. Zuge von S.

$$7)\ \frac{}{Sb8d7}\ ^3) \quad 8)\ \frac{Sg1e2}{Sd7b6} \quad 9)\ \frac{Lc4b3}{Lc8a6} \quad 9)\ \frac{Sb1c3}{Lf8b4} \quad 10)\ \frac{0\text{-}0}{}\wedge$$

Durch den Zug 3) e5e4 kommt das Spiel von W. in eine etwas gezwungene Stellung, und lassen sich für S. manche Combinationen daran knüpfen.

$$2)\ \frac{}{d7d5} \quad 3)\ \frac{e4d5}{e5f4} \quad 4)\ \frac{Sg1f3}{Dd8d5} \quad 5)\ \frac{Sb1c3}{Dd5e6+} \quad 6)\ \frac{Ke1f2}{}\wedge$$

| w. | s. | w. | s. |
|---|---|---|---|
|  | 2) d7d6 ⁴) | 6) d2d4 | 6) g7g5 |
| 3) Lf1c4 | 3) e5f4 | 7) h2h4 | 7) g5g4 ⁵) |
| 4) Sg1f3 | 4) Lc8e6 | 8) Sf3g5 | 8) Dd8f6 |
| 5) Lc4e6 | 5) f7e6 | 9) Dd1g4 ∧ |  |

---

¹) $6)\ \frac{}{Lf8c5+} \quad 7)\ \frac{d2d4}{Lc5b6} \quad 8)\ \frac{Lf1b5+}{c7c6} \quad 9)\ \frac{Th1e1}{Verloren}$ Oder: $6)\ \frac{}{De6b6+} \quad 7)\ \frac{d2d4}{Lc8g4} \quad 8)\ \frac{Lf1b5+}{c7c6}$

$9)\ \frac{Th1e1+}{Lf8e7} \quad 10)\ \frac{Lb5c4}{Sg8f6} \quad 11)\ \frac{Lc1f4}{g4f3} \quad 12)\ \frac{g2f3}{Db6b2} \quad 13)\ \frac{Dd1d3}{Db2a3} \quad 14)\ \frac{Te1e7+}{Ke8e7} \quad 15)\ \frac{Sc3d5+}{Verloren}.$

²) Auf Lc8d7 folgt 5) Dd1e2

³) Auch Lf8d6 kann hier gezogen werden.

⁴) Engt den Königsläufer ein.

⁵) $7)\ \frac{}{Lf8e7} \quad 8)\ \frac{h4g5}{Le7g5} \quad 9)\ \frac{g2g3}{}\wedge$

| W. | S. | W. | S. |
|---|---|---|---|
| ) L.f1c4 | 2) d7d6 | 8) e4e5 | 8) d6e5 |
| ) Sg1f3 | 3) e5f4 | 9) d4e5 | 9) Df6f5 |
| ) Lc4c6 | 4) Lc8e6 | 10) Sf3d4 | 10) Df5e5 |
| ) d2d4 | 5) f7c6 | 11) Lc1f4 | 11) De5c5 |
| ) 0-0 | 6) Dd8f6 | 12) b2b4 | 12) Dc5b6 |
|  | 7) Sg8e7[1]) | 13) Kg1h1 /\ |  |

|  | 3) Sg1f3 | 4) L.f1c4 | 5) c2c3 | 6) d2d3 | 7) h2b3 | 8) Dd1f3 | 9) f4f5 /\ |
|---|---|---|---|---|---|---|---|
| d7d6 | Lc8g4 | Sb8c6 | Sg8f6 | Lf8e7 | Lg4f3 | 0-0 |  |

|  | 3) d2d3 | 4) D1g4 | 5) Sb1c3 | 6) Dg4h5 | 7) h2h4 | 8) Sc3d5 | 9) Dh5g5 |
|---|---|---|---|---|---|---|---|
| Dd8f6 | e5f4 | Lf8d6 | Sg8h6 | g7g5 | g5g4 | Df6g6 |  |

Veränderung im 5. Zuge von S.

|  | 6) Sg1e2 | 7) Dg4f3 | 8) d3d4 | 9) h2h4 | 10) Df3f2 |
|---|---|---|---|---|---|
| c7c6 | Sg8h6 | g7g5 | Ld6c7 | g5g4 |  |

|  | 3) f4e5 | 4) Sg1f3 | Oder: 3) d2d3 |
|---|---|---|---|
| Sg8f6[2]) | Sf6e4 |  |  |

|  | 3) Sb1c3[3]) | 4) Sg1f3 | 5) Lf1b5 | 6) Lb5c6+ | 7) Sc3a4 | 8) Sa4b6 | 9) d2d3 | 10) h2b3 |
|---|---|---|---|---|---|---|---|---|
| Sb8c6 | Lf8c5 | d7d6 | Lc8g4 | b7c6 | Lc5b6 | c7b6 | Sg8e7 |  |

Das angenommene Königsgambit zerfällt in 2 Gruppen, je nachdem der Anziehende im 3. Zuge entwerder den Königsläufer (Lf1c4) oder den Königsspringer (Sg1f3)
zieht. Diesen schliesst sich noch das schwache, in der Praxis nicht übliche Thurm-
bauergambit 3) h2h4 an.

## Königs-Läufer-Gambit.

| 1) e2e4 | 2) f2f4 | 3) Lf1c4 |
|---|---|---|
| e7e5 | e5f4 |  |

gehört zu den am häufigsten vorkommenden Spielen, da es, sobald der Nachziehende
den Gambitbauer regelmässig vertheidigt, einen äusserst starken Angriff verschafft.
Der Anziehende opfert die Rochade, um die schwarze Dame, wenn sie auf h4 Schach
gibt, und nachher g7g5 gezogen wird, in eine Stellung zu bringen, aus welcher sie
sich nur mit Zeitverlust wieder zurückziehen kann, während der Anziehende seine
Figuren rasch entwickelt. Dabei kommt auch Schwarz, aber unter schlimmern Ver-
hältnissen nicht zur Rochade, und durch diesen beiderseitigen Mangel an Sicherstellung des Königs erhält das Spiel eine von ändern Spielweisen ganz abweichende
Gestaltung. Spielt der Nachziehende nicht auf Erhaltung des Bauern, so könnte der
Anziehende allerdings mit dem Nachtheile der verlorenen Rochade zu kämpfen haben.

Die übliche Vertheidigung im Läufergambit ist folgende:

| 1) e2e4 | 2) f2f4 | 3) Lf1c4 | 4) Ke1f1 |
|---|---|---|---|
| e7e5 | e5f4 | Dd8h4+ | g7g5 |

Ehe wir aber zu dieser übergehen, und die mannigfachen sich daraus ergeben-
den Combinationen analysiren, wollen wir einige andere Vertheidigungszüge erörtern,
und deren Unzulänglichkeit darthun, soweit es die Erhaltung des Gambitbauern gilt,
obgleich einige dieser Spiele, wie gesagt, dem Nachziehenden sonst ganz günstig sind.

---

[1]) 7) ___ 8) d4e5 9) Dd1d5 /\
e6e5 — d6e5

[2]) Dieser Zug und 3) Sb1c3 kommen im Bilguer nicht vor.
[3]) Um d7d5 zu verhindern.

1) e2e4    2) f2f4    3) Lf1c4
    e7e5      e5f4

3) \_\_\_\_ 4) Ke1f1 5) d2d4 6) Sg1f3 7) Lc4f7+ 8) h2h3 9) Sb1c3 10) Sc3e2 11) Sf3e5+
Dd8h4+ Lf8c5 Lc5b6 Dh4g4 Ke8f8   Dg4g3   Kf8f7   Dg3g6 Verloren

Veränderung im 6. Zuge von S.

6) \_\_\_\_ 7) g2g3 8) h2h4 9) e4e5 10) e5f6 ∧
Dh4h6   g7g5   f7f6   f4g3

6) \_\_\_\_ 7) Sb1c3 8) Sf3e5 9) Sc3d5 10) Sd5b6 11) Dd1h5 12) h2h4 13) Dh5g5 ∧
Dh4e7   g7g5   Sg8h6   De7d8   a7b6   Dd8f6   g5g4

6) \_\_\_\_ 7) Lc1f4 8) Lc4f7+ 9) Lf4g3 10) Sb1c3 11) Lf7b3 12) Dd1d2 13) Ta1e1 ∧
Dh4e7   De7e4   Ke8f8   Sg8h6   De4e7   c7c6   d7d5

3) \_\_\_\_ 4) Ke1f1 5) Sg1f3 6) h2h4 7) Sb1c3 8) e4e5 9) Lc4e2 10) Sf3h2 11) d2d4 ∧
Dd8h4+ Sg8f6   Dh4h5   g7g5   h7h6   Sf6g8[1]) g5g4   Dh5e5

(Auf 6) Sf6e4 folgt Dd1e2 und dann auf d7d5: Lc4d5 und auf Dh5d5
antwortet Sb1c3.)

Veränderung im 6. Zuge von W.

| w. | s. | w. | s. |
|---|---|---|---|
| 6) Sb1c3 | 6) Lf8b4 | 11) Kf1g1 | 11) g5g4 |
| 7) Dd1e2 | 7) Lb4c3 | 12) Sf3h2 | 12) f4f3 |
| 8) b2c3 | 8) g7g5 | 11) g2f3 | 13) g4f3 |
| 9) h2h4 | 9) h7h6 | 14) Sh2f3 | 14) Dh5g6+ |
| 10) e4e5 | 10) Sf6g8 | 15) Kg1f2 | 15) Dg6c2 |
| | | 16) Sf3d4 ∧ | |

Oder: 6) Dd1e2 7) d2d4 8) e4e5 9) h2h4 10) Kf1g1 ∧
      Sb8c6   g7g5   Sf6g4   Lf8g7

Zieht S. im 6. Zuge statt Sb8c6: 6) g7g5, so folgt h2h4. Zieht S. im 5.
Zuge die Dame nach h6, so kann W. sogleich mit 6) d2d4 antworten.

| w. | s. | w. | s. |
|---|---|---|---|
| 3) — | 3) Dd8h4+ | 11) h4g5 | 11) h6g5 |
| 4) Ke1f1 | 4) Sb8c6 | 12) Th1h8 | 12) Lg7h8 |
| 5) Sg1f3 | 5) Dh4h5 | 13) Lc4d3 | 13) f7f5 |
| 6) d2d4 | 6) g7g5 | 14) e5f6 | 14) Dg6f6 |
| 7) h2h4 | 7) Lf8g7 | 15) Sc3e4 | 15) Df6f8 |
| 8) Sb1c3 | 8) h7h6 | 16) Se4g5 | 16) Sc6d4 |
| 9) e4e5 | 9) Sg8e7 | 17) c2c3 | 17) Sd4e6 |
| 10) Kf1g1 | 10) Dh5g6 | 18) Sg5e6 | 18) d7e6=? |

Oder: 8) \_\_\_\_ 9) Sf3d4 10) Sc3d4 11) h4g5 12) Th1h4 13) Lc1f4 14) Lf4e5
     Sc6d4   Dh4d1+   Lg7d4   Ld4e5   Sg8e7   Se7g6   Sg6e5

| w. | s. | w. | s. |
|---|---|---|---|
| 3) — | 3) D8h4+ | 9) Kf1f2 | 9) Lf8c5 |
| 4) Ke1f1 | 4) d7d5 | 10) d2d4 | 10) Lc5b6 |
| 5) Lc4d5 | 5) c7c6 | 11) Th1f1 (Sc3a4 | 11) 0-0 |
| 6) Ld5b3 | 6) Sg8f6 | scheint stärker) | |
| 7) Sg1f3 | 7) Dh4h6 | 12) Kf2g1 | 12) Lc8g4 |
| 8) Sb1c3 | 8) Sf6h5 | 13) Sc3e2 | 13) g7g5[3]) |

<hr/>

¹) 8) \_\_\_\_ 9) Kf1g1     ²) 19) \_\_\_\_
   Sf6g4           Dd1a4+

³) Diese Spielweise kommt zwar im Bilguer gleichfalls nicht vor, möchte aber zu
beachten sein.

| w. | s. | w. | s. |
|---|---|---|---|
| 3) | 3) Dd8h4+ | 8) Df3g4 | 8) Lh3g4 |
| 4) Ke1f1 | 4) d7d6 | 9) g3f4 | 9) Sg8f6 |
| 5) Dd1f3 | 5) Sb8c6¹) | 10) d2d3 | 10) Sc6d4 |
| 6) g2g3 | 6) Lc8h3+ | 11) Lc4b3 | = |
| 7) Kf1e1 | 7) Dh4g4 | | |

W. kann auch das Spiel mit 5) d2d4 (statt Dd1f3) fortführen z. B.

5) d2d4   6) Sg1f3   7) Sb1c3 und auf den Angriff spielen.
Sg8f6²)   Dh4h6

3) ___   4) Ke1f1   5) Sb1c3   6) Dd1f3   7) h2h4   8) h4g5   9) Th1h8   10) g2g3
Dd8h4+   Dh4f6   c7c6   g7g5   h7h6   h6g5   Df6h8 Gambitbau. verloren.

3) ___   4) Sb1c3!   5) Sg1f3   6) e4e5 Gambitbauer geht verloren.
Sg8f6   Sb8c6   Lf8b4

3) ___   4) Sb1c3   5) e4e5   6) Lc4b5+   7) e5f6   Dagegen:
Sg8f6   Lf8b4   d7d5   c7c6   c6b5

| w. | s. | w. | s. |
|---|---|---|---|
| 3) | 3) Sg8f6 | 7) 0-0 | 7) Sb8c6 |
| 4) e4e5: | 4) d7d5 | 8) Lb3a4 | 8) Se4g5 |
| 5) Lc4b3 | 5) Sf6e4 | 9) d2d4 | 9) g5f3+ |
| 6) Sg1f3 | 6) Lc8g4 | 10) g2f3³) | 10) g4h3 △ |

| w. | s. | w. | s. |
|---|---|---|---|
| 3) | 3) g7g5 | 7) Th1h8 | 7) Lg7h8 |
| 4) b2b4 | 4) Lf8g7⁴) | 8) Dd1h5 | 8) Dd8f6 |
| 5) d2d4 | 5) h7h6 | 9) e4e5 | 9) Df6g7 |
| 6) h4g5 | 6) h6g5 | 10) Sg1h3 △ | |

| w. | s. | w. | s. |
|---|---|---|---|
| 3) — | 3) f7f5 | 8) Sb1c3⁵) | 8) Sb8c6 |
| 4) Dd1e2 | 4) Dd8h4+ | 9) Sg1f3 | 9) Dh4h5 |
| 5) Ke1d1 | 5) f5e4 | 10) Sc3d5 | 10) Ke8d8 |
| 6) Lc4g8 | 6) Th8g8 | 11) Sd5f4 △⁶) | |
| 7) De2e4+ | 7) Lf8e7 | (Siehe Seite 123.) | |

---

¹) **Bilguer** lässt hier S. schwächer ziehen: 5) ___   6) g2g3   7) d2d3   8) Df3g4
g7g5   Dh4g4   Lf8h6   Lc8g4
9) h2h4   10) Th1h4
g5b4

²) Bei **Bilguer** 5) ___   6) Dd1d3
Lc8e6

³) **Bilguer** zieht 8) g7g5 (statt Se4g5). S. könnte schwächer auch so spielen:
4) e4e5   5) Lc4b3   6) Sg1f3   7) d2d4
d7d5   Sf6e4   Se4c5   Sc5e6

⁴) 4) ___   5) h4g5   6) Sg1f3   7) Ke1f1   8) Sb1c3   9) Sc3e2   Oder 6) ___
h7h5   Dd8g5   Dg5g3+   d7d6   Sg8f6   Dg5g2
7) Th1g1   8) Lc4f7+ △   Oder 4) ___   5) d2d4   6) Lc1f4   7) g2g3   8) c2c3   9)Dd1b3
Dg2h3   g5g4   Lf8e7   Le7h4+   Lh4e7   h7h5   Th8h7
10) Th1h5   11) Th5h8   Oder 4) ___   5) d2d4   6) Sb1c3   7) Sg1e2   8) g2f3   9) Se2g1 △
Th7g7   g5g4   Lf8h6   d7d6   f4f3   g4f3

⁵) 8) Sg1f3   9) Th1e1   10) Sb1c3   11) Sc3d5   12) De4c4   13) Kd1e2   14) Sd5f4
Dh4h5   Sb8c6   d7d6   Lc8f5   Lf5c2+   Le7h4   Dh5f7
15) Dc4f7   16) Sf3h4   Oder 14) Sd5c7+   15) Sc7a8   16) Ke2f1   17) Sf3e1
Ke8f7   g7g5 △   Ke8d7   Th8c8+   Tc8e1+   Dh5c1+ u. gewinnt.

⁶) **Bilguer** behandelt dies Spiel ganz anders.

| w. | s. | w. | s. |
|---|---|---|---|
| 3) — | 3) d7d5 | 7) De2f3 (auch d2d3) | 7) Le7h4+ |
| 4) Lc4d5 (auch e4d5) | 4) Sg8f6 | 8) g2g3 | 8) f4f3 |
| 5) Dd1e2 | 5) Sf6d5 | 9) h2g3 | 9) Lh4g5 |
| 6) e4d5+ | 6) Lf8e7 | 10) Sb1c3 | = |

Zieht S. 3) Sb8c6 so antwortet W. 4) Sg1f3.

| w. | s. | w. | s. |
|---|---|---|---|
| 3) — | 3) b7b5¹) | 10) Dd1f3 | 10) Sf6h5 |
| 4) Lc4b5 | 4) Dd8h4 | 11) g2g4 | 11) f4g3 |
| 5) Ke1f1 | 5) Lc8b7 | 12) Kf1g2 | 12) Lf8d6 |
| 6) Sb1c3 | 6) Sb8c6 | 13) e4e5 | 13) Ld6e5 |
| 7) d2d4 | 7) Sg8f6 | 14) Lb5d7+ | 14) Ke8d7 |
| 8) d4d5 | 8) Sc6e5 | 15) Df3f5 + | 15) Kd7d6 |
| 9) Sg1f3 | 9) Se5f3 | 16) Sc3e4 + | Verloren. |

| w. | s. | w. | s. |
|---|---|---|---|
| 3) — | 3) b7b5 | 9) Ta1b1 | 9) Sb8c6 |
| 4) Lc4d5 | 4) Dd8h4+ | 10) Lb5c4 | 10) Ta8b8 |
| 5) Ke1f1 | 5) Lc8b7 | 11) Sg1f3 | 11) Dh4h6 |
| 6) Sb1c3 | 6) Lf8b4 | 12) h2h4 | 12) Sf6h5 |
| 7) d2d3 | 7) Lb4c3 | 13) Th1h3∧ | |
| 8) b2c3 | 8) Sg8f6 | | |

Veränderung im 6. Zge:

| w. | s. | w. | s. |
|---|---|---|---|
| 6) Sg1f3 | 6) Dh4h5 | 13) Kf1g1 | 13) g5g4 |
| 7) Lb5c4 | 7) Sg8f6 | 14) Sf3d4 | 14) Dh5e5 |
| 8) Sb1c3 | 8) Lf8b4 | 15) d4c6 | 15) Sb8c6 |
| 9) d2d3 | 9) Lb4c3 | 16) Tb1b5 | 16) De5c3 |
| 10) b2c3 | 10) g7g5 | 17) Lc1f4 | 17) Dc3d4+ |
| 11) Ta1b1 | 11) Lb7c6 | 18) Kg1h2 | 18) d7d6 |
| 12) h2h4 | 12) h7h6 | 19) Th1f1∧ | |

| w. | s. | w. | s |
|---|---|---|---|
| 3) — | 3) b7b5 | 9) Dd1e2 | 9) Lf8e7 |
| 4) Lc4b5 | 4) Dd8h4+ | 10) d2d4 | 10) g7g5 |
| 5) Ke1f1 | 5) Lc8b7 | 11) Lb5d3 | 11) 0-0 |
| 6) Sb1c3 | 6) Sg8f6 | 12) Kf1g1 | 12) Sg4b6 |
| 7) Sg1f3 | 7) Dh4h5 | 13) h2h4∧ | oder h7h6 |
| 8) e4e5 | 8) Sf6g4 | | |

| w. | s. | w. | s. |
|---|---|---|---|
| 3) — | 3) b7b5 | 6) Sg1f3 | 6) Dh4h6 |
| 4) Lc4b5 | 4) Dd8h4+ | 7) d2d3 | 7) Sf6h5 |
| 5) Ke1f1 | 5) Sg8f6 | 8) Sf3h4 | 8) Dh6g5 |

---

¹) c7c6 würde S. den Gambitbauer kosten. W. zieht zunächst 4) Dd1e2. Der Zug b7b5 ist gleichfalls nicht besonders zu empfehlen. Sein Erfinder heisst Bryan.

²) 4) $\frac{\text{Lc4f7+}}{\text{Ke8f7}}$  5) $\frac{\text{Dd1h5+}}{\text{g7g6}}$  6) $\frac{\text{Dh5d5+}}{\text{Kf7g7}}$  7) $\frac{\text{Dd5a8}}{\text{Sb8c6}}$  8) $\frac{\text{Sb1c3}}{\text{Dd8h4}}$  9) $\frac{\text{Ke1d1}}{\text{Lc8a6}}$  10) $\frac{\text{a2a4}}{\text{b5b4}}$
11) $\frac{\text{Sc3d5}}{\text{Lf6d6}}$  12) $\frac{\text{d2d4}}{\text{Sg8e7}}$  Verloren.

| W. | S. | W. | S. |
|---|---|---|---|
| 9) Sh4f5 | 9) c7c6 | 17) Sc3d5 | 17) Df6b2 |
| 10) g2g4 | 10) Sh5f6 | 18) Lf4d6 | 18) Lc5g1 |
| 11) Th1g1 | 11) c6b5 | 19) e4e5 | 19) Db2a1+ |
| 12) h2h4 | 12) Dg5g6 | 20) Kf1e2 | 20) Sb8a6 |
| 13) h4h5 | 13) Dg6g5 | 21) Sf5g7 + | 21) Ke8d8 |
| 14) Dd1f3 | 14) Sf6g8 | 22) Df3f6 + | 22) Sg8f6 |
| 15) Lc1f4 + | 15) Dg5f6 | 23) Ld5e7 + | 0 |
| 16) Sb1c3 | 16) Lf8c5 | | |

Dies Spiel rührt von Anderssen her.

Will also S. den Gambitbauer zu erhalten suchen, so bleiben ihm nichts als die vorher erwähnten Züge übrig, welche aber gleichfalls den Bauer nicht retten.

1) e2e4 2) f2f4 3) Lf1c4 4) Ke1f1
  c7e5    e5f4    Dd8h4+   g7g5¹)

| W. | S. | W. | S. | W. | S. |
|---|---|---|---|---|---|
| 5) Sb1c3²) | 5) Lf8g7³) | 11) d4e5 | 11) Lc8d7 | 18) Sd5c7 | 18) Df5c5 + |
| 6) d2d4 | 6) d7d6⁴) | 12) Kf1g1 | 12) Db5g6 | 19) Kg1h1 | 19) Dc5c4 |
| 7) Sg1f3 | 7) Dh4h5 | 13) h4g5 | 13) b6g5 | 20) Dd1d6 | 20) e6e5 |
| 8) h2h4 | 8) h7h6 | 14) Th1h8 | 14) Lg7b8 | 21) Sc7a8⁷) | 21) Dc4f4 |
| 9) e4e5 | 9) d6e5⁵) | 15) Sf3g5 | 15) Dg6g5⁶) | 22) Dd6b8+ | 22) Kd8e7 |
| 10) Sc3d5 | 10) Ke8d8 | 16) Lc1f4 | 16) Dg5f5 | 23) Dd6g8 | 23) S. gibt ste- |
| (Durch 10) Sf3e5 gew. W. den | | 17) e5e6 | 17) f7e6 | | tes Schach. |
| Gambitbauer.) | | | | | |

Veränderungen im 16. Zuge von S.

16)        17) Dd1g4  18) Sd5c7  19) Sc7a8∧
Dg5g4      Ld7g4      Sb8c6⁸)

16)        17) Sd5c7  18) e5e6+  19) e6f7  20) Dd1d6  21) Kg1h2
Dg5g7      Kd8c7⁹)    Kc7d8     Sg8e7    Dg7d4+   Verloren.

¹) Es ist eigenthümlich, dass dieser Zug, welcher im Springergambit ausreicht, im Läufergambit nur geschehen darf, nachdem die Dame Schach gegeben hat.

²) In folgender bei den Autoren vorkommender Umstellung der Züge:
5) Sg1f3 6) h2h4 7) d2d4 8) Sb1c3 9) e4e5 ist der Fall zu berücksichtigen, dass S
  Dh4h5  Lf8g7  h7h6   d7d6          im 8. Zuge nicht d7d6 sondern Sg8e7 zieht:
8) Sb1c3 9) Kf1g1 (Auf 9) e4e5 folgt 9)        10) Lc4e2 11) e5f6 12) Sc3e4 13) Se4f6+
  Sg8e7   Dh5g6  (                    f7f6   g5g4   Lg7f6   Th8f8   Tf8f6
14) Sf3e5 15) g2f3 ) 10) e4e5 (über 10) Sb8c6 siehe Seite 72, Spiel 8 und 9.)
  f4f3    d7d6∧      d7d6
11) Sc3b5 12) h4h5 13; e5c6 14) Dd1e2∧ Auf 9)        folgt 10) Sf3h2 11) e4e5.
  Sb8a6   Dg6f5   c7c6            g5g4        Dh5h4

⁴) Diesen Läuferzug zur rechten Zeit zu thun ist in den Gambitspielen nothwendig, um den Thurm a8 zu decken. Bei anderen Zügen gewinnt W. den Gambitbauer z B.:
5)     6) Dd1f3 7) g2g3 8) g3f4 9) d2d4 10) Sg1e2 11) d3d4 12) Sc3b5 13) c2c3
Sgkf6  Sb8c6  Dh4h6  g5f4   Sfbh5  f7f6    Th8f8
Oder 5)     6) d2d4 7) Sg1f3 8) e4f5 9) Sc3e4 10) Dd1e2 Oder 5)        6) Sc3d5
     Sg8e7  f7f5    Dh4h5   Sc7f5  Lf8e7           d7d6     Ke8d8
⁷) Dd1f3 8) g2g3 Oder 5)     6) g2g3
Lf8g7       c7c6
Auf 6)  folgt 6)    7) Lc4e2 8) Sg1f3 9) Sf3e5 Oder 5)        9)h2h4 10) Sc3d5 11) Lc1d2.
h7h6        h7h6   d7d6   Dh4h5          Dh4g4 Dg4g3     Ke8d8

⁵) Spielt S. im 9. Zuge g5g4, so zieht W. 10) Sf3e1 oder auch h2. Z. B.:
⁹)   10) Sf3h2 11) Lc1f4 12) Dd1f3.  ⁶) 15)       16) Sd5f4∧  ⁷) Ta1d1 macht auch
g5g4   Dh5h4    g4g3              Lh8e5            blos remis.
⁸) 18)    19) e5e6+  ⁹) 17)      18) Lc4e6∧
Kd8c7   Verloren.   Sb8c6

| W. | 8. | W. | 8. |
|---|---|---|---|
| 16) — | 16) Dg5g6 | 21) Dd1d5 | 21) Lf6g5 |
| 17) e5e6 | 17) f7e6 | 22) Dd5c5+ | 22) Ke7f6 |
| 18) Sd5c7 | 18) e6e5 | 23) Ta1f1 + | 23) Lg5f4 |
| 19)Sc7e6+¹) | 19) Kd8e7²) | 24) Se6f4 | 24) e5f4 |
| 20) Lf4g5 + | 20) Lh8f6 | 25) Dc5f8 + | Verloren. |

| W. | 8. | W. | 8. |
|---|---|---|---|
| 5) Sb1c3 | 5) Kf8g7 | 11) Sf3e5 | 11) Dh5d1 |
| 6) g2g3 | 6) f4g3 | 12) Lc4f7 + | 12) Ke8e7 |
| 7) Kf1g2³) | 7) Lg7c3 | 13) Th1d1 | 13) d7d6 |
| 8) Sg1f3 | 8) Dh4g4 | 14) Lf7g8 | 14) d6e5 |
| 9) h2h3⁴) | 9) Dg4h5 | | = |
| 10) d2c3 | 10) h7h6 | | |

5) Sb1c3　6) g2g3　7) Kf1g2　8) h2g3　9) d2d4
　　‾Lf8g7‾　　‾f4g3‾　　‾Dh4h6‾　　‾Dh6g6‾　　‾Sg8e7‾ $\wedge$

Der Zug g2g3 rührt von Mac Donnell her.

| W. | 8. | W. | 8. |
|---|---|---|---|
| 5) Sb1c3 | 5) Lf8g7 | 14) Da5d5+ | 14) Sb8d7 |
| 6) d2d4 | 6) d7d6 | 15) Lc1d2 | 15) Sg8f6 |
| 7) e4e5 | 7) d6e5 | 16) Dd5b7 | 16) f3g2+ |
| 8) Sc3d5 | 8) Lc8g4 | 17) Kf1g2 | 17) Dh5h3+ |
| 9) Sg1f3 | 9) Dh4h5 | 18) Kg2f2 | 18) Sf6e4+ |
| 10) Sd5c7 + | 10) Ke8d8 | 19) Db7e4 | 19) Th8e8 |
| 11) Sc7a8 | 11) e5e4 | 20) De4d3 | 20) Te8e2 + |
| 12) Dd1e1 | 12) e4f3 | 21) Dd3e2 | 21) Lg7d4+ |
| 13) De1a5+ | 13) b7b6 | Verloren. | |

Veränderung im 8. Zuge von S.

| W. | 8. | W. | 8. |
|---|---|---|---|
| 8) — | 8) Ke8d8⁵) | 9) d4e5 | 9) Lc8d7 |

----------

¹) Schwächer wäre Sc7a8:

| W. | 8. | W. | 8. |
|---|---|---|---|
| 19) Sc7a8 | 19) e5f4 | 23) b2b4 | 23) Df7e7 |
| 20) Lc4g8 | 20) Dg6g8 | 24) Dd6f4 | 24) De7b4 |
| 21) Dd1d6 | 21) Sb8a6 | 25) Df4f7 | 25) Db4e7 |
| 22) Ta1d1 | 22) Dg8f7 | 26) Df7g8+ | 26) De7e8 $\wedge$ |

²) Auf Kd8e8 folgt Dd1d6.

³) 7) Dd1f3　8) h2g3　9) e4e5　10) Sg1f3　11) d2d4
　　‾Sg8f6‾　　‾Dh4g4‾　　‾Dg4f3+‾　　‾Sf6g4‾　　‾h7h6‾ $\wedge$

⁴) Hier könnte W. die Dame für 3 leichte Offiziere erobern, aber es wäre nicht anzurathen:

9) Lc4f7+　10) Sf3e5+　11) Dd1g4　12) Dg4g5
　　‾Ke8f7‾　　‾Lc3e5‾　　‾Sg8f6‾　　‾d7d6‾ $\wedge$

⁵) Schwächer als Lc8g4.

| w. | s. | w. | s. |
|---|---|---|---|
| 10) Sg1f3 | 10) Dh4h5 | 16) Lc4e6 | 16) g4f3 |
| 11) Lc1d2 | 11) Sg8e7¹) | 17) g2f3 | 17) Dh5e5 |
| 12) Sd5e7 | 12) Kd8e7 | 18) De2c4 | 18) De5e6 |
| 13) Ld2b4+ | 13) Ke7e8 | 19) Ta1e1 | 19) Lg7e5 |
| 14) Dd1e2 | 14) g5g4 | 20) Dc4e6+ | 20) f7e6 |
| 15) e5e6 | 15) Ld7e6 | 21) Te1e5 | = |

| w. | s. | w. | s. |
|---|---|---|---|
| 5) Sb1c3 | 5) Lf8g7 | 9) h2h4 | 9) Dh6f6 |
| 6) d2d4 | 6) Sg8e7 | 10) Lc1e3 | 10) g5h4 |
| 7) g2g3 | 7) f4g3 | 11) Dd1d2△ | |
| 8) Kf1g2 | 8) Dh4h6 | | |

Veränderung im 7. Zuge von W.

| w. | s. | w. | s. |
|---|---|---|---|
| 7) Sg1f3 | 7) Dh4h5 | 11) Sc3b5 | 11) Sb8a6 |
| 8) h2h4 | 8) h7h6 | 12) h4h5 | 12) Dg6f5 |
| 9) Kf1g1 | 9) Db5g6²) | 13) e5d6 | 13) c7c6 |
| 10) e4e5 | 10) d7d6 | 14) Dd1e2△ | |

| w. | s. | w. | s. |
|---|---|---|---|
| 5) Sb1c3 | 5) Lf8g7 | 10) Dd1f1 | 10) Dg4d7 |
| 6) d2d4 | 6) c7c6 | 11) Sg1f3 | 11) g5g4 |
| 7) g2g3 | 7) f4g3 | 12) Sf3g5 | 12) Sg8h6 |
| 8) Kf1g2 | 8) d7d6 | 13) Th1h6 | 13) Lg7h6 |
| 9) h2g3 | 9) Dh4g4 | 14) Df1f6△ | |

Die bisher mitgetheilten sind die stärksten Angriffsarten. Schwächer sind folgende:

| w. | s. | w. | s. |
|---|---|---|---|
| 5) Sg1f3 | 5) Dh4h5 | 12) Dd1e2 | 12) Ke8d8 |
| 6) h2h4³) | 6) Lf8g7 | 13) c2c3 | 13) Th8e8 |
| 7) d2d4 | 7) h7h6 | 14) Kf1g1 | 14) g5g4 |
| 8) e4e5 | 8) Sg8e7 | 15) Sf3d2 | 15) f4f3 |
| 9) Sb1c3⁴) | 9) Se7f5 | 16) De2d3 | 16) f3g2 |
| 10) Sc3e4 | 10) d7d6 | 17) Kg1g2 | 17) d6d5 |
| 11) e5d6 | 11) c7d6 | 18) Lc4d5 | 18) Sf5h4+△ |

---

¹) 11) $\frac{}{\text{c7c6}}$ 12) Ld2a5+ $\frac{}{\text{b7b6}}$ 13) La5c3 $\frac{}{\text{Dh5g6}}$ 14) Sd5b4 $\frac{}{\text{g5g4}}$ 15) Sf3d4 $\frac{}{\text{a7a5}}$ 16) Lc4d3 $\frac{}{\text{Dg6h5}}$ 17) Sb4c6+ △

Oder: 11) $\frac{}{\text{Sb8c6}}$ 12) Ld2c3 $\frac{}{\text{Sg8e7}}$ 13) Sd5e7 $\frac{}{\text{Sc6e7}}$ 14) e5e6 $\frac{}{\text{f7e6}}$ 15) Lc4e6 Verloren. Oder: 11) $\frac{}{\text{Kd8c8}}$ 12) Ld2c3 $\frac{}{\text{Ld7e6}}$ 13) Sf3d4 $\frac{}{\text{Dh5d1+}}$ 14) Ta1d1 $\frac{}{\text{Lc6d5}}$ 15) Lc4d5 $\frac{}{\text{Lg7c5}}$ 16) Ld5f7 $\frac{}{\text{Sb8d7}}$ 17) Lf7e6 $\frac{}{\text{Sg8f6}}$ 18) Sd4f3 $\frac{}{\text{Le5c3}}$ 19) b2c3 $\frac{}{\text{Th8e8}}$ 20) Sf3g5 $\frac{}{\text{h7h6}}$ 21) Lc6d7+ △ $\frac{}{\text{Sf6d7}}$ Oder: 11) $\frac{}{\text{h7h6}}$ 12) Ld2c3 $\frac{}{\text{Th8h7}}$ 13) Sd5c7 $\frac{}{\text{Kd8c7}}$ 14) Dd1d6+ $\frac{}{\text{Kc7c8}}$ 15) e5e6 △

²) Auf g5g4 antwortet W. Sf3h2.

³) 6) $\frac{\text{d2d4}}{\text{Lf8g7}}$ Zieht S. statt dessen 6) g5g4, so geht der Springer nach c1 zurück.

⁴) 9) Lc4d3 $\frac{}{\text{d7d6}}$ 10) e5d6 $\frac{}{\text{c7d6}}$ 11) c2c3 $\frac{}{\text{Sb8c6}}$ 12) Kf1g1 $\frac{}{\text{Dh5g4}}$ 13) Sb1d2 $\frac{}{\text{Lc8f5}}$ △ Oder: 9) Kf1g1 $\frac{}{\text{Dh5g6}}$ 10) Lc4d3 $\frac{}{\text{f7f5}}$ △

**Veränderung im 7. Zuge von S.**

| W. | S. | W. | S. |
|---|---|---|---|
| 7) — | 7) d7d6 | 15) Th2g2[1]) | 15) d5c4 |
| 8) Th1h2 | 8) Lc8g4 | 16) Db3b7 | 16) Dg5g2 |
| 9) Kf1g1 | 9) Sg8e7 | 17) Kf1g2 | 17) Ta8b8 |
| 10) c2c3 | 10) Lg4f3 | 18) Db7a6 | 18) Lg7d4+ |
| 11) g2f3 | 11) Th8g8 | 19) Kg2f1 | 19) Tg8g1 |
| 12) h4g5 | 12) Dh5g5+ | 20) Kf1e2 | 20) Tg1c1 |
| 13) Kg1f1 | 13) Sb8d7 | 21) c3d4 | 21) Tb8b2+ |
| 14) Dd1b3 | 14) d6d5 | Verloren. | |

| W. | S. | W. | S. |
|---|---|---|---|
| 5) Sg1f3 | 5) Dh4h5 | 11) Dd1h5 | 11) g3h2 |
| 6) h2h4 | 6) Lf8g7 | 12) Sg5f7 | 12) h2h1 D.+ |
| 7) Th1h2[2]) | 7) g5g4 | 13) Kf1f2 | 13) Lg7d4+ |
| 8) Sf3g5 | 8) Sg8h6 | 14) Kf2e2 | 14) Lc8g4+ |
| 9) d2d4 | 9) d7d5 | Verloren. | |
| 10) Lc4d5 | 10) g4g3 | | |

**Veränderungen im 10. Zuge von W.**

| W. | S. | W. | S. |
|---|---|---|---|
| 10) e4d5 | 10) g4g3 | 13) De1d2 | 13) Sh6g4 |
| 11) Dd1e1+ | 11) Ke8d8 | 14) Lc4e2 | 14) Sg4h2+ |
| 12) Th2h1 | 12) Th8e8 | 15) Th1h2 | 15) Te8e2 |

| W. | S. | W. | S. |
|---|---|---|---|
| 10) Lc4e2 | 10) f7f6 | 12) h4g5 | 12) Dh5f7 |
| 11) Lc1f4 | 11) f6g5 | 13) g2g3 | 13) Sh6g8∧ |

| W. | S. | W. | S. |
|---|---|---|---|
| 5) Sg1f3 | 5) Dh4h5 | 10) d2d3 | 10) Sf6h5 |
| 6) h2h4 | 6) Lf8g7 | 11) Sc3d5 | 11) Sb5g3+ |
| 7) Lc4e2 | 7) g5g4 | 12) Kf1g1 | 12) Lg7d4+ |
| 8) Sf3c1[3]) | 8) Sg8f6 | Verloren. | |
| 9) Sb1c3 | 9) Dh5g6 | | |

Ausser dem Damen- und Königsspringer kann W. im 5. Zuge auch die Dame
von d1 nach f3 ziehen, aber diese Spielart ist viel schwächer als die beiden anderen.

| W. | S. | W. | S. |
|---|---|---|---|
| 5) Dd1f3 | 5) Sb8c6[4]) | 10) Sc3d5 | 10) f7f5 |
| 6) g2g3 | 6) Dh4h6 | 11) Sg1e2 | 11) Th8f8 |
| 7) g3f4 | 7) g5f4 | 12) Lc1f4 | 12) Ld6f4 |
| 8) d2d3 | 8) Lf8d6 | 13) Sd5f4[5]) | 13) Sc6e5∧ |
| 9) Sb1c3 | 9) Sg8e7 | | |

---

[1]) 15) $\frac{e4d5}{Lg7d4}$ Oder: 15) $\frac{Lc4d5}{Se7d5}$

[2]) 7) $\frac{Kf1g1}{Lg7d4}$+

[3]) 8) $\frac{Sf3h2}{f4f3}$

[4]) Der richtige Gegenzug:

5) $\frac{}{d7d6}$ 6) $\frac{g2g3}{Dh4g4}$ 7) $\frac{d2d4}{Dg4f3+}$ 8) $\frac{Sg1f3}{Lf8h6}$ 9) $\frac{g3f4}{g5f4}$ 10) $\frac{Sb1c3}{Lc8h3+}$ 11) $\frac{Kf1f2}{Sg8e7}$ 12) Sc3e2 Gambitbauer verloren.

Oder: 5) $\frac{}{Sg8h6}$ 6) $\frac{g2g3}{f4g3}$ 7) $\frac{h2g3}{Dh4g4}$ 8) Lc4f7+ ∧

[5]) 13) $\frac{Se2f4}{f5e4}$ 14) $\frac{Df3e4}{Ke8d8}$∧

Wir wollen nun noch den Fall erörtern, wo S. statt mit der Dame nach h5 rückzugehen, dieselbe nach h6 zieht.

| Sb1c3 | 6) Sg1f3 | 7) d2d4 | 8) h2h4 | 9) Sc3d5 | 10) Kf1g1 ∧ |
|---|---|---|---|---|---|
| Lf8g7 | Dh4h6 | d7d6 | f7f6 | Ke8d8 | |

Ein gleichfalls sehr reiches Feld für Angriffe bietet das

## Königs-Springer-Gambit.

| 1) e2e4 | 2) f2f4 | 3) Sg1f3 |
|---|---|---|
| c7e5 | e5f4 | |

Der einzig richtige Zug um dem Gambitbauer zu erhalten ist nun 1) g7g5. Zum Beweise davon werden wir zunächst eine Reihe anderer Züge erörtern.

Von den Offizieren die S. im 3. Zuge bewegen könnte, bietet sich zuerst der Königsläufer dar. Der Zug Lf8e7 wird, da er eine besondere Art des Gambits (das Cunninghamgambit) bildet, besonders besprochen werden.

| | 4) e4e5 | 5) Lf1e2 | 6) Sf3g5 | 7) Le2h5 | 8) Dd1f3 | 9) Lh5f3 |
|---|---|---|---|---|---|---|
| Sg8f6 | Sf6h5 [1]) | g7g5 | Dd8g5 | Dg5g2 | Dg2f3 | |

Veränderung im 8. Zuge von S.

| | 9) d2d4 | 10) Ke1d1 | 11) Sb1c3 | 12) Sc3e2 | 13) e5d6 |
|---|---|---|---|---|---|
| Dg2g5 | Dg5h4+ | Lf8h6 | Sb8c6 | d7d6 | c7d6 |

| w. | | | s. | | a. |
|---|---|---|---|---|---|
| | 3) Sg8e7 | | 7) d4d5 | | 7) Le6g4 |
| 4) d2d4 | 4) Se7g6 | | 8) Lc4e2 | | 8) Dd8f6 |
| 5) Lf1c4 | 5) d7d6 | | 9) Sf3d4 | | 9) Lg4e2 |
| 6) 0-0 | 6) Lc8e6 | | 10) Sd4e2 | | |

| | 4) h2h4 |
|---|---|
| Sb8c6 | |

| | 4) e4e5 | 5) h2h4 | 6) Sf3e5 |
|---|---|---|---|
| f7f5 | d7d6 | d6e5 | |

| | 4) e4f5 | 5) d2d4 | 6) Lc1f4 |
|---|---|---|---|
| f7f5 | d7d5 | Lc8f5 | Sg8f6 |

| w. | | | w. | | a. |
|---|---|---|---|---|---|
| | 3) d7d6 | | 10) 0-0 | | 10) c7c6 |
| 4) Lf1c4 | 4) g7g5 | | 11) Dd1d2 | | 11) d6d5 |
| 5) h2h4 | 5) g5g4 | | 12) e4d5 | | 12) c6d5 |
| 6) Sf3g5 | 6) Sg8h6 | | 13) Sb1c3 | | 13) Sb8c6 |
| 7) d2d4 | 7) f7f6 | | 14) Ta1e1+ | | 14) Sc6e7 |
| 8) Lc1f4 | 8) f6g5 | | 15) Lc4b5 | | |
| 9) Lf4g5 | 9) Dd8d7 | | | | |

| w. | | | w. | | s. |
|---|---|---|---|---|---|
| | 3) d7d6 | | 8) g2g3 | | 8) Lc8g4 |
| 4) Lfc4 | 4) h7h6 | | 9) g3f4 | | 9) Lg5h4+ |
| 5) h2h4 | 5) Lf8e7 | | 10) Ke1f1 | | 10) Sb8c6 |
| 6) d2d4 | 6) g7g5 | | 11) Lc1c3 | | |
| 7) h4g5 | 7) Lc7g5 | | | | |

[1]) Auf Dd8e7 folgt 5) Lf1e2 6) Sb1c3. Auf Sf6d5 antwortet c2c4.
Sf6h5

| W. | S. | W | S. |
|---|---|---|---|
| | 3) d7d6 | 8) h4g5 | 8) Lh6g5 |
| 4) Lf1c4 | 4) Lc8e6 | 9) g2g3 | 9) Dd8f6 |
| 5) Lc4e6 | 5) f7e6 | 10) Sf3g5 | 10) Df6g5 |
| 6) d2d4 | 6) g7g5 | 11) Lc1f4 | |
| 7) h2h4 | 7) Lf8h6 | | |

| W. | S. | W. | S. |
|---|---|---|---|
| | 3) d7d5 | 8) h4g5 | 8) Lg4f3 |
| 4) e4d5 | 4) Lf8d6 | 9) Dd1f3 | 9) Dd8g5 |
| 5) d2d4 | 5) g7g5 | 10) Th1h5 | 10) Dg5g3/ |
| 6) c2c4 | 6) b7b6 | 11) Df3g3 | 11) f4g3 |
| 7) h2h4 | 7) Lc8g4¹) | 12) Lf1d3 | 12) Sg8f6 |

| W. | S. | W. | S. |
|---|---|---|---|
| | 3) c7c6 | 7) e4d5 | 7) c6d5 |
| 4) d2d4 | 4) Dd8e7 | 8) Tf1e1 | 8) Lc8e6 |
| 5) Lf1d3 | 5) d7d5 | 9) Sb1c3 | 9) De7d8? |
| 6) 0-0 | 6) g7g5 | 10) Ld3f5 | |

### Gambit des Cunningham.

1) e2e4   2) f2f4   3) Sg1f3  
   e7e5     e5f4     Lf8e7

Dieser Zug ist ungünstig für S., und darum aus der Praxis gänzlich verschwun den. Das richtige Spiel von W. ist folgendes:

| W. | S. | W. | S. |
|---|---|---|---|
| 4) Lf1c4 | 4) Le7h4+ | 9) h2h4 | 9) g5g4 |
| 5) Ke1f1 | 5) Lh4f6²) | 10) Sf3h2 | 10) h7h5 |
| 6) e4e5 | 6) Lf6e7 | 11) Lc1f4 | · 11) Le7h4 |
| 7) d2d4 | 7) d7d5 | 12) g2g3 | 12) Lh4g5 |
| 8) Lc4e2 | 8) g7g5 | 13) Sh2g4∧ | |

Höchst interessante Combinationen entstehen, wenn W. in 5. Zuge nicht der König sondern den gBauer zieht.

1) e2e4   2) f2f4   3) Sg1f3   4) Lf1c4   5) g2g3   6) 0-0   7) Kg1h1  
   e7e5     e5f4     Lf8e7     Le7h4+     f4g3    g3h2+

W. opfert seine Bauern um einen äusserst starken Angriff durch Thurm, Läufer, Springer und Dame zu erhalten. Den Bauer auf h2 lässt W. absichtlich, behufs eigener Sicherstellung, als Bollwerk für sich stehen. Beide Parteien können nun das Spiel auf folgende verschiedene Weisen fortsetzen; W. wird aber bei richtiger Führung von S. in Nachtheil kommen.

---

¹) Schlechter ist:  
7) ———   8) Dd1e2   9) h4g5   10) De2e7+   11) Lf1d3   12) Sf3e5  
   Dd8e7+    f7f6     f6g5     Ld6e7     h7h6

²) 9) ———   10) Lc1f4   11) Sc3d5   12) Sd5c7+  
   g5g4     g4f3     De7d7

³) 5) ———   6) d2d4   7) Sf3g5   8) Dd1f3∧    Oder:   5) ———   6) d2d4   7) Lc1f4  
   Lh4g5    d7d6     Dd8g5           Sg8h6    Sb6g4    Sg4f2

8) Dd1e1   9) De1h4  
   Sf2h1    Verloren.

| w. | s. |
|---|---|
|  | 7) d7d5[1] |
| 8) Lc4d5 | 8) Sg8f6 |
| 9) Ld5f7+[2] | 9) Ke8f7 |
| 0) Sf3h4 | 10) Th8f8 |
| 1) d2d4 | 11) Kf7g8 |

| w. | s. |
|---|---|
| 12) Lc1g5 | 12) Sf6e4 |
| 13) Lg5d8 | 13) Tf8f1 + |
| 14) Dd1f1 | 14) Se4g3 + |
| 15) Kh1h2 | 15) Sg3f1 + |
|  | ∧ |

| w. | s. |
|---|---|
|  | 7) Lh4f6[3] |
| 8) e4e5 | 8) d7d5[4] |
| 9) e5f6 | 9) Sg8f6 |
| 0) Lc4b3 | 10) Lc8e6 |
| 1) d2d4 | 11) Sf6e4 |
| (d2d4 ist besser als d2d3.) | 12) f7f5 |
| 2) Lc1f4 |  |

| w. | s. |
|---|---|
| 13) Sb1d2 | 13) Dd8e7 |
| 14) c2c4 | 14) c7c6 |
| 15) c4d5 | 15) c6d5 |
| 16) Ta1c1 | 16) Sb8c6 |
| 17) Sd2e4 | 17) f5e4 |
| 18) Sf3g5 | ? |

| w. | s. |
|---|---|
|  | 7) Lh4f6 |
| 8) Sf3e5 | 8) d7d5 |
| (Sf3e5 ist unsicherer als e4e5.) |  |
| 9) Lc4d5 | 9) Lc8e6 |

| w. | s. |
|---|---|
| 10) Ld5e6 | 10) f7e6 |
| 11) Dd1h5+ | 11) g7g6 |
| 12) Dh3f3 | ? |

| w. | s. |
|---|---|
|  | 7) Lh4f6 |
| 8) Sf3e5 | 8) Lf6e5 |
| 9) Dd1h5 | 9) Dd8e7 |
| 0) Tf1f7 | 10) De7c5 |
| 1) Tf7f8+ | 11) Ke8e7 |
| 2) d2d4 | 12) Dc5d4[5] |
| 3) Lc1g5+ | 13) Ke7d6 |
| 4) Sb1d2 | 14) Sg8f6 |

| w. | s. |
|---|---|
| 15) Dh5f7 | 15) Sf6e4[6] |
| 16) Lg5e3 | 16) Se4g3 + |
| 17) Kh1g2 | 17) Dd4e3 |
| 18) Df7d5+ | 18) Kd6e7 |
| 19) Dd5f7 + | 19) Ke7d6 |

Remis. (Obgleich S. die stärksten Züge gemacht hat, nachdem er im 8 Zuge den Springer mit dem Läufer genommen.)

[1]) Bester Zug von S.: Zöge er statt dessen:
$\frac{}{d7d6}$ so folgte: 8) $\frac{Lc4f7+}{Ke8f7}$ 9) $\frac{Sf3e5+}{Kf7e8}$ 10) Dd1h5+ oder e7 u. W. macht mindestens remis.

[2]) 9) $\frac{Ld5b3}{Sf6e4}$ 10) $\frac{Dd1e2}{Dd8e7}$ 11) $\frac{Lb3f7+}{Ke8f8}$ 12) $\frac{De2h2}{Se4g3+}$ 13) $\frac{Kh1g2}{Sg3f1}$ 14 $\frac{Dh2h4}{De7h4}$ 15) $\frac{Sf3h4}{Kf8f7}$ ∧

[3]) 7) $\frac{}{Lh4e7}$ 8) $\frac{Lc4f7+}{Ke8f7}$ 9) $\frac{Sf3e5+}{Kf7e6}$ 10) $\frac{Dd1g4+}{Kc6e5}$ 11) $\frac{Dg4f5+}{\text{Verloren.}}$ Oder: 7) $\frac{}{Lh4e7}$

[4]) $\frac{Lc4f7+}{Ke8f8}$ 9) $\frac{Sf3e5}{Sg8f6}$ 10) $\frac{Lf7b3}{Dd8e8}$ 11) $\frac{Se5f7}{Th8g8}$ 12) $\frac{e4e5}{d7d5}$ 13) $\frac{e5f6}{g7f6}$ 14) $\frac{Lb3d5}{}$ Verloren.

Gleichfalls ungünstig ist:

[?]) 8) $\frac{d2d4}{Sgh6}$ 9) $\frac{Lc1h6}{d7d5}$ 10) $\frac{Sf3e5}{d5c4}$ 11) $\frac{Se5f7}{g7h6}$ 12) $\frac{Sf7h8}{Dd8e7}$ 13) $\frac{Kh1h2}{Dc7e4+}$ 14) $\frac{Sb1c3}{Lc8g4}$ 15) $\frac{Dd1d2}{Lh4g5}$ 16) Dd2f2

[4]) S. opfert den Läufer um in den Mehrbesitz von 3 Bauern und in eine sicherere Stellung zu gelangen.

[5]) 12) $\frac{}{Lc5d4}$ 13) $\frac{Dh5f7+}{Ke7d6}$ 14) $\frac{b2b4}{Dc5b6}$ 15) $\frac{Df7d5+}{Kd6e7}$ 16) $\frac{Tf8e8+}{\text{Verloren.}}$

[6]) 15) $\frac{}{Th8f8}$ 16) $\frac{Df7f8+}{Kd6c6}$ 17) $\frac{Lg5f6}{g7f6}$ 18) $\frac{Lc4d5+}{Kc6b6}$ 19) $\frac{Sd2c4+}{Kb6b5}$ 20) $\frac{c2c3}{\text{Verloren.}}$

S. könnte auch nach 8) Sf3e5 die Dame nach e7 ziehen, doch würde W. durch

8) Sf3e5   9) d2d4   10) Lc4f7+ oder 9) d2d4   10) Lc1h6 einen starken Angrif
   ‾‾‾‾‾‾                           ‾‾‾‾‾‾
   Dd8e7      Lf6e5                    Sg8h6                      erlangen.

Das Resultat dieser verschiedenen Untersuchungen ist, dass es S. allerdings in
einigen Fällen gelingt, ein ungefähr gleiches Spiel bei freiwilliger Hergabe de
gewonnenen Bauern zu erwirken.

Stellen wir nun die Züge:   1) e2e4   2) f2f4   3) Sg1f3   als die besten in
                              ‾‾‾‾‾      ‾‾‾‾      ‾‾‾‾‾
                              e7e5       e5f4      g7g5

angenommenen Springergambit fest, so hat W. die Wahl zwischen zwei Zügen um
seinen Angriff fortzusetzen: Lf1c4 oder h2h4, letzteres zum direkten Angriff an
die Stütze des Gambitbauers. Wir betrachten zuvörderst den erstern Fall. Als
4) Lf1c4. Ausser g5g4 ist der richtigste, sicherste Zug von S. nun: Lf8g7, obgleich
mit h7h6 der Gambitbauer erhalten wird. Zum Beweise davon sollen zuvörder
andere Züge analysirt werden.

1) e2e4   2) f2f4   3) Sg1f3   4) Lf1c4
   ‾‾‾‾      ‾‾‾‾      ‾‾‾‾‾
   e7e5      e5f4      g7g5

| w. | s. | w. | s. |
|---|---|---|---|
|  | 4) Dd8e7 | 10) Sc3e4 | 10) Df6g7 |
| 5) d2d4 | 5) De7e4+ | 11) Se4d6+ | 11) Ke8d8 |
| 6) Ke1f2 | 6) De4f5 | 12) Sf3g5 | 12) Le7d6 |
| 7) Th1e1+ | 7) Lf8e7 | 13) Sg5f7+ | 13) Kd8c7 |
| 8) Te1e5 | 8) Df5f6 | 14) Sf7d6 | 14) Kc7d6 |
| 9) Sb1c3 | 9) c7c6 | 15) Lc1f4 | Verloren. |

Veränderung im 12. Zuge von S.

12)         13) Te1g5   14) Sd6f7+   15) Tg5g4   16) Tg4f4   17) Sf7h8   18) Tf4f7+   19) Lc4d3
   ‾‾‾‾‾         ‾‾‾‾‾        ‾‾‾‾‾         ‾‾‾‾        ‾‾‾‾         ‾‾‾‾         ‾‾‾‾‾
   Le7g5         Dg7f6        Kd8c7         d7d5        Df6g7        Dg7h8        Kc7d6        Verloren.

| w. | s. | w. | s. |
|---|---|---|---|
|  | 4) Lf8c5 | 9) Lf4g5 | 9) Df6d6 |
| 5) d2d4 | 5) Lc5b6 | 10) c2c3 | 10) f7f6 |
| 6) h2h4 | 6) g5g4[1]) | 11) Lg5h6 | 11) f6e5 |
| 7) Sf3e5 | 7) Sg8h6 | 12) Lh6g7 | Verloren. |
| 8) Lc1f4 | 8) Dd8f6 |  |  |

4)          5) Sf3e5   6) d2d4   7) Se5d3   8) c2c3
   ‾‾‾‾         ‾‾‾‾‾      ‾‾‾‾‾      ‾‾‾‾‾
   h7h6         Th8h7      d7d6[2])   Lf8e7      S. erhält den Bauer.

| w. | s. | w. | s. |
|---|---|---|---|
|  | 4) d7d6 | 10) Lg5h6 | 10) Le7h4+ |
| 5) h2h4 | 5) g5g4 | 11) Ke1d2 | 11) Dd8f6 |
| 6) Sf3g5 | 6) Sg8h6 | 12) Lh6e3 | 12) Lh4g5 |
| 7) d2d4 | 7) f7f6 | 13) Le3g5 | 13) Df6g5+ |
| 8) Lc1f4 | 8) f6g5 | 14) Kd2d3 |  |
| 9) Lf4g5 | 9) Lf8e7 | Ueber 9) Dd8d7 siehe Seite 79. |  |

| w. | s. | w. | s. |
|---|---|---|---|
|  | 4) c7c6 | 8) Lc4b5+ | 8) Lc8d7 |
| 5) h2h4 | 5) g5g4 | 9) Se5d7 | 9) Sb8d7 |
| 6) Sf3e5 | 6) d7d5 | 10) Dd1g4 |  |
| 7) e4d5 | 7) c6d5 | ∧ |  |

‾‾‾‾‾‾‾‾‾‾

[1]) 6)         7) Sf3g5   8) Dd1h5+   9) Dh5f7+   10) Df7d5+   11) Dd5e5   12) De5b8
      ‾‾‾‾         ‾‾‾‾‾‾      ‾‾‾‾‾‾      ‾‾‾‾‾       ‾‾‾‾‾        ‾‾‾‾‾       ‾‾‾‾‾
      f7f6*)       f6g5        Ke8e7       Ke7d6       Kd6e7       Ke7f8      Verloren.

[2]) Auf Dd8e7 folgt Dd1d3.

*) Dieser Zug ist gewöhnlich schlecht.

| w. | s. | w. | s. |
|---|---|---|---|
| | 4) c7c6 | 9) De2e5 | 9) Dd8f6 |
| 5) 0-0 | 5) d7d5 | 10) De5g5 | 10) Lf8c5 + |
| 6) e4d5 | 6) c6d5 | 11) Kg1h1 | |
| 7) Dd1e2+ | 7) Lc8e6 | ∧ | |
| 8) Lc4b5+ | 8) Sb8c6 | | |

Es bliebe nun noch der Zug 4) g5g4 zu untersuchen, da derselbe aber beson
ders benannte, eigenthümliche Spielweisen bewirkt, so soll er später abgehandelt
werden.

Nehmen wir nun die ersten Züge als feststehend an, so gelangen wir mit folgen
der Fortsetzung zum

### Gambit des Philidor.

| 1) e2e4 | 2) f2f4 | 3) Sg1f3 | 4) Lf1c4 | 5) h2h4 | 6) d2d4 |
|---|---|---|---|---|---|
| e7e5 | e5f4 | g7g5 | Lf8g7 | h7h6[1]) | d7d6[2]) |

| 7) c2c3 | 8) Lc1f4[3]) | 9) Dd1f3 | 10) Sb1d2 | 11) h4h5 | 12) Sd2c4 |
|---|---|---|---|---|---|
| g5g4 | g4f3 | Lc8e6 | Sg8e7 | Le6c4 | ∧ |

| w. | s. | w. | s. |
|---|---|---|---|
| 7) Sb1c3 | 7) c7c6 | 13) e5e6 | 13) Lc8e6 |
| 8) h4g5 | 8) h6g5 | 14) Lc4e6 | 14) Sg8f6 |
| 9) Th1h8 | 9) Lg7h8 | 15) Le6f7 + | 15) Ke8e7 |
| 10) Sf3e5 | 10) d6e5 | 16) Dh5g6 | 16) Dg7f7 ∧ |
| 11) Dd1h5 | 11) Dd8f6 | 17) Dg6g5 | 17) Df7h5 ∧ |
| 12) d4e5 | 12) Df6g7 | | |

| w. | s. | w. | s. |
|---|---|---|---|
| 7) Sb1c3 | 7) c7c6 | 16) Ld5f7 + | 16) Ke8f8 |
| 8) h4g5 | 8) h6g5 | 17) Dh5g6 | 17) Sf6e4 + |
| 9) Th1h8 | 9) Lg7h8 | 18) Dg6e4 | 18) De7e4 |
| 10) Ke1f2 | 10) g5g4 | 19) Sg5e4 | 19) Lg7d4+ |
| 11) Dd1h1 | 11) Lh8g7[4]) | 20) Kf2f1 | 20) Kf8f7 |
| 12) Dh1h5 | 12) d6d5 | 21) Se4d6 + | 21) Kf7e6 |
| 13) Sc3d5 | 13) c6d5 | 22) Sd6c8 | 22) Sb8c6 |
| 14) Lc4d5 | 14) Dd8e7 | | ∧ |
| 15) Sf3g5 | 15) Sg8f6 | | |

---

[1]) 5) __g5g4[*])__   6) __Sf3g5__ 7) __d2d4__ 8) __Lc1f4__ 9) __Lc4d5__ 10) __h4g5__ 11) __c2c3__
  Sg8h6  f7f6  d7d5  f6g5  Sh6g8

5) __g5g4__   6) __Sf3g5__ 7) __d2d4__ 8) __Lc1f4__ 9) __Lf4g5__ 10) __Lg5h6__ 11) __Ke1d2__
  Sg8h6  f7f6  d7d5  Lg7f6  Lf6h4+  Lh4g5+

[2]) 6) __c7c6__   7) __e4e5__ 8) __e5d6__ 9) __h4g5__ 10) __Th1h8__ 11) __Sf3g5__ 12) __Dd1e2__ 13) __Ke1e2__
  d7d5  Dd8d6  h6g5  Lg7h8  Dd6e7+  De7e2+  Lc8g4+
14) __Ke2f1__ 15) __Lc4f7+__ 16) __Lf7e6__ 17) __Le6g6__ 18) __Sg5e6__ ∧
  Lh8d4  Ke8f8  Lg4h5  Kf8g8  Ld4e5

[3]) 8f3g1
  Dd8e7

[4]) 11) __Dd8f6__   12) __e4e5__ 13) __Dh1h6__ 14) __Lc1f4__ 15) __Lf4h6__ 16) __d4e5__ 17) __Ta1e1__
  Df6h6  Sg8h6  g4f3  d6c5  Lh8e5  f7f6
18) __g2f3__

[5]) ___Dd8f6___   12) __e4e5__ 13) __Sf3e5__ 14) __Sc3e4__ 15) __Dh1h6__ 16) __Lc4e6__ 17) __Lc1f4__ ∧
  d6e5  Lc8e6  Df6h6  Sg8h6  f7e6

*) W. erlangt dadurch mannichfache Angriffe.

11*

Zieht S. im 7. Zuge g5g4 so spielt W. 8) Sf3g1, z. B.:

| w. | s. | w. | s. |
|---|---|---|---|
| 7) Sb1c3 | 7) g5g4 | 11) Dd1d2 | 11) Lg5f4 |
| 8) Sf3g1 | 8) Lg7f6 | 12) Dd2f4 | 12) Dd8f6 |
| 9) Lc1f4 | 9) Lf6h4+ | 13) Sg1e2 | 13) Df6f4 |
| 10) g2g3 | 10) Lh4g5 | 14) Sc2f4 | |

| w. | s. | w. | s. |
|---|---|---|---|
| 7) c2c3 | 7) c7c6 | 11) Lc4d3 | 11) De7h4 |
| (g5g4 u. Dd8e7 sind besser.) | 8) Dd8e7 | 12) Tf1f4 | 12) f7f5 |
| 8) Dd1b3 | 9) g5g4 | 13) Lc1d2 | 13) Sg8e7 |
| 9) 0-0 | 10) b7b5 | 14) c4f5 | 14) h6h5 |
| 10) Sf8e1 | | ∧ | |

| w. | s. | w. | s. |
|---|---|---|---|
| 7) c2c3 | 7) Sg8f6 | 12) Lf4g5 | 12) Se4g5 |
| 8) h4g5 | 8) Sf6e4 | 13) Sf3g5 | 13) De7e2+ |
| 9) Dd1e2 | 9) Dd8e7 | 14) Ke1e2 | 14) Lc8g4+ |
| 10) Lc1f4 | 10) h6g5 | 15) Ke2f2 | 15) Lg4h5 |
| 11) Th1h8+ | 11) Lg7h8 | | = |

| 7) c2c3 | 8) h4g5 | 9) Dd1e2 | 10) De2e4 | 11) Sf3e5 | 12) De4d5+ | 13) Dd5f7∧ |
|---|---|---|---|---|---|---|
| Sg8f6 | Sf6e4 | Ke8d7 | Th8e8 | d6e5 | Kd7c7 | Kc7d6 |

| w. | s. | w. | s. |
|---|---|---|---|
| 7) c2c3 | 7) Dd8e7 | 11) Tf1f3 | 11) h6g5 |
| 8) 0-0 | 8) Lc8g4 | 12) a2a4 | 12) Sg8f6 |
| 9) Dd1b3 | 9) c7c6 | 13) Sb1d2 | 13) Sf6h5∧ |
| 10) h4g5 | 10) Lg4f3 | | |

| w. | s. | w. | s. |
|---|---|---|---|
| 7) c2c3 | 7) g5g4 | 10) e4e5 | 10) d6e5 |
| 8) Sf3g1 | 8) Dd8e7 | 11) d4e5 | 11) Sf6h5 |
| 9) Dd1c2 | 9) Sg8f6 | | ∧ |

| w. | s. | w. | s. |
|---|---|---|---|
| 7) c2c3 | 7) g5g4 | 10) Sb1d2 | 10) Sg8e7 |
| 8) Lc1f4 | 8) g4f3 | 11) h4h5 | 11) Le6c4 |
| 9) Dd1f3 | 9) Lc8c6 | oder 0-0 | ∧ |

| w. | s. | w. | s. |
|---|---|---|---|
| 7) c2c3 | 7) g5g4 | 9) 0-0 | 9) g4f3 |
| 8) Dd1b3 | 8) Dd8e7 | 10) Tf1f3 | 10) Sb8c6 |
| (Richtiger Zug von Schwarz.) | | 11) Lc1f4 | 11) Sc6d8∧ |

| w. | s. | w. | s. |
|---|---|---|---|
| 7) c2c3 | 7) g5g4 | 11) Lf7g6 | 11) Dd8d7 |
| 8) Dd1b3 | 8) g4f3 | 12) Db3b7 | 12) Dd7c6 |
| 9) Lc4f7+ | 9) Ke8f8 | 13) Db7b3 | 13) Dc6d7 |
| 10) 0-0 | 10) Lc8g4 | S. muss remis halten. | |

| w. | s. | w. | s. |
|---|---|---|---|
| 7) c2c3 | 7) g5g4 | 12) Tf1f3 | 12) Lg7d4+ |
| 8) Dd1b3 | 8) g4f3 | 13) c3d4 | 13) Sc6d4 |
| 9) Lc4f7+ | 9) Ke8e7 | 14) Db3c3 | 14) Sd4f3+ |
| 10) 0-0 | 10) Dd8f8 | 15) Dc3f3 | 15) Df8f6 |
| 11) Lf7c4 | 11) Sb8c6 | ∧ | |

In dieser Weise, nämlich mit dem Zuge h2h4, kommt dies Gambit gegenwärtig cht mehr vor, da er auch W. lähmt, und, weil eigentlich nur auf Fintenspiele rechnet, gegen einen darin erfahrenen Spieler nicht durchzuführen ist. Ein andere er für W. ungünstigere Gestaltung erlangt dies Gambit folgend:

| **W.** | **s.** | **W.** | **s.** |
|---|---|---|---|
| 5) d2d4 | 5) d7d6[1]) | 7) Lc1f4 | 7) g4f3 |
| 6) c2c3 | 6) g5g4 | 8) Dd1f3 | 8) Lc8e6 ∧ |

Oder:

| d2d4 | 6) c2c3 | 7) Sf3g1[2]) | 8) Ke1f1 | 9) Dd1b3 |
|---|---|---|---|---|
| d7d6 | g5g4 | Dd8h4+ | Lg7h6 | Db4h5 ∧ |

| **W.** | **s.** | **W.** | **s.** |
|---|---|---|---|
| 8) 0-0 | 8) Lc8e6 | 10) Dd1b3 | 10) Sb8d7 |
| 9) Lc4e6 | 9) f7e6 | 11) Db3c6+ | 11) Dd8e7 ∧ |

Oder:

| c2c3 | 6) 0-0 | 7) Dd1f3 | 8) d2d4 | 9) Lc1f4 | 10) Lf4h6 | 11) Lc4f7+ |
|---|---|---|---|---|---|---|
| g5g4 | g4f3 | Sg8h6 | 0-0 | d7d6 | Lg7h6 | Kg8h8 ∧ |

| **W.** | **s.** | **W.** | **s.** |
|---|---|---|---|
| 5) c2c3 | 5) g5g4 | 10) Dd1f3 | 10) Sg8f6 |
| 6) d2d4 | 6) g4f3 | 11) e4e5 | 11) Th8f8 |
| 7) 0-0 | 7) d7d5 | 12) Lc1f4 | 12) Kf7g8 |
| 8) Lc4d5 | 8) c7c6 | 13) Lf4g5 | 13) Dd8d5 |
| 9) Ld5f7+[3]) | 9) Ke8f7 | 14) Lg5f6 | 14) Dd5f3 ∧ |

Gegenwärtig kommt dies Gambit nur noch manchmal in folgender Gestalt, als olide Angriffe bietende Spielweise vor.

| 1) e2e4 | 2) f2f4 | 3) Sg1f3 | 4) Lf1c4 | 5) 0-0 | 6) d2d4 |
|---|---|---|---|---|---|
| e7e5 | e5f4 | g7g5 | Lf8g7 | d7d6[4]) | h7h6[5]) |

| **W.** | **s.** | **W.** | **s.** |
|---|---|---|---|
| 7) g2g3 | 7) g5g4[6]) | 12) e4d5 | 12) Dd8d5 |
| 8) Sf3e1 | 8) f4f3 | 13) Sc4e3 | 13) Dd5d7 |
| 9) c2c3 | 9) Lc8e6 | 14) Se1d3 | 14) Sb8a6 |
| 10) Sb1a3 | 10) Lc6c4 | 15) Dd1b3 | |
| 11) Sa3c4 | 11) d6d5 | u. s. w. | |

| 7) g2g3 | 8) Lc1f4 | 9) Lc4f7+ | 10) Dd1f3 | 11) Lf4e3+ | 12) Le3d4 |
|---|---|---|---|---|---|
| g5g4 | g4f3 | Ke8f7 | Lg7d4+ | Ld4f6 | Sb8c6 ∧ |

[1]) 5) ⎯⎯ 6) 0-0 7) Dd1f3 8) Kg1h1 9) Lc1f4 10) e4e5 11) Lf4e5 12) Le5c3
g5g4 g4f3 Lg7d4+ d7d6 Ld4f6 d6e5 Sb8d7 Dd8e7
13) Tf1c1 14) Lc3e5 15) Df3h5 ∧
Lf6e5 Sd7e5
[2]) 7) Dd1b3 8) Lc4f7+ 9) 0-0 10) Lf7h5 11) Db3c2 12) Lh5g4 13) Tf1f3
g4f3 Ke8e7 Sg8h6 Dd8g8 Lc8g4 Sh6g4 Sb8c6 ∧
[3]) 9) Ld5b3
Lc8g4
[4]) 5) ⎯⎯ 6) Sf3e1 7) Lc4d5 8) Ld5b3 9) Kg1h1 10) Se1d3 11) Tf1f4 ∧
g5g4 d6d5 c7c6 Dd8d4+ Dd4e4 Sg8e7
[5]) Sonst würde W. durch Sf3g5 einen erfolgreichen Angriff bekommen.
[6]) f4g3 wäre fehlerhaft, da W. mit Lc4f7+ und nachher Sf3e5 zum Siege gelangte.

7) $\dfrac{\text{g2g3}}{\text{g5g4}}$ 8) $\dfrac{\text{Lc1f4}}{\text{g4f3}}$ 9) $\dfrac{\text{Dd1f3}}{\text{Lg7d4+}}$ 10) $\dfrac{\text{Lf4e3}}{\text{Ld4e3+}}$ 11) $\dfrac{\text{Kg1h1}}{\text{f7f6}}$ 12) $\dfrac{\text{Lf3h5+}}{\text{Ke8d7}}$ 13) $\dfrac{\text{Dh5g4+}}{\text{Kd7c6}\,\wedge}$

7) $\dfrac{\text{c2c3}}{\text{c8e6}^{1})}$ 8) $\dfrac{\text{Lc4e6}}{\text{f7e6}}$ 9) $\dfrac{\text{Dd1b3}}{\text{Dd8c8}}$

| w. | s. | w. | s. |
|---|---|---|---|
| 7) c2c3 | 7) Sg8e7 | 13) e4e5 | 13) d6d5 |
| 8) g2g3[2]) | 8) f4g3 | 14) e5e6+ | 14) Kd7c7 |
| 9) Sf3g5 | 9) g3h2+ | 15) Lg5f4+ | 15) Kc7b6 |
| 10) Kg1h1 | 10) h6g5 | 16) Dd1b3+ | 16) Kb6a6 |
| 11) Lc4f7 | 11) Ke8d7 | 17) Db3a3 + | |
| 12) Lc1g5 | 12) c7c6 | | |

Bei der Untersuchung der Züge welche S. als Antwort auf 4) Lf1c4 machen könnte, ist bemerkt worden, dass der Zug g5g4 wegen seiner Wichtigkeit eine besondere Besprechung finden werde. Mit diesem Zuge giebt S. die Vertheidigung auf, und geht zum Angriff über, zu einem Angriffe von vielfachem Erfolge, wenn S. den angegriffenen Springer wegzieht, der aber in eine Vorsicht verlangende Vertheidigung umschlägt, wenn W. den Springer opfert. Im erstern Fall entsteht das

### Gambit des Salvio und des Cochrane.

1) $\dfrac{\text{e2e4}}{\text{e7e5}}$ 2) $\dfrac{\text{f2f4}}{\text{e5f4}}$ 3) $\dfrac{\text{Sg1f3}}{\text{g7g5}}$ 4) $\dfrac{\text{Lf1c4}}{\text{g5g4}}$ 5) $\dfrac{\text{Sf3e5}}{\text{Dd8h4+}}^{3})$ 6) $\dfrac{\text{Ke1f1}}{}$

In dieser Lage empfahl Salvio Sg8f6 als Fortsetzung. Die besten Züge sind aber Sg8h6 und das später von Cochrane angegebene: f4f3. Da nun auch nach Sg8h6 der Zug f4f3 erfolgt, so haben beide Spielweisen Aehnlichkeit.

| w. | s. | w. | s. |
|---|---|---|---|
| 6) | 6) Sg8f6 | 11) Sf7h8 | 11) Sd5f6 |
| 7) Dd1e1 | 7) Dh4e1+ | 12) d2d3 | 12) Lf8g7 |
| 8) Kf1e1 | 8) d7d6 | 13) c2c3 | 13) Lg7h8 |
| 9) Se5f7 | 9) d6d5 | 14) Lc1f4 | 14) c7c6 |
| 10) Lc4d5 | 10) Sf6d5 | 15) Sb1d2 | |

| w. | s. | w. | s. |
|---|---|---|---|
| 6) — | 6) Sg8f6 | 9) Lc4f7+ | 9) Ke8e7 |
| 7) Dd1e1[4]) | 7) Dh4e1+ | 10) Lf7h5 | 10) g4g3 |
| 8) Kf1e1 | 8) Sf6e4 | 11) h2h3 | 11) d7d6 |

---

[1]) 7) $\dfrac{}{\text{c7c6}}$ 8) $\dfrac{\text{g2g3}}{\text{g5g4}}$ 9) $\dfrac{\text{Lc1f4}}{\text{g4f3}}$ 10) $\dfrac{\text{Dd1f3}}{\text{Dd8f6}}$ 11) $\dfrac{\text{Df3h5}}{\text{Df6g6}}$ 12) $\dfrac{\text{Db5g6}}{\text{f7g6}}$ 13) $\text{Lf4d6}\,\wedge$

[2]) 8) $\dfrac{\text{h2h4}}{\text{Se7g6}}$ 12) $\dfrac{\text{Dd1b3}}{\text{0-0}}$ 13) $\dfrac{\text{h4g5}}{\text{h6g5}}$ 14) $\dfrac{\text{Db3b5}}{\text{Lg7h6}}$ 15) $\dfrac{\text{Sb1a3}}{\text{c7c6}\,\wedge}$

[3]) Sonst verliert S. den Gambitbauer:

     5) $\dfrac{}{\text{Sg8h6}}$ 6) $\dfrac{\text{0-0}}{\text{d7d6}}$ 7) $\dfrac{\text{Se5d3}}{\text{Lf8g7}}$ 8) $\dfrac{\text{Sd3f4}}{\text{0-0}}$ 9) $\dfrac{\text{d2d4}}{\text{Sb8c6}}$ 10) $\dfrac{\text{c2c3}}{}$

[4]) Besser als f7 nehmen z. B.:

     7) $\dfrac{\text{Lc4f7+}}{\text{Ke8e7}}$ 8) $\dfrac{\text{Lf7b3}}{\text{d7d6}}$ 9) $\dfrac{\text{Se5d3}}{\text{Sf6h5}}$ 10) $\dfrac{\text{Dd1e1}}{\text{g4g3}}$ Oder 7) $\dfrac{\text{Se5f7}}{\text{d7d5}}$

| **W.** | **S.** | **W.** | **S.** |
|---|---|---|---|
| 12) Se5d3 | 12) Lf8h6 | 18) Lf4d6+ | 18) c7d6 |
| 13) Sb1c3 | 13) Se4c3 | 19) Tf1f5 | 19) Tg8g7 |
| 14) d2c3 | 14) Th8f8 | 20) Lh5f3 | 20) Sb8c6 |
| 15) Th1f1 | 15) Lc8f5 | 21) Lf3c6+ | 21) b7c6 |
| 16) Sd3f4 | 16) Lh6f4 | ∧ | |
| 17) Lc1f4 | 17) Tf8g8 | | |

| **W.** | **S.** | **W.** | **S.** |
|---|---|---|---|
| | 6) Sg8h6 | 10) Kf2e3 | 10) f7f5 |
| 7) d2d4 | 7) f4f3 | 11) Ke3d3 | 11) f5e4+ |
| 8) g2g3 | 8) Dh4h3+ | 12) Kd3e4 | 12) d7d5+ |
| 9) Kf1f2 | 9) Dh3g2+ | 13) Lc4d5 | 13) f3f2+∧ |

| **W.** | **S.** | **W.** | **S.** |
|---|---|---|---|
| 6) — | 6) Sg8h6 | 12) Lc4d3 | 12) d7d6 |
| 7) d2d4 | 7) f4f3 | 13) Se5c4 | 13) f5e4 |
| 8) g2g3 | 8) Dh4h3+ | 14) Sc3e4 | 14) Sh6f5+ |
| 9) Kf1f2 | 9) Dh3g2+ | 15) Ke3f4 | 15) Lf8h6+ |
| 10) Kf2e3 | 10) f7f5 | 16) Se4g5 | 16) 0-0 |
| 11) Sb1c3¹) | 11) c7c6 | Verloren. | |

Veränderungen im 8. Zuge von W.

| **W.** | **S.** | **W.** | **S.** |
|---|---|---|---|
| 8) g2f3 | 8) d7d6 | 13) Th1e1 | 13) Dh4h2 |
| 9) Se5g4²) . | 9) Sh6g4 | 14) Ke2d1 | 14) Dh2h5+ |
| 10) f3g4 | 10) Lc8g4 | 15) Kd1d2 | 15) Sb8d7 |
| 11) Dd1d3 | 11) Lg4h3+ | | ∧ |
| 12) Kf1e2 | 12) Lh3g2 | | |

8) $\frac{Lc1f4}{f3g2+}$  9) $\frac{Kf1g2}{d7d6}$  10) $\frac{Lf4h6}{Lf8h6}$  11) $\frac{Se5d3}{Dh4h3+}$  12) $\frac{Kg2f2}{Dh3e3+}$∧  Besser für W. ist Lf4 nach g3 zu ziehen.

8) $\frac{Lc1h6}{f3g2+}$  9) $\frac{Kf1g2}{Lf8h6}$  10) $\frac{Lc4f7+}{Kc8e7}$  11) $\frac{Lf7b3}{Dh4h3}$  12) $\frac{Kg2f2}{Th8f8+}$  Verloren.

8) $\frac{Dd1e1}{f3g2+}$  9) $\frac{Kf1g2}{Dh4h3+}$∧

8) $\frac{Dd1d2}{f3g2+}$  9) $\frac{Dd2g2}{d7d6}$  10) $\frac{Se5d3}{Sb8c6}$  11) $\frac{Lc1e3}{Lf8g7}$  12) $\frac{c2c3}{Lc8d7}$  13) $\frac{Sb1d2}{0\text{-}0\text{-}0}$∧

8) $\frac{Dd1d3}{d7d6}$  9) $\frac{Lc1h6}{Lf8h6}$  10) $\frac{Se5f7}{Th8f8}$  11) $\frac{Sf7h6}{f3g2+}$  Verloren.

| **W.** | **S.** | **W.** | **S.** |
|---|---|---|---|
| | 6) Sg8h6 | 10) Kf1g2 | 10) Df6f2+ |
| 7) Dd1e1 | 7) Dh4f6 | 11) Sd3f2 | 11) d7d6 |
| 8) Se5d3 | 8) f4f3 | 12) d2d4 | 12) Th8g8 |
| 9) De1f2 | 9) f3g2+ | 13) Lc4e2 | 13) f7f5∧ |

---

¹) 11) $\frac{e4f5}{d7d6}$  12) $\frac{Lc4f1}{Sh6f5+}$  13) $\frac{Ke3e4}{d6d5+}$  14) $\frac{Ke4f4}{Lf8h6+}$  15) $\frac{Kf4g4}{Sf5g3+}$  16) $\frac{Kg4h4}{Dg2h1}$  Verloren.

Oder: 11) $\frac{e4f5}{d7d6}$  12) $\frac{Se5d3}{Sh6f5+}$  13) $\frac{Ke3e4}{f3f2+}$  14) $\frac{Ke4f4}{Lf8h6+}$  15) $\frac{Kf4g4}{Sf5e3+}$  16) $\frac{Kg4h5}{Dg2h3+}$  0

²) 9) $\frac{Lc1h6}{d6e5}$  10) $\frac{Lh6f8}{g4f3}$  oder  9) $\frac{Se5d3}{g4f3}$  10) $\frac{Sd3f2}{Lc8h3+}$

| W. | S. | W. | S. |
|---|---|---|---|
| | 6) f4f3 | 12) Dd1g4 | 12) Dh4g4+ |
| 7) d2d4 | 7) f3g2+ | 13) Se5g4 | 13) Th8g8 |
| 8) Kf1g2 | 8) Dh4h3+ | 14) Lf1e2 | 14) Lh6c1 |
| 9) Kg2g1 | 9) Sg8h6 | 15) a2a4 | 15) h7h5 |
| 10) Lc4f1 | 10) Dh3h4 | Verloren. | |
| 11) Lc1h6 | 11) Lf8h6 | Besser als 11) Lc1h6 ist Lc1f4 u. dann nach g3. | |

10) Dd1d3  11) c2d3  12) Lc1h6  13) Se5f7  14) Kg1g2  15) Th1f1
Dh3d3      d7d6      Lf8h6      Lh6e3+     Th8f8      Lc3d4 ∧

Auch Sg8f6 könnte S. im 7. Zuge thun; auf 8) Lc1f4 antwortet S. dann mit d7d6; auf 8) Se5f7 mit d7d5 und auf Lc4f7+ mit Ke8e7.

| W. | S. | W. | S. |
|---|---|---|---|
| | 6) f4f3 | 13) Kf1g1 | 13) Lf8g7 |
| 7) Lc4f7+ | 7) Ke8e7 | 14) De1e3¹) | 14) Lg4f3 |
| 8) Lf7g8 | 8) Th8g8 | 15) De3g5+ | 15) Ke7f8 |
| 9) g2f3 | 9) d7d6 | 16) Dg5d8+ | 16) Kf8f7 |
| 10) Se5g4 | 10) Tg8g4 | 17) Dd8c7+ | 17) Sb8d7 |
| 11) f3g4 | 11) Lc8g4 | Verloren. | |
| 12) Dd1e1 | 12) Dh4h3+ | | |

Veränderungen im 8. Zuge von W.

8) Lf7h3  9) d2d4   10) Sb1c3  11) Se5d3  12) Lc1f4  13) Kf1g2 Verloren.
Lf8g7     Sg8f6     d7d6       Sf6h5      f3g2+      Dh4h3+

8) d2d4   9) Kf1g2  10) Lf7g8  11) Kg2g1  12) Se5d3 Verloren.
f3g2+     d7d6      Dh4h3+     Th8g8      g4g3

8) g2f3   9) Lf7g8  10) Lg8c4  11) Dd1f3  12) Kf1g1 Verloren.
d7d6      d6e5      g4f3       Le8h3+     Dh4e1+

8) g2g3           8) Dh4h3+        12) Kf2e3        12) Lc8f5
9) Kf1f2          9) Sg8f6         13) d2d3²)       13) Lf8h6+
10) Lf7b3         10) d7d6         14) Ke3d4        14) Sb8c6+
11) Se5f7         11) Sf6e4+                        Verloren.

8) Dd1e1  9) Kf1e2  10) Th1g1
f3g2+     Dh4h3     d7d6 ∧

8) Dd1e1  9) Kf1g2  10) Kg2f2  11) Lf7g8
f3g2+     Dh4h3+    Lf8g7      Lg7e5 ∧

| W. | S. | W. | S. |
|---|---|---|---|
| | 6) f4f3 | 10) Kf1g2 | 10) Dh4h3+ |
| 7) Se5f7 | 7) Sg8f6 | 11) Kg2g1 | 11) Lf8c5+ |
| 8) Sf7h8 | 8) Sf6e4 | Verloren. | |
| 9) Dd1e1³) | 9) f3g2+ | | |

Veränderungen im 8. Zuge von W.
8) g2f3   9) Sf7h8 Verloren.
d7d5      g4f3

---

¹) 14) c2c3  15) De1g3
      Sb8c6      Ta8f8 ∧
²) Sf7h8
   Dh3h6+
³) 9) g2g3  10) Kf1e1  11) Lc4f7+  12) Th1f1 Verloren.
   Dh4h3+   Dh3g2      Ke8e7       f3f2+

| W. | S. | W. | S. |
|---|---|---|---|
| 8) g2g3 | 8) Db4h3+ | 13) Ke1e2 | 13) Dh5e5 |
| 9) Kf1f2 | 9) d7d5 | 14) d2d4 | 14) Se4c3+ |
| 0) Lc4f1 | 10) Sf6e4+ | 15) Ke2d3 | 15) De5e1 |
| 1) Kf2e1 | 11) Dh3h5 | Verloren. | |
| 2) Tf7h8 | 12) f3f2+ | | |

3) d2d3   9) Kf1g2   10) Sf7e5   11) Kg2f2   12) e4d5 Verloren.
f3g2+    Th8g8    Dh4h3+    d7d5    g4g3+

| W. | S. | W. | S. |
|---|---|---|---|
| | 6) f4f3 | 12) Kf2e3 | 12) Sb8c6 |
| 7) g2g3 | 7) Db4h3+ | 13) Sh8f7 | 13) Ke8f7 |
| 8) Kf1f2 | 8) Sg8f6 | 14) Lc4d5+ | 14) Sf6d5+ |
| 9) d2d3 | 9) d7d6 | 15) e4d5 | 15) Lf8h6+ |
| 0) Se5f7 | 10) d6d5 | 16) Ke3e4 | 16) f3f2+ |
| 1) Sf7h8 | 11) Db5g2+ | Verloren. | |

**Veränderungen im 9. Zuge von W.**

9) Kf2e3   10) Ke3d3   11) Se5f7   12) Lc4d5   13) Sf7h8 Verloren.
Lf8h6+    d7d6    d6d5    Sf6d5    Dh3h5

9) Lc4f7+   10) Lf7b3   11) Kf2e3   12) Ke3d3 Verloren.
Ke8e7    Dh3g2+    Lf8h6+    Th8f8

9) Sb1c3   10) Kf2e3   11) Ke3d3   12) Se5c6   13) Dd1g1   14) Lc4b3 Verloren.
Dh3g2+    Lf8h6    Sb8c6    d7c6    b7b5    b5b4

| W. | S. | W. | S. |
|---|---|---|---|
| | 6) f4f3 | 14) Lc4e2 | 14) Lh4g5+ |
| 7) g2f3 | 7) Sg8f6 | 15) Kd2e1 | 15) Dh3h4+ |
| 8) d2d4 | 8) d7d6 | 16) Tf1f2 | 16) Lg5c1 |
| 9) Se5g4 | 9) Dh4h3+ | 17) Dd1c1 | 17) Lg4e2 |
| 10) Kf1e1[1] | 10) Sf6g4 | 18) Ke1e2 | 18) Dh4c4+ |
| 11) f3g4 | 11) Lf8e7 | 19) Dc1e3 | 19) De4e3+ |
| 12) Th1f1 | 12) Le7h4+ | S. hat 1 Bauer mehr. | |
| 13) Ke1d2 | 13) Lc8g4 | | |

| W. | S. | W. | S. |
|---|---|---|---|
| | 6) f4f3 | 15) Sc3d5 | 15) Dg4h4+ |
| 7) g2f3 | 7) Sg8f6 | 16) Ke1d1 | 16) c7c6 |
| 8) h2h3 | 8) g4h3 | 17) Sd5c7+ | 17) Ke8d8 |
| 9) Dd1e1 | 9) Dh4g5 | 18) Sc7a8 | 18) d7d5 |
| 10) Se5g4 | 10) Sf6g4 | 19) Dc2c1 | 19) d5c4 |
| 11) f3g4 | 11) Dg5g4 | 20) De1h4 | 20) Le7h4 |
| 12) De1e2 | 12) h7h5 | 21) d2d4 | 21) Lc8g4+ |
| 13) Sb1c3 | 13) Th8g8 | 22) Kd1d2 | 22) Lh4g3 |
| 14) Kf1e1 | 14) Lf8e7 | Verloren. | |

**Veränderungen im 9. Zuge von W.**

9) d2d4   10) Se5d3   11) Dd1e1   12) Kf1g1   13) Kg1h2 Verloren.
d7d6    Sf6h5    Sh5g3+    Th8g8    Sg3e2

[1]) 10) Kf1f2   11) f3g4   12) Kf2e1   13) Th1f1   14) Lc4e2   15) Ke1d2 Verloren.
Lc8g4    Sf6g4+    Dh3g2    Lf8e7    Le7h4+    Sg4f2

9) Se5f7   10) Lc4d5   11) Sf7h8   12) Th1g1   13) Tg1g3   14) Tg3g1 Verloren.
$\overline{\text{d7d5}}$   $\overline{\text{Sf6d5}}$   $\overline{\text{Db4g3}}$   $\overline{\text{h3h2}}$   $\overline{\text{h2h1D+}}$   $\overline{\text{Lc8h3+}}$

Diese Analyse ergibt, dass W. in Nachtheil kommt, sobald er den angegriffenen Springer retten will. Lässt er denselben aber stehen, und sucht statt dessen den freien Zug zur raschen Entwickelung seiner Figuren zu benutzen, so entsteht das

## Gambit des Muzio,

welches eines der stärksten Angriffsspiele für den Anziehenden bildet. Nach dem Zuge 4) g5g4 hat W. die Wahl zwischen 3 Zügen: Rochade, d2d4, Sb1c3. Der stärkste und üblichste Zug ist die Rochade, welche wir hiermit zuerst erörtern wollen.

1) e2e4   2) f2f4   3) Sg1f3   4) Lf1c4   5) 0-0   6) Dd1f3 [2])
$\overline{\text{e7e5}}$   $\overline{\text{e5f4}}$   $\overline{\text{g7g5}}$   $\overline{\text{g5g4}}$     $\overline{\text{g4f3}[1])}$

In dieser Lage hat S. scheinbar dringende Veranlassung, den Bauer f4 als Bollwerk für das gefährdete Feld f7 so lange wie möglich zu halten, oder wenigstens seinen Verlust möglichst theuer zu verkaufen. Dazu bieten sich **2 Züge**: Lf8h6 und Dd8f6.

| W. | S. | W. | S. |
|---|---|---|---|
| | 6) Lf8h6 [3]) | 17) e5f6 | 17) Lg7f6 |
| 7) d2d4 | 7) Dd8f6 | 18) f4e5 | 18) Se7d5 |
| 8) e4e5 | 8) Df6f5 | 19) Le5f6 | 19) Sd5f6 |
| 9) Sb1c3 | 9) Sb8c6 | 20) Se4f6 + | 20) Tf8f6 |
| 10) Sc3e2 | 10) Sg8e7 | 21) Tf1f6 | 21) De6f6 |
| 11) Lc4d3 | 11) Df5c6 | 22) Ld3c4 + | 22) Kg8g7 |
| 12) c2c3 | 12) Se7g6 | 23) Ta1f1 | 23) Df6e7 |
| 13) Df3h5 | 13) Lh6g7 | 24) Tf1f7 + | 24) De7f7 |
| 14) Lc1f4 | 14) 0-0 | 25) Lc4f7 | 25) Kg7f7 |
| 15) Sc2g3 | 15) Sc6e7 | 26) Dh5h7+∧ | |
| 16) Sg3e4 | 16) f7f6 | | |

---

[1]) Der einzige Zug, welcher gegenwärtig im Spiele von S. liegt. Dd8e7 statt dessen würde doch nur auf dieselben Combinationen führen.

[2]) 6) d2d4   7) Lc4d5   8) Tf1f2   9) Ld5b3   10) c2c3   11) Sb1d2
    $\overline{\text{d7d5}}$   $\overline{\text{Lc8g4}}$   $\overline{\text{c7c6}}$   $\overline{\text{Lf8g7}}$   $\overline{\text{Lg7h6}}$   $\overline{\text{Sg8e7}}∧$

Veränderungen im 7. Zuge.

7) e4d5   8) Tf1f2   9) Sb1d2   10) Sd2f3   11) Dd1e1   12) Sf3d2   13) Sd2e4   14) Le1f4
$\overline{\text{Lc8g4}}$   $\overline{\text{Lf8d6}}$   $\overline{\text{Sg8f6}}$   $\overline{\text{Sf6e4}}$   $\overline{\text{f7f5}}$   $\overline{\text{Dd8e7}}$   $\overline{\text{f5e4}}$   $\overline{\text{Sb8d7}}$

15) De1d2   16) a1f1
$\overline{\text{h7h6}}$   $\overline{\text{0-0-0}}∧$

Dagegen:

6) d2d4   7) Lc4f7+   8) Tf1f4 +   9) e4e5   10) Dd1h5   11) e5f6   12) Tf4g4   13) Lc1h6+
$\overline{\text{f8g2}}$   $\overline{\text{Ke8f7}}$   $\overline{\text{Sg8f6}}$   $\overline{\text{Lf8g7}}$   $\overline{\text{Kf7g8}}$   $\overline{\text{Lg7f6}}$   $\overline{\text{Kg8f8}}$   $\overline{\text{Kf8e7}}$

14) Tg4e4+∧
$\overline{\text{Verloren.}}$

[3]) 6)    ·   7) d2d4   8) Lc1f4   9) Df3f4   10) Lc4f7+   11) e4e5
    $\overline{\text{d7d6}}$   $\overline{\text{Lf8h6}}$   $\overline{\text{Lh6f4}}$   $\overline{\text{Dd8e7}}$   $\overline{\text{Ke8d8}}$   W. steht gut.

Oder:

6)    7) Df3f4   8) Lc4f7+   9) Sb1c3   10) d2d4
    $\overline{\text{d7d6}}$   $\overline{\text{Dd8e7}}$   $\overline{\text{Ke8d8}}$   $\overline{\text{c7c6}}$   W. steht gut.

Veränderung in 9. Zuge von S.

| w. | s. | w. | s. |
|---|---|---|---|
| | 9) Sg8e7 | 16) Se4f6 | 16) Sc7g8 |
| 0) Sc3e4 | 10) Sb8c6 | 17) Lc4d3 | 17) Dg6g7 |
| 1) c2c3 | 11) b7b6 | 18) Tf3h3 | 18) h7h6 |
| 2) g2g4 | 12) Df5g6 | 19) Sf6h5 | 19) Dg7g5 |
| 3) Lc1f4 | 13) Lh6f4 | 20) Df4g5 | 20) h6g5 |
| 4) Df3f4 | 14) 0-0 | 21) Sh5f6+ | Verloren. |
| 5) Tf1f3 | 15) Kg8h8 | | |

Veränderungen in 7. Zuge von S.

| w. | s. | w. | s. |
|---|---|---|---|
| | 7) Dd8e7 | 12) Df4f8+ | 12) De7f8 |
| 8) Lc1f4 | 8) Lh6f4 | 13) Tf1f8+ | 13) Kd8e7 |
| 9) Dd3f4 | 9) Sb8c6 | 14) Tf8e8+ | 14) Ke7d6 |
| 0) Lc4f7+ | 10) Ke8d8 | 15) Sb1a3 ∧ | |
| 1) Lf7h5 | 11) Sc6d4 | | |

| w. | s. | w. | s. |
|---|---|---|---|
| | 7) d7d6 | 12) Lc4e6 | 12) De5e6 |
| 8) Sb1c3 | 8) Dd8f6 | 13) Df3b7 | 13) De6c6 |
| 9) Kg1h1 | 9) Lc8e6 | 14) Db7c8+ | 14) Ke8e7 |
| 0) e4e5 | 10) d6e5 | 15) Lc1f4 | Verloren. |
| 1) d4e5 | 11) Df6e5 | | |

| w. | s. | w. | s. |
|---|---|---|---|
| | 7) Sb8c6 | 11) Tf1f4 | 11) Dd8e7 |
| 8) Sb1c3 | 8) Sc6d4 | 12) Lc4e6 | 12) d7e6 |
| 9) Df3h5 | 9) Sd4e6 | 13) Ta1f1 | Verloren. |
| 0) Lc1f4 | 10) Lh6f4 | | |

Nachdem die Deckung durch den Läufer für eine günstige Fortsetzung sich ungenügend gezeigt hat, wollen wir die Resultate aus der Deckung mit der Dame auf f6 prüfen.

| w. | s. | w. | s. |
|---|---|---|---|
| | 6) Dd8f6 | 13) Df3h3 | 13) d7d5 |
| 7) e4e5 | 7) Df6e5 | 14) Dh3h6 | 14) d5c4 |
| 8) d2d3 | 8) Lf8h6 | 15) Sc3e4 | 15) Dc5b6 |
| 9) Lc1d2 | 9) Sg8e7[1]) | 16) Dh6g7 | 16) Th8g8 |
| 0) Sb1c3 | 10) Sb8c6 | 17) Se4f6 + | 17) Ke8d8 |
| 1) Ta1c1 | 11) De5c5+ | 18) Dg7g8+ | 18) Sc7g8 |
| 2) Kg1h1 | 12) Sc6d4[2]) | 19) Tc1c8+ | 0 |

Veränderungen in 13. Zuge von S.

| w. | s. | w. | s. |
|---|---|---|---|
| | 13) Lh6g5 | 18) Dh5f7 | 18) Sc2e1 |
| 4) Dh3h5 | 14) Dc5f5 | 19) Tf1e1 | 19) Df5c5 |
| 5) Sc3e4 | 15) h7h6 | 20) b2b4 | 20) Dc5d6 |
| 6) Ld2c3 | 16) Sd4c2 | 21) Sf6e4 | 21) Dd6g6 |
| 7) Se4f6 + | 17) Ke8d8 | 22) Sc4g5 ∧ | |

---

[1]) 9) _____ 10) Sb1c3
$$\overline{De5h2}$$

[2]) 12) _____ 13) Sc3d5 14) Tc1c5 15) Ld2b4
$$\overline{d7d6}$$    Sc6e5    d6e5    Verloren.

**Veränderungen im 10. Zuge von S.**

| w. | s. | w. | s. |
|---|---|---|---|
| | 10) c7c6 | 18) Te7e8 + | 18) Kf8e8 |
| 11) Ta1e1 | 11) De5c5+ | 19) Sd5f6 + | 19) Ke8f8[2]) |
| 12) Kg1h1 | 12) d7d5 | 20) Dh5c5+ | 20) Sc6e7 |
| 13) Df3h5 | 13) Dc5d6 | 21) Tf1e1 | 21) Lc8e6 |
| 14) Lc4d5 | 14) c6d5 | 22) Sf6d7 + | 22) Le6d7 |
| 15) Sc3d5 | 15) Sb8c6 | 23) Dc5e7+ | 23) Kf8g8 |
| 16) Ld2c3 | 16) Dd6g6 | 24) De7d7 | 24) Ta8f8 |
| 17) Te1e7+[1]) | 17) Ke8f8 | 25) Dd7b7 | |

| w. | s. | w. | s. |
|---|---|---|---|
| | 6) Dd8f6 | 13) Df3h5 | 13) Dc5d6 |
| 7) e4e5 | 7) Df6e5 | 14) Lc4d5 | 14) Dd6g6 |
| 8) d2d3 | 8) Lf8h6 | 15) Te1e7 + | 15) Ke8d8 |
| 9) Lc1d2 | 9) Sg8e7 | 16) Dh5e5 | 16) Lc8d7 |
| 10) Sb1c3 | 10) c7c6 | 17) Te7d7+ | 17) Kd8d7 |
| 11) Ta1e1 | 11) De5c5+ | 18) De5h8 | 18) Lh6g7 |
| 12) Kg1h1 | 12) d7d5 | 19) Ld5f7 | Verloren. |

**Veränderung im 14. Zuge von S.**

| w. | s. | w. | s. |
|---|---|---|---|
| | 14) 0-0 | 19) Sd5f4 | 19) Sc6e7 |
| 15) Te1e7 | 15) c6d5[3]) | 20) Dh5g5+ | 20) Se7g6 |
| 16) Sc3d5 | 16) Sb8c6 | 21) Sf4h5 | 21) f7f5 |
| 17) Ld2f4 | 17) Lh6f4 | 22) Sh5f6 + | 22) Kg8g7 |
| 18) Tf1f4 | 18) Dd6f4 | 23) Sf6h5 + | |

| w. | s. | w. | s. |
|---|---|---|---|
| | 6) Dd8f6 | 16) Le3d4 | 16) Lg7d4 |
| 7) e4e5 | 7) Df6e5 | 17) Df3e4 | 17) Se7c6 |
| 8) d2d3[4]) | 8) Lf8h6 | 18) Tf1f5 | 18) Sc6e5 |
| 9) Lc1d2 | 9) Sg8e7 | 19) Te1f1 | 19) d7d5 |
| 10) Sb1c3 | 10) 0-0 | 20) De4b4 | 20) Se5f7 |
| 11) Ta1e1 | 11) De5c5+ | 21) Tf5f7 | 21) Tf8f7 |
| 12) Kg1h1 | 12) Sb8c6 | 22) Tf1f7 | 22) Lc8f5 |
| 13) Ld2f4 | 13) Lh6g7 | 23) Tf7f5 | 23) Ld4c3 |
| 14) Lf4e3 | 14) Sc6d4 | 24) b2c3 | 24) Dc5c3 |
| 15) Lc4f7 + | 15) Kg8h8 | | |

---

[1]) 17) $\dfrac{\text{Dh5g6}}{\text{h7g6}}$   18) $\dfrac{\text{Lc3h8}}{\text{Ke8f8}}$   19) $\dfrac{\text{Sd5f4}}{\text{Lh6f4}}$   20) $\dfrac{\text{Tf1f4}}{\text{f7f5}}$ ∧

[2]) 19) $\dfrac{}{\text{Ke8d8}}$   20) $\dfrac{\text{Dh5d5+}}{\text{Kd8c7}}$   21) $\dfrac{\text{Lc3e5+}}{\text{Sc6e5}}$   22) $\dfrac{\text{Dd5c5+}}{\text{Kc7c6}}$   23) $\dfrac{\text{Dc5d5 +}}{\text{Kc6b6}}$   24) $\dfrac{\text{Dd5d6+}}{\text{Kb6a5}}$

25) $\dfrac{\text{Dd6c5+}}{\text{Ka5a6}}$   26) $\dfrac{\text{Dc5c4+}}{\text{b7b5}}$   27) $\dfrac{\text{Dc4c6+}}{\text{Ka6a5}}$   28) a2a4   Verloren.

[3]) 15) $\dfrac{}{\text{Dd6e7}}$   16) $\dfrac{\text{Dh5h6}}{\text{c6d5}}$   17) Sc3d5 ∧

[4]) 8) $\dfrac{\text{b2b3}}{\text{De5a1}}$   9) $\dfrac{\text{Sb1c3}}{\text{Lf8c5+}}$   10) $\dfrac{\text{Kg1h1}}{\text{Sg8e7}}$   11) $\dfrac{\text{d2d4}}{\text{Lc5d4}}$   12) $\dfrac{\text{Lc4f7+}}{\text{Kc8d8}}$   13) $\dfrac{\text{Lc1d2}}{\text{Da1f1+}}$   14) $\dfrac{\text{Df3f1}}{\text{Th8f8}}$

15) $\dfrac{\text{Df1f4}}{\text{Ld4c3}}$   16) $\dfrac{\text{Ld2c3}}{\text{d7d6}}$ ∧   Oder:   8) $\dfrac{\text{b2b3}}{\text{Sb8c6}}$   9) $\dfrac{\text{Sb1c3}}{\text{Sc6d4}}$   10) $\dfrac{\text{Df3f2}}{\text{Lf8c5}}$   11) $\dfrac{\text{Kg1h1}}{\text{Sd4e6}}$ ∧

| w. | s. |
|---|---|
|  | 6) Dd8f6 |
| 7) e4e5 | 7) Df6e5 |
| 8) d2d3 | 8) Lf8h6 |
| 9) Lc1d2 | 9) Sg8e7 |
| 10) Sb1c3 | 10) Sb8c6 |
| 11) Ta1e1 | 11) De5c5+ |
| 12) Kg1h1 | 12) Sc6d4 |
| 13) Te1e7+ | 13) Ke8e7 ¹) |
| 14) Sc3d5+ | 14) Ke7d8 |
| 15) Df3h5 | 15) Dc5f8 |
| 16) Dh5h4+ | 16) f7f6 |
| 17) Ld2f4 | 17) Lh6f4 |
| 18) Tf1f4 | Verloren. |

(Ueber 11) De5f5 siehe weiter unten.)

| w. | s. |
|---|---|
|  | 6) Dd8f6 |
| 7) e4e5 | 7) Df6c5 |
| 8) d2d3 | 8) Lf8c5+ |
| 9) Kg1h1 | 9) Lc5e3 |
| 10) Lc1e3 | 10) De5e3 |
| 11) Df3h5 | 11) De3e7 |
| 12) Sb1c3 | 12) Sg8f6 |
| 13) Dh5h6 | 13) d7d6 |
| 14) Dh6f4 | 14) 8f6g4 |
| 15) Sc3d5 | 15) De7d7 |
| 16) Ta1e1+ | 16) Ke8d8 |
| 17) Te1c7 | 17) Dd7a4 |
| 18) Te7c7∧ |  |

| w. | s. ● |
|---|---|
|  | 6) Dd8f6 |
| 7) e4e5 | 7) Df6f5 |
| 8) d2d4 | 8) Lf8h6 |

(Dieselbe Stellung kann erfolgen. wenn S. im 6. Zuge Lf8h6 zieht.)

| w. | s. |
|---|---|
| 9) Sb1c3 | 9) Sg8e7 |
| 10) Sc3e4 | 10) 0-0 |
| 11) Se4f6+ | 11) Kg8h8 |
| 12) Lc4d3 | 12) Df5e6 |
| 13) Df3h5 | 13) Se7g8 |
| 14) Lc1f4∧ |  |

| w. | s. |
|---|---|
|  | 6) Dd8f6 |
| 7) e4e5 | 7) Df6b6+ |
| 8) Kg1h1 | 8) Lf8h6 |
| 9) Sb1c3 | 9) Db6c5 |
| 10) d2d3 | 10) Dc5e5 |
| 11) Sc3d5 | 11) Sg8e7 |
| 12) Lc1f4 | 12) Lh6f4 |
| 13) Ta1e1 | 13) De5g5 |
| 14) Te1e7+ | 14) Ke8d8 |
| 15) Te7f7∧ |  |

In neuerer Zeit hat man die Vertheidigung mit 6) D8f6 dadurch zu verbessern gesucht, dass man die Dame im 11. Zuge nach Ta1e1 nicht auf c5+ sondern auf f5 zieht. Nachfolgend einige Beispiele:

| w. | s. |
|---|---|
|  | 6) Dd8f6 |
| 7) e4e5 | 7) Df6e5 |
| 8) d2d3 | 8) Lf8h6 |
| 9) Lc1d2 | 9) Sg8e7 |
| 10) Sb1c3 | 10) Sb8c6 |
| 11) Ta1e1 | 11) De5f5 |
| 12) Te1e4 | 12) Sc6e5 |
| 13) Df3e2 | 13) Se5c4 |
| 14) d3c4 | 14) Ke8d8 |
| 15) Ld2f4 | 15) Lh6f4 |
| 16) Tf1f4 | 16) Df5c5+ |
| 17) Kg1h1 | 17) f7f5 |
| 18) Te4e5 | 18) Dc5b4 |
| 19) De2h5 | 19) Db4b2 |
| 20) Dh5h4 · | 20) Th8e8 |
| 21) Tf4f5 | 21) c7c6 |
| 22) Tf5f8 | 22) Db3c1+ |
| 23) Tc5e1 | 23) Dc1e1+ |
| 24) Dh4c1 | 24) Te8f8 |
| 25) c4c5 | 25 d7d6 |

Veränderung im 22. Zuge.

22) Tf5f8 / Te8f8   23) Dh4e7+ / Kd8e7   24) Sc3d5+ / c6d5   25) De7c5+ u. W. hält mindestens Remis.

¹) 13) Dc5e7   14) Df3h5 / Sd4e6   15) Dh5h6 / De7g5   16) Dh6g5 / Se6g5   17) Sc3b5 / Ke8d8   18) Ld2e3 / Verloren.

Oder:

| W. | s. | W. | s. |
|---|---|---|---|
| 22) Tf5f8 | 22) Db2b4 | 28) h2h3 | 28) b7b6 |
| 23) Tf8e8 + | 23) Kd8e8 | 29) Te5f5 | 29) Dc3e1+ |
| 24) Dh4f6 | 24) Ke8d8 | 30) Kh1h2 | 30) De1e8 |
| 25) c4c5 | 25) Db4c3 | 31) Tf5f8 | 31) Lc8b7 |
| 26) Df6e7 + | 26) Dd8c7 | 32) Tf8e8+ | Verloren. |
| 27) De7d6+ | 27) Kc7d8 | | |

Veränderung im 21. Zuge:

21) Tf4f5   22) Te5e7   23) Tf5f8+   24) Dh4g4+   25) Dg4f3+
   d7d6      Tc8e7      Kd8d7      Kd7c6      Remis.

Veränderung im 13. Zuge:

| W. | s. | W. | s. |
|---|---|---|---|
| 13) Df3e2 | 13) d7d6 | 18) Lc4f7 + | 18) Ke8f7 |
| 14) Ld2f4 | 14) Lh6f4 | 19) d3d4 | 19) Se5c6 |
| 15) Tf1f4 | 15) Df5g5 | 20) De2f3 + | 20) Kf7e8 |
| 16) h2h4 | 16) Dg5g7 | 21) Df3f6 ∧ | |
| 17) Tf4f7 | 17) Dg7f7 | | |

Veränderung im 12. Zuge:

| W. | s. | W. | s. |
|---|---|---|---|
| 12) Te1e4 | 12) d7d6 | 19) Tf1e1 | 19) De5g7 |
| 13) Ld2f4 | 13) Lh6f4 | 20) Tf4f5 | 20) Se7f5 |
| 14) Te4f4 | 14) Df5c5 + | 21) Sd5c7+ | 21) Ke8d7 |
| 15) Kg1h1 | 15) Lc8f5 | 22) Sc7e6 | 22) f7e6 |
| 16) b2b4 | 16) Dc5e5 | 23) Lc4e6 + | |
| 17) Sc3d5 | 17) Sc6d4 | ∧ | |
| 18) Df3f2 | 18) Sd4e6 | | |

Offenbar sind die Akten über die Vertheidigung mit 6) Dd8f6 noch nich geschlossen. Jedoch zieht man neuerdings den schon früher ausgeübten Zu 9) Dd8e7 vor, dessen Combinationen nachfolgend erörtert werden:

| W. | s. | W. | s. |
|---|---|---|---|
| | 6) Dd8c7 | 11) Lc1f4 | 11) b7b6 |
| 7) d2d4 | 7) Sb8c6 | 12) Sb1d2 | 12) Dc4e6 |
| 8) c2c3 | 8) Sc6e5 | 13) Sd2b3 | 13) c7c5 |
| 9) d4e5 | 9) De7c5+ | 14) Ta1d1 | 14) Lc8b7∧ |
| 10) Kg1h1 | 10) Dc5c4 | | |

Veränderungen im 8. Zuge von W.

| W. | s. | W. | s. |
|---|---|---|---|
| 8) Lc1f4 | 8) Sc6d4 | 12) Dh5f7+ | 12) Ke8f7 |
| 9) Df3h5 | 9) Sd4c2 | 13) Lf4g5 | 13) Lf8g7 |
| 10) Kg1h1 | 10) Sg8f6 | 14) c4e5 | 14) Se2a1 |
| 11) Lc4f7 + | 11) De7f7 | 15) c5f6 | ∧ |

| W. | s. | W. | s. |
|---|---|---|---|
| 8) Lc1f4 | 8) Sc6d4 | 15) Tf1e1 | 15) d7d6 |
| 9) Df3h5 | 9) Sd4c2 | 16) Te1e5 + | 16) Lf6e5 |
| 10) Kg1h1 | 10) Sg8f6 | 17) Sb1c3 | 17) Le5c3 |
| 11) Dh5d1 | 11) Sc2a1 | 18) b2c3 | 18) Lc8e6 |
| 12) Lf4g5 | 12) Lf8g7 | 19) Lc4e6 | 19) f7e6 |
| 13) e4e5 | 13) De7e5 | 20) Dd1a1 | ∧ |
| 14) Lg5f6 | 14) Lg7f6 | | |

| w. | s. |
|---|---|
| 8) Lc1f4 | 8) Sc6d4 |
| 9) Df3h5 | 9) Sd4e6 |
| 10) Lf4e5 | 10) Lf8g7 |

| w. | s. |
|---|---|
| 11) Le5g7 | 11) Se6g7 |
| 12) Lc4f7+ | 12) Ke8d8 |
| 13) Dh5g4 | 13) Dc7e5 /\ |

8) Lc1f4 / Sc6d4  9) Df3h5 / Sd4e6  10) Lc4e6 / De7c5+  11) Dh5c5 / Lf8c5+  12) Kg1h1 / d7e6  13) Lf4e5 / f7f6 /\

8) Df3f4 / Lf8h6  9) Lc4f7+ / Ke8d8  10) Df4f2 / Lh6c1  11) Tf1c1 / De7f6 /\

Nimmt W. den Bauer auf f7 nicht, sondern spielt folgend:

11) Df2c2 so erlangt er doch keinen Erfolg.

8) Df3f4 / Lf8h6  9) Df4f2 / Lh6c1  10) Tf1c1 / De7f6

| w. | s. |
|---|---|
|  | 6) Dd8e7 |
| 7) d2d4 | 7) Sb8c6 |
| 8) Df3f4 | 8) Lf8h6 |
| 9) Df4c7 | 9) Lh6c1 |
| 10) Lc4f7+ | 10) De7f7 |
| 11) Tf1f7 | 11) Ke8f7 |
| 12) Sb1c3 | 12) Lc1e3+ |
| 13) Kg1h1 | 13) Le3d4 |

| w. | s. |
|---|---|
| 14) Ta1f1+ | 14) Sg8f6 |
| 15) Sc3d5 | 15) Kf7e6 |
| 16) Dc7f4 | 16) Sf6d5 |
| 17) Df4f5+ | 17) Ke6d6 |
| 18) e4d5 | 18) Sc6d8 |
| 19) c2c3 | 19) Ld4e5 |
| 20) Tf1e1 | 20) Th8e8 /\ |

Veränderung im 15. Zuge.

15) ___ / Ld4e5  16) Tf1f6+ / Kf7g7  17) Tf6d6 / Th8f8 /\

| w. | s. |
|---|---|
|  | 6) Dd8e7 |
| 7) d2d4 | 7) Sb8c6 |
| 8) Df3f2 | 8) Lf8h6 |
| 9) Lc1f4 | 9) Lh6f4 |
| 10) Df2f4 | 10) Sc6d8 |
| 11) Sb1c3 | 11) d7d6 |
| 12) Sc3d5 | 12) De7d7 |

| w. | s. |
|---|---|
| 13) Sd5f6+ | 13) Sg8f6 |
| 14) Df4f6 | 14) Th8f8 |
| 15) Ta1e1 | 15) Sd8c6 |
| 16) e4e5 | 16) d6e5 |
| 17) d4d5 | 17) Sc6e7 |
| 18) Te1e5 | 18) Dd7d6 /\ |

| w. | s. |
|---|---|
|  | 6) Dd8e7 |
| 7) Df3f4 | 7) Sb8c6 |

(De7c5+ um auf d2d4 den Bauer und nachher, den Läufer Lc4 zu nehmen ist nicht rathsam. Ebenso wenig 7) Lf8h6.)

| w. | s. |
|---|---|
| 8) Lc4f7+ | 8) Ke8d8 |
| 9) Sb1c3 | 9) De7e5 |
| 10) Df4c5 | 10) Sc6e5 /\ |

Wir wollen jetzt die beiden anderen Angriffszüge (d2d4 u. Sb1c3) besprechen, mit welchen W. im 5. Zuge sein Spiel fortsetzen kann. Von diesen ist d2d4 der stärkere, obgleich er 0-0 nicht erreicht.

1) e2e4 / e7e5  2) f2f4 / e5f4  3) Sg1f3 / g7g5  4) Lf1c4 / g5g4  5) d2d4 / g4f3  6) Dd1f3

Der beste Gegenzug ist jetzt 6) d7d5, oder auch mit umstellten Zügen: Sg8f6.

| W. | S. | W. | S. |
|---|---|---|---|
|  | 6) d7d5 ¹) | 11) Df3g3 | 11) Sb8d7 ² |
| 7) Lc4d5 | 7) c7c6 | 12) c2c3 | 12) Dd4c5 |
| 8) Ld5b3 | 8) Dd8d4 | 13) e4e5 | 13) 0-0-0 |
| 9) Lc1f4 | 9) Sg8f6 | 14) e5f6 | 14) Sd7f6 |
| 10) Sb1d2 | 10) Lc8g4 |  | ∧ |

Veränderung im 14. Zuge von S.

14)    15) Ke1f1    16) Kf1e1

$\overline{\text{Td8e8}+}$   $\overline{\text{Lg4e2}+}$   $\overline{\text{Le2g4}+}$ S. gibt stetes Schach.

| W. | S. | W. | S. |
|---|---|---|---|
|  | 6) d7d5 | 11) Df3g3 | 11) Th8g8 |
| 7) Lc4d5 | 7) c7c6 | 12) Dg3h4 | 12) Tg8g6 |
| 8) Ld5f7+ | 8) Ke8f7 | 13) e4e5 | 13) Kf7g8 |
| 9) Lc1f4 | 9) Sg8f6 | 14) Lf4g5 | 14) Lf8e7 |
| 10) c2c3 | 10) Lc8g4 |  | ∧ |

Oder:

| W. | S. | W. | S. |
|---|---|---|---|
|  | 6) d7d5 | 10) e4e5 | 10) Dd8d4 |
| 7) Lc4d5 | 7) c7c6 | 11) e5f6 | 11) Lf8b4+ |
| 8) Ld5f7+ | 8) Ke8f7 |  | ∧ |
| 9) Lc1f4 | • 9) Sg8f6 |  |  |

Oder:

| W. | S. | W. | S. |
|---|---|---|---|
|  | 6) d7d5 | 10) Lc1e3 | 10) Dd4f6 |
| 7) Lc4d5 | 7) c7c6 | 11) Le3f4 | 11) Kf7e8 |
| 8) Ld5f7+ | 8) Ke8f7 | 12) Df3h5+ | 12) Df6g6 |
| 9) 0-0 | 9) Dd6d4+ | 13) Dh5e5+ | 13) Lf8e7 ∧ |

Zöge W. im 9. Zuge Df3f4+, so muss S. folgend antworten:

9) Df3f4+   10) Df4e5+

$\overline{\text{Kf7e8}}$    $\overline{\text{Dd8e7}}$

| W. | S. | W. | S. |
|---|---|---|---|
|  | 6) d7d5 | 14) Tf1e1 | 14) Th8g8 |
| 7) Lc4d5 | 7) Sg8f6 | 15) Ld4f6 | 15)* Lc8e6 |
| 8) 0-0 | 8) Sf6d5 | 16) Lf6e7 | 16) Df8e7 |
| (Besser wäre hier c7c6 wodurch eins | | 17) d5e6 | 17) f7e6 |
| der vorigen Spiele entstände.) | | 18) De4b7 | 18) De7c5+ |
| 9) e4d5 | 9) Dd8f6 | 19) Kg1h1 | 19) Dc5c6 |
| 10) Lc1f4 | 10) Df6d4+ | 20) Db7c6+ | 20) Sb8c6 |
| 11) Lf4e3 | 11) Dd4g7 | 21) Te1e6+ | 21) Ke8d7 |
| 12) Df3e4+ | 12) Lf8e7 | 22) Te6e4 | 22) Ta8e8 |
| 13) Le3d4 | 13) Dg7f8 | 23) Sb1c3 ∧ |  |

---

¹) 6)      7) Lc1f4   8) Lc4f7+ 9) Df3h5+ ∧   Oder: 6)        7) 0-0   8) Kg1h1

$\overline{\text{Sb8c6}}$   $\overline{\text{Sc6d4}}$   $\overline{\text{Ke8f7}}$           $\overline{\text{d7d6}}$   $\overline{\text{Dd8f6}}$   $\overline{\text{Lf8b6}}$

9) Sb1c3   10) Lc4f7+   11) Df3h5+   12) Sc3d5+   13) Dh5h4+   14) Lc1f4   15) e4e5

$\overline{\text{Df6d4}}$   $\overline{\text{Ke8f7}}$    $\overline{\text{Kf7e7}}$    $\overline{\text{Ke7d8}}$   $\overline{\text{Kd8d7}}$   $\overline{\text{Dd4g7}}$   $\overline{\text{Lb6f4}}$

16) Tf1f4 17) Dh4g4+ 18) Tf4f7+ 19) Dg4g5+   Oder:

$\overline{\text{Dg7e5}}$   $\overline{\text{De5e6}}$    $\overline{\text{Kd7d8}}$   $\overline{\text{Verloren.}}$

6)        7) g2g3   8) Lc1f4 ∧   Oder: 6)         7) e4e5   8) c2c3

$\overline{\text{Dd8h4}+}$   $\overline{\text{Dh4h3}}$                $\overline{\text{Dd8f6}}$   $\overline{\text{Df6b6}}$   $\overline{\text{Lf8b6}}$

9) Lc1f4   10) Lc4f7+   11) Lf4h6

$\overline{\text{Db6b2}}$   $\overline{\text{Ke8e7}}$   $\overline{\text{Verloren.}}$

²) 11)      12) Sd2e4   13) Ke1d2 ∧

$\overline{\text{Sf6e4}}$   $\overline{\text{Dd4e4}+}$

Nun zum Zuge 5) Sb1c3.

| 1) e2e4 | 2) f2f4 | 3) Sg1f3 | 4) Lf1c4 | 5) Sb1c3 | 6) Dd1f3 |
|---|---|---|---|---|---|
| e7e5 | e5f4 | g7g5 | g5g4 | g4f3 | d7d5 |

| **W.** | | **S.** | **W.** | | **S.** |
|---|---|---|---|---|---|
| 7) Lc4d5 | | 7) c7c6 | 12) 0-0¹) | | 12) Df6g6 |
| 8) Ld5b3 | | 8) Lc8e6 | 13) Dh5a5 | | 13) Sb8a6 |
| 9) Lb3e6 | | 9) f7e6 | 14) Lc1f4 | | 14) Lf8b4 |
| 10) Df3h5+ | | 10) Ke8d7 | 15) Da5a4 | | 15) Sg8e7 |
| 11) d2d4 | | 11) Dd8f6 | 16) d4d5 | | 16) Ta8d8△ |

Veränderung im 8. Zuge von W.

| 8) Ld5f7+ | 9) Df3h5+²) | 10) d2d4 | 11) Lc1f4 | 12) Lf4e5+ | 13) Dh5g5+ |
|---|---|---|---|---|---|
| Ke8f7 | Kf7g7 | Lc8e6 | Le6f7 | Sg8f6 | Lf7g6△ |

Nachtheiliger wären für S. folgende Spiele:

| 5) Sb1c3 | 6) Dd1f3 |
|---|---|
| | g4f3 |

| **W.** | | **S.** | **W.** | | **S.** |
|---|---|---|---|---|---|
| | | 6) Dd8f6 | 9) d2d4 | | 9) De5d6 |
| 7) Sc3d5 | | 7) Df6e5 | 10) e4e5 | | 10) Dd6c6 |
| 8) c2c3 | | 8) Lf8h6 | 11) Lc4b5△ | | |

| **w.** | | **s.** | **w.** | | **s.** |
|---|---|---|---|---|---|
| | | 6) Lf8h6 | 12) Tf1f4 | | 12) Sg8f6 |
| 7) d2d4 | | 7) Sb8c6 | 13) Dh5g5+ | | 13) Kg7f7 |
| 8) 0-0 | | 8) Sc6d4 | 14) Ta1f1 | | 14) Kf7e8 |
| 9) Lc4f7+ | | 9) Ke8f7 | 15) Tf4f6 | | 15) Dd8e7 |
| 10) Df3h5+ | | 10) Kf7g7 | 16) Sc3d5△ | | |
| 11) Lc1f4 | | 11) Lh6f4 | | | |

| **w.** | | **s.** | **w.** | | **s.** |
|---|---|---|---|---|---|
| | | 6) Sb8c6 | 13) Dg5h4 | | 13) Se6f4 |
| 7) d2d4 | | 7) Sc6d4 | 14) Tf1f4 | | 14) Lf8c5+ |
| 8) Lc4f7+ | | 8) Ke8f7 | 15) Kg1h1 | | 15) d7d6 |
| 9) Df3h5+ | | 9) Kf7g7 | 16) Sc3d5 | | 16) Lc5d4 |
| 10) 0-0 | | 10) Sg8f6 | 17) Sd5f6 | | 17) Ld4f6 |
| 11) Dh5g5+ | | 11) Kg7f7 | 18) Ta1f1 | | Verloren. |
| 12) Lc1f4 | | 12) Sd4e6 | | | |

Wie das Opfer des Springers so könnte W. im 5. Zuge auch folgendes Spiel versuchen:

### Opfer des Königsläufers.

| 1) e2e4 | 2) f2f4 | 3) Sg1f3 | 4) Lf1c4 | 5) Lc4f7+ |
|---|---|---|---|---|
| e7e5 | e5f4 | g7g5 | g5g4 | Ke8f7 |

Das Spiel wendet sich aber bei geeignetem Verfahren schnell zu Gunsten des Nachziehenden. Folgendes ist die richtige Vertheidigung:

| ¹) 12) e4e5 | 13) Dh5f3 | 14) Lc1f4 | 15) 0-0 | 16) b2c3 |
|---|---|---|---|---|
| Df6f5 | Lf8b4 | Sg8e7 | Lb4c3 | Sb8a6△ |

| ²) 9) d2d4 | 10) e4e5 | 11) Lc1f4 | 12) Lf4g5 | 13) Lg5f6 |
|---|---|---|---|---|
| Sg8f6 | Lf8g7 | Th8e8 | Dd8d4 | Lc8g4△ |

| 6) Sf3e5+ | 7) Dd1g4 | 8) Dg4f4 | 9) Se5c4 | 10) 0-0 | 11) d2d3 | 12) Df4g3 |
|---|---|---|---|---|---|---|
| Kf7e8 | Sg8f6¹) | d7d6 | Sb8c6 | Lf8g7 | Lc8e6 | Dd8e7∧ |

Hier endet die Analyse derjenigen Gruppe des Springergambits, wo W. im 4. Zuge den Läufer zieht. Weniger mannigfaltig ist diejenige, wo W. im 4. Zuge mit h2h4 seinen Angriff fortsetzt. In diesem Falle hat W. keine andere Möglichkeit einer guten Gestaltung seines Spiels als mit g5g4, da alle andern Züge, wie sich auch bei oberflächlicher Untersuchung ergeben wird (ähnliche Spiele sind schon erörtert worden) verderblich sind. Nach g5g4 kann W. seinen angegriffenen Königsspringer entweder auf g5 oder auf e5 stellen. Im erstern Falle entsteht das Gambit des Allgaier; im zweiten das des Kieseritzky (von Andern gleichfalls Allgaier genannt).

## Gambit des Allgaier.

| 1) e2e4 | 2) f2f4 | 3) Sg1f3 | 4) h2h4 | 5) Sf3g5 |
|---|---|---|---|---|
| e7e5 | e5f4 | g7g5 | g5g4 | |

Dieses Spiel kommt unter theoretisch gebildeten Spielern selten vor, da W. gleich im Anfange eine Figur ohne hinlänglichen Ersatz opfert.

| w. | s. | w. | s. |
|---|---|---|---|
| | 5) h7h6²) | 10) c2c3 | 10) Sc6e5 |
| 6) Sg5f7 | 6) Ke8f7 | 11) Df3f2 | 11) Se5g4 |
| 7) Dd1g4 | 7) Sg8f6 | 12) Df2f3 | 12) Dd8e7 |
| 8) Dg4f4 | 8) Lf8d6³) | 13) d2d3 | 13) De7e5∧ |
| 9) Df4f3 | 9) Sb8c6 | | |

Veränderung im 9. Zuge von W.

| 9) Lf1c4+ | 10) Df4f5 | 11) Ke1f1 |
|---|---|---|
| Kf7g7 | Ld6g3+ | Th8f8∧ |

¹) Weniger gut ist:

| 7) | 8) Dg4h5+ | 9) Se5f7 | 10) Dh5e5+ | 11) De5h8 | 12) 0-0 | 13) Sb1c3 | 14) Tf1f4 |
|---|---|---|---|---|---|---|---|
| Dd8f6 | Ke8e7 | Df6f7 | Df7e6*) | Sg8f6 | d7d6 | c7c6 | Sb8d7 |

| 15) d2d4 | 16) e4e5 | 17) d4e5 | 18) b2b3 | 19) Lc1a3+ | 20) Tf1f6 | 21) Tf6f7 | 22) Ta1e1+∧ |
|---|---|---|---|---|---|---|---|
| De6f7 | d6e5 | Sd7e6 | Se6g6 | Ke7e8 | Sg6h8 | Sh8f7 | |

²) Der einzig richtige Zug, z. B.

| 5) | 6) Lf1c4 | 7) d2d4 | 8) Lc1f4 | 9) h4g5 | 10) g5g6 | 11) Lf4d6 | 12) Lc4f7+ |
|---|---|---|---|---|---|---|---|
| h7h5 | Sg8h6 | f7f6 | f6g5 | Sh6f7 | Sf7d6 | c7d6 | Ke8e7 |

| 13) 0-0 | 14) Lf7d5 | 15) Dd1c1 | 16) Dc1g5+ | 17) g6g7 |
|---|---|---|---|---|
| Dd8a5 | Ke7e8 | Ke8d8 | Lf8e7 | Verloren. |

Oder:

| 5) | 6) Dd1g4 | 7) Dg4f5 | 8) Df5g6+ | 9) Dg6g5+ | 10) Dg5e5+ | 11) De5h8 | 12) Lf1e2 |
|---|---|---|---|---|---|---|---|
| f7f6 | h7h5 | f6g5 | Ke8e7 | Ke7e8 | Dd8c7 | De7e4+ | De4g2 |

| 13) Dh8h5+ | 14) Dh5f3∧ |
|---|---|
| Ke8d8 | |

³) Dieser Zug, welcher in andern Spielen die eigenen Figuren vorstellt, ist hier merkwürdigerweise von entscheidender Wichtigkeit. W. hat seinen Springer nun vergeblich geopfert, und wird aus dem Angreifenden der Angegriffene.

*) Richtiger ist Ke7d8:

| 10) | 11) De5h8 | 12) Dh8c3 | 13) 0-0 | 14) d2d3 | 15) Tf1f4 |
|---|---|---|---|---|---|
| Ke7d8 | Lf8e7 | d7d6 | Sb8c6 | Lc8e6 | Df7g6 |

Veränderung im 7. Zuge von W.

| W. | s. | W. | s. |
|---|---|---|---|
| 7) Lf1c4 + | 7) d7d5 | 13) Sb1c3 | 13) Le7b4 |
| 8) Lc4d5 + | 8) Kf7e8 | 14) Dd1e2 | 14) Dd8h4 |
| 9) d2d4 | 9) f4f3 | 15) Lc1e3 | 15) Sg8h6 |
| 10) g2f3 | 10) Lf8e7 | 16) Sc3b5 | 16) Lb4a5 |
| 11) 0-0 | 11) g4g3 | | Verloren. |
| 12) f3f4 | 12) h6h5 | | |

Oder:

| W. | s. | W. | s. |
|---|---|---|---|
| 7) Lf1c4 + | 7) d7d5 | 12) Ke1f1 | 12) Sg8f6 |
| 8) Lc4d5+ | 8) Kf7e8 | 13) Th1h5 | 13) Sf6d5 |
| 9) d2d4 | 9) f4f3 | 14) Th+g4 | 14) Lc8g4 |
| 10) g2f3 | 10) Lf8e7 | 15) Dd1g4 | 15) Sd5e7 ∧ |
| 11) f3f4 | 11) Le7h4+ | | |

Viel wichtiger ist das

## Gambit des Kieseritzky.

1) $\frac{e2e4}{e7e5}$   2) $\frac{f2f4}{e5f4}$   3) $\frac{Sg1f3}{g7g5}$   4) $\frac{h2h4}{g5g4}$   5) Sf3e5

(Dasselbe rührt aber keineswegs von diesem Spieler und Forscher her, sondern nur eine einzige Spielweise desselben.)

Dieser Angriff ist ein in so weit bewährter, dass dadurch der Gambitbauer wieder erobert wird, nur dass der Anziehende im Kieseritzky-Gambit durch den L. Paulsenschen Zug 5) Lf8g7 den Angriff dabei einbüsst.

Wir werden die Gegenzüge (Sg8f6, d7d6, h7h5, Dd8e7, Lf8e7 und Lf8g7) nachfolgend besprechen.

5) ___   6) Lf1c4   7) Lc4d5   8) e4d5   9) Se5g4[4])   10) Sg4f2
$\frac{}{Sg8f6[1])}$   $\frac{}{d7d5[2])}$   $\frac{}{Sf6d5}$   $\frac{}{Lf8e7[3])}$   $\frac{}{Th8g8}$   $\frac{}{Dd8d5}$ ∧

| W. | s. | W. | s. |
|---|---|---|---|
| 5 — | 5) Sg8f6 | 10) d4e5 | 10) De7e5+ |
| 6) Lf1c4 | 6) d7d5 | 11) Ke1d1 | 11) Lc8f5 |
| 7) e4d5[5]) | 7) Lf8d6 | 12) Dd3c3 | 12) De5c3 |
| 8) d2d4 | 8) Dd8e7 | 13) Sb1c3 | 13) Sf6h5 |
| 9) Dd1d3[6]) | 9) Ld6c5 | 14) Th1e1 + | 14) Ke8d8 |

---

[1]) Genügt nicht vollständig, verwickelt aber das Spiel sehr.

[2]) 6)   7) d2d4 8) Se5f7 9) Ke1f1 10) Lc1d3 (Bilguer lässt 9) Dd1e2 ziehen.
$\frac{Dd8e7}{}$ $\frac{d7d6}{}$ $\frac{De7e4+}{}$ $\frac{d6d5}{}$ und S. besser stehen.)
Dagegen 8) Lc4f7+ 9) Ke1f1 10) d4e5+ 11) e5e6 12) e6d7+ 13) Lf7d5 Oder:
$\frac{Ke8d8}{}$ $\frac{d6e5}{}$ $\frac{Lc8d7}{}$ $\frac{Kd8c8}{}$ $\frac{Sb8d7}{}$ $\frac{c7c6}{}$ ∧
11) Lf7d5 12) Lf4g5 13) Lg5e7 14) e5e6 15) Dd1d4 16) Dd4f6
$\frac{Sf6d5}{}$ $\frac{Kd8c8}{}$ $\frac{Sd5e7}{}$ $\frac{Ld7e6}{}$ $\frac{Th8g8}{}$ $\frac{Le6c4}{}$

[3]) Auf 8) Dd8d5 folgt Dd1e2 und W. gewinnt den Gambitbauer.

[4]) Besser ist vielleicht für W. im 9. Zuge zu rochiren.   [5]) Das Uebliche.

[6]) Bilguer hat weder 9) Dd1b3 noch 9) Sb1c3, sondern blos Lc1f4 und 0-0.
9. Lc1f4   10) 0-0   11) Tf1f4   Oder: 9) 0-0   10) d4e5   11) Kg1h2   12) Kh2h1
$\frac{Sf6h5}{}$ $\frac{Sh5f4}{}$ $\frac{f7f6}{}$ ∧   $\frac{Ld6e5}{}$ $\frac{De7c5+}{}$ $\frac{g4g3+}{}$ $\frac{Sf6g4}{}$
13) Tf1f4   14) Tf4f2   15) Dd1e2   (Bilguer lässt 14) De5f2 nehmen, was S. durch e5e6
$\frac{Sg4f2+}{}$ $\frac{g3f2}{}$ $\frac{Lc8f5}{}$   die bessere Position verschafft.)
S. könnte indess spielen: 9) 0-0   10) d4e5   11) Kg1h2   12) Dd1e2 oder Lc4e2
$\frac{Ld6e5}{}$ $\frac{De7c5+}{}$ $\frac{Sf6h5}{}$ $\frac{De5e7}{}$ u. würde, wie es scheint,
im Vortheil sein.

13*

| W. | S. | | W. | S. |
|----|----|---|----|----|
| 15) Te1f1 | 15) f4f3 | | 18) Kd1d2 | 18) Sb8d7 |
| 16) g2f3 | 16) g4f3 | | | |
| 17) Lc1e3 | 17) Lf5g4 | | | |

W. hat zwar einen Bauer weniger, steht aber besser, und wird ihn wieder gewinnen.

Im 14. Zuge kann W. mit Erfolg Sc3b5 ziehen.

Auf 11) Sf6e4 antwortet 12) Th1f1.

| W. | S. | | W. | S. |
|----|----|---|----|----|
| 8) — | 8) Dd8e7 | | 12) Sc3e2 | 12) f4f3 |
| 9) Sb1c3 | 9) Ld6e5 | | 13) g2f3 | 13) g4f3 |
| 10) d4e5 | 10) De7e5 + | | 14) Se2d4 | |
| 11) Dd1e2 | 11) De5c2 + | | Gambitbauer geht verloren. | |

Veränderung im 8. Zuge von S.

| W. | S. | | W. | S. |
|----|----|---|----|----|
| 8) — | 8) Ld6e5 | | 13) Sc3e4 | 13) Dd7f5 |
| 9) d4e5 | 9) Sf6h5 | | 14) Se4f6 + | 14) Ke8f8 |
| 10) Sb1c3 | 10) Sh5g3 | | 15) Lg5h6 + | 15) Kf8e7 |
| 11) Lc1f4 | 11) Sg3h1 | | 16) d5d6 + ∧ | |
| 12) Lf4g5 | 12) Dd8d7 | | | |

| W. | S. | | W. | S. |
|----|----|---|----|----|
| 5) — | 5) Sg8f6 | | 10) Dd1e1 | 10) Dh4e1 [1]) |
| 6) Lf1c4 | 6) d7d5 | | 11) Tf1c1 | 11) 0-0 |
| 7) e4d5 | 7) Lf8d6 | | 12) Lc4d3 | 12) Tf8e8 |
| 8) d2d4 | 8) Sf6h5 | | (Der Gambitbauer ist wohl nicht zu | |
| 9) 0-0 | 9) Dd8h4 | | halten.) | |

Oder:

| W. | S. | | W. | S. |
|----|----|---|----|----|
| 5) — | 5) Sg8f6 | | 17) Th2h1 | 17) Se4f2 |
| 6) Lf1c4 | 6) d7d5 | | 18) Dd1f1 | 18) Sf2h1 |
| 7) e4d5 | 7) Lf8d6 | | 19) Lc1f4 | 19) Ld6f4 |
| 8) d2d4 | 8) Sf6h5 | | 20) Df1f4 | 20) De7e1 + |
| 9) Lc4b5 + | 9) c7c6 [2]) | | 21) Df4f1 | 21) De1e3 + |
| (Se5g4 statt Lc4b5 + wäre nicht gut.) | | | 22) Kg1h1 | 22) De3d4 |
| 10) d5c6 | 10) b7c6 | | 23) Df1f3 | 23) Dd4h4+ |
| 11) Se5c6 | 11) Sb8c6 (Auch 12) Lc8d7 | 24) Kh1g1 | 24) Lc8g4 |
| 12) Lb5c6 + | 12) Ke8f8   gewinut.) | | 25) Df3a3 + | 25) Kf8g8 |
| 13) Lc6a8 | 13) Sh5g3 | | 26) La8f3 [3]) | 26) Dh4h2+ |
| 14) Th1h2 | 14) Dd8e7 + | | 27) Kg1f1 | 27) Dh2b1+ |
| 15) Ke1f2 | 15) Sg3e4 + | | 28) Kf1e2 | 28) Dh1g2 ∧ |
| 16) Kf2g1 | 16) g4g3 | | | |

---

[1]) Dh4e7 nutzt nichts.

[2]) 
| W. | S. | | W. | S. |
|----|----|---|----|----|
| 9 ) — | 9) Ke8f8 | | 15) Lh6e3 | 15) Sh5g3 |
| 10) Sb1c3 | 10) Sh5g3 | | 16) Le3f2 | 16) Ld6e5 |
| 11) Th1g1 | 11) Dd8h4 | | 17) d4e5 | 17) Sg3h5 |
| 12) Lc1f4 | 12) Sg3h5 + | | 18) Tg1g4 + | 18) Lc8g4 |
| (Auf f7f6 folgt 13) Dd1d3 ) | | | 19) Dd1g4 + | 19) Sh5g7 |
| 13) g2g3 | 13) Dh4h2 | | 20) Lf2d4 | 20) h7h5 |
| 14) Lf4h6 + | 14) Kf8g8 | | 21) Sc3e4 ∧ | |

Oder:

10) Sb1c3   11) 0-0   12) Lc1f4   13) Lf4e5   14) Tf1f7+   15) Dd1f3+   16) Sc3e4∧
Dd8e7        Dc7h4     Ld6c5        g1g3           Kf8f7            Sh5f6

[3]) 26) Da3e3   27) Kg1f1   28) De3g1   Verloren.
Dh4h2+          Dh2b1+        Lg4e2+

Veränderung im 14. Zuge von W.

14) Ke1f2  15) Dd1h1  Oder:

$$\frac{\text{Sg3h1}+}{}\qquad \frac{\text{Lc8f5}}{}\ \text{und gewinnt.}$$

15)        16) Kf2e1 17) Ke1d1 18) La8f3 19) g2f3 20) Dh1g1 21) Sb1c3 22) Sc3e2

g4g3+  Dd8e7+  Lc8g4+  Lg4f3+  Tb8g8  Tg8g6  Tg6h6  Th6h4 u. gew.

Oder: 20) Sb1c3  21) Dh1g1  22) Sc3e2  23) c2c4

g3g2      De7h4      Dh4h1      Tg8g3 und gewinnt.  Es scheint

also für W. besser auf 8) Sf6b5 mit 9) 0-0 (statt Lc4b5+) zu erwidern.

| W. | S. | W. | S. |
|---|---|---|---|
| 5) — | 5) Sg8f6 | 14) Lb5c4 | 14) De6e7 |
| 6) Lf1c4 | 6) d7d5 | | (Auf De6f5 folgt dasselbe.) |
| 7) e4d5 | 7) Lf8d6 | 15) Lc4f7 + | 15) Ke8f8 |
| 8) d2d4 | 8) Sf6h5 | 16) Lf7h5 | 16) Lc7e5 |
| 9) Sb1c3¹) | 9) Dd8e7 | 17) d4e5 | 17) De7e5+ |
| 10) Lc4b5 + | 10) c7c6²) | 18) Dd1e2 | 18) De6h5 |
| 11) d5c6 | 11) b7c6 | 19) Lc1f4 | 19) Lc8f5 |
| 12) Sc3d5 | 12) De7e6 | 20) 0-0 | 20) Sb8d7 |
| 13) Sd5c7 + | 13) Ld6c7 | 21) Lf4h6 + | Verloren. |

Oder:

19)     20) Lf4h6+ 21) 0-0 22) De2f2 23) Df2c5 24) Tf1f5 25) Tf5e5 26) Te5e7 27) Ta1e1

Lc8a6  Kf8g8  Dh5c5+  Sb8d7  Sd7c5  Sc5e4  Se4f6  Sf6h5  Verloren.

5)     6) d2d4 7) Se5d3 8) Lc1f4 9) Dd1e2 10) c2c3 11) g2g3 12) Lf1g2 13) Sb1d2

Sg8f6  d7d6  Sf6e4  Dd8e7  Lf8g7  h7h5  d6d5  f7f5  Lc8e6 ⋀

5)     6) Se5g4 (schwächer) 7) Dd1e2 8) Sb1c3 9) De2e7 + 10) Th1h2 11) Sg4e5 12) d2d4

Sg8f6 Sf6e4      Dd8e7  Se4g3  Lf8e7      d7d5      c7c6  Sg3f5 ⋀

| W. | S. | W. | S. |
|---|---|---|---|
| 5) — | 5) Sg8f6 | 12) Sf6d5+ | 12) Kc7d8 |
| 6) Se5g4 | 6) Sf6e4 | 13) Sd5e7 | 13) Lf8e7 |
| 7) d2d3 | 7) Se4g3 | 14) De2g4 | 14) d7d6 |
| 8) Lc1f4 | 8) Sg3h1 | 15) Dg4f4 | 15) Th8g8 |
| 9) Dd1e2+ | 9) Dd8e7 | 16) Df4f7 | 16) Le7h4 + |
| 10) Sg4f6+ | 10) Ke8d8 | | ⋀ |
| 11) Lf4c7 + | 11) Kd8c7 | | |

Als schwächer für S. gilt 8) Dd8e7+ z. B. 8)      9) Lf1e2 =

Dd8e7      De7e2+

| W. | S. | W. | S. |
|---|---|---|---|
| 8) — | 8) Dd8e7 | 13) Sf6d5 | 13) Lf8e7 |
| 9) Lf1e2 | 9) De7b4+³) | 14) 0-0-0 | 14) Sh1f2 |
| 10) Dd1d2 | 10) Db4d2+ | 15) Te1f1 | 15) Le7h4 |
| 11) Sb1d2 | 11) Sg3h1 | 16) Lf4c7+⋀ | |
| 12) Sg4f6 + | 12) Ke8d8 | | |

¹) Dieser im **Bilguer** nicht besprochene Zug ist incorrect.

²) 10)       11) 0-0  12) d4c5  13) Kg1h2

Ke8f8  Ld6e5  De7c5+  Dc5e7 ⋀

³) 9)       10, Lf4g5 11) c2c3 12) Sg4f6+ 13) Sf6d5+ 14) Sb1d2 15) Le2f3+

Sg3h1  De7b4+  Db4b2  Kc8e7  Kc7d6  Kd6d5  Kd5c5

16) d3d4  17) a2a4+  18) Dd1e2+  Oder: 10)       11) Sg4f6+ 12) Sf6e4

Kc5b5      Kb5a6      Verloren.      f7f6      Kc8f7  De7e5

18) Le2h5+  14) Dd1f3  15, Sb1c3  16) 0-0-0 ⋀

Kf7g8      De5e6      c7c6

Deckt W. im 10. Zuge das Schach mit dem Läufer, so könnte folgen:

| W. | S. | W. | S. |
|---|---|---|---|
| 10) Lf4d2 | 10) Db4b2 | 15) Ta1b1 | 15) Db2a3 |
| 11) Ld2c3 | 11) Lf8b4 | 16) Dd1d2 | 16) Th8g8 |
| 12) Sg4f6 + | 12) Ke8d8 | 17) Tb1b4 | 17) c7c6 |
| 13) Sf6d5 | 13) Lb4c3+ | 18) Dd2f4 | 18) c6d5 |
| 14) Sb1c3 | 14) Sg3h1 | | |

| W. | S. | W. | S. |
|---|---|---|---|
| 5) — | 5) d7d6 (Das Einfachste.) | 10) Sb1c3 | 10) Sb8c6[2]) |
| 6) Se5g4 | 6) Lf8e7 | 11) Lf1b5 | 11) Lc8d7 |
| 7) d2d4 | 7) Le7h4 + | 12) Lb5c6 | 12) b7c6 |
| 8) Sg4f2 | 8) Dd8g5 [1]) | 13) Sc3e2 | 13) Ld7g4 |
| 9) Dd1f3 | 9) Lh4g3 | 14) Df3g3 | = |

| W. | S. | W. | S. |
|---|---|---|---|
| | (verwickelter als d7d6) | | |
| 5) — | 5) h7h5 | 9) g2f3[3]) | 9) Lf8e7[4]) |
| 6) Lf1c4 | 6) Sg8h6 | 10) Lc1e3 | 10) Le7h4+ |
| 7) d2d4 | 7) d7d6 | 11) Ke1d2 | 11) g4f3 |
| (Auf 7) Lf8e7 folgt Lc1f4 u. W. be- | | 12) Dd1f3 | 12) Lc8g4 |
| kommt ein gutes Spiel.) | | 13) Df3f4 | 13) Sb8c6[5]) |
| 8) Se5d3 | 8) f4f3 | | |

Veränderung im 10. Zuge:

| W. | S. | W. | S |
|---|---|---|---|
| 10) Lc1g5 | 10) Le7g5[6]) | 14) Sd3f4 | 14) h5h4 |
| 11) h4g5 | 11) Dd8g5 | 15) f3g4 | 15) Lc8g4 |
| 12) Dd1d2 | 12) Dg5d2+ | 16) Ke1f2= | S. verli. d. Bau. |
| 13) Sb1d2 | 13) Sh6g8 | | |

---

[1]) 8) $\dfrac{}{\text{Dd8f6}}$   9) $\dfrac{\text{Sb1c3}}{\text{Lh4f2+}}$   10) $\dfrac{\text{Ke1f2}}{\text{Sg8e7}}$   11) $\dfrac{\text{Dd1d3}}{}$   Oder:   8) $\dfrac{}{\text{Lh4g3}}$   9) $\dfrac{\text{Sb1c3}}{\text{Sg8f6}}$   10) $\dfrac{\text{Lf1e2}}{\text{Sb8c6}}$

11) $\dfrac{\text{Le2f3}}{}$

[2]) 10) $\dfrac{}{\text{Sg8f6}}$   11) $\dfrac{\text{Lc1d2}}{\text{Th8g8}}$   12) 0-0-0 $\dfrac{}{\text{Lc8g4}}$   13) Df3g3 (Bilguer hat Sf2g4, was nicht entschei-

                                     dend scheint.)

[3]) 9) $\dfrac{\text{g2g3 (falsch.)}}{\text{d6d5}}$ 10. $\dfrac{\text{e4d5}}{\text{Sb6f5}}$   11) $\dfrac{\text{Lc1f4}}{\text{Lf8d6*}}$   12) $\dfrac{\text{Ke1f2}}{\text{Sf5d4}}$   13) $\dfrac{\text{Th1e1+}}{\text{Ke8f8}}$ Λ   Oder: 10) $\dfrac{\text{Lc4d5}}{\text{c7c6}}$

11) $\dfrac{\text{Ld5b3}}{\text{Dd8d4}}$ Λ

[4]) 9) $\dfrac{}{\text{g4f3}}$   10) $\dfrac{\text{Dd1f3}}{\text{Lc8g4}}$   11) $\dfrac{\text{Df3f2}}{\text{Dd8e7}}$   12) $\dfrac{\text{0-0}}{\text{Th8h7}}$   13) $\dfrac{\text{Sb1c3}}{\text{c7c6}}$   14) $\dfrac{\text{e4e5}}{}$ Λ

[5]) Z. B. 14) $\dfrac{\text{Sb1c3}}{\text{Sc6d4}}$   15) $\dfrac{\text{Le3d4}}{\text{Lh4g5}}$   16) $\dfrac{\text{Ld4h8}}{\text{Lg5f4+}}$   17) $\dfrac{\text{Sd3f4}}{\text{Dd8g5}}$   18) $\dfrac{\text{Sc3d5}}{}$ Λ

[6]) 10) $\dfrac{}{\text{g4f3}}$   11) $\dfrac{\text{Dd1f3}}{\text{Le7g5}}$   12) $\dfrac{\text{h4g5}}{\text{Dd8g5}}$   13) $\dfrac{\text{Th1h5}}{\text{Dg5g1+}}$   14) $\dfrac{\text{Ke1d2}}{\text{Lc8g4}}$   15) $\dfrac{\text{Df3f6}}{}$ —

---

*) 11) $\dfrac{}{\text{Sf6d4}}$   12) $\dfrac{\text{Lf4e5}}{\text{Sd4e2}}$   13) $\dfrac{\text{Le5h8}}{\text{Se2g3}}$   14) $\dfrac{\text{Th1h2}}{\text{Lf8e7}}$   15) $\dfrac{\text{Dd1d2}}{\text{Le7h4}}$   16) $\dfrac{\text{Dd2e3+}}{\text{Sg3e4+}}$   17) $\dfrac{\text{Ke1d1}}{\text{f7f6}}$   18) $\dfrac{\text{De3h6}}{\text{f3f2}}$   18) Dh6h8

| W. | S. | W. | S. |
|---|---|---|---|
| | 5) h7h5 | 14) Sb1c3 | 14) c7c6 |
| 6) Lf1c4 | 6) Th8h7¹) | 15) e4e5 | 15) Df6f4 |
| 7) d2d4 | 7) f4f3²) | 16) Sd3f4 | 16) d6e5 |
| 8) g2f3 | 8) d7d6 | 17) d4e5 | 17) Lh4g5 |
| 9) Se5d3 | 9) Lf8e7 | 18) Ta1g1 | 18) Lg5f4 |
| 10) Lc1e3 | 10) Le7h4+ | 19) Lc3f4 | 19) Th7g7 |
| 11) Ke1d2 | 11) g4f3 | 20) Th1h5 | 20) Sb8d7 |
| 12) Dd1f3 | 12) Lc8g4 | 21) e5c6 | 21) f7e6 |
| 13) Df3f4 | 13) Dd8f6 | 22) Lc4e6 ∧ | |

### Veränderungen im 8. Zuge von W.

| W. | S. | W. | S. |
|---|---|---|---|
| 8) g2g3³) | 8) Sb8c6⁴) | 19) Dh7d3⁷) | 19) De3e5 |
| 9) Se5c6⁵) | 9) d7c6 | 20) Kf1f2 | 20) Lf8d6 |
| 10) Lc1f4 | 10) Dd8e6 | 21) Th1g1 | 21) f7f5 |
| 11) Sb1c3 | 11) Lc8e6 | 22) Ta1e1 | 22) De5f6 |
| 12) d4d5 | 12) 0-0-0 | 23) Sc3d1 | 23) Ld6g3+ |
| 13) Dd1d4 | 13) Kc8b8 | 24) Kf2g3 | 24) f5f4+ |
| 14) f4e3 | 14) c6c5 | 25) Kg3f2 | 25) Df6h4+ |
| 15) Dd4d3 | 15) Le6d7 | 26) Kf2f1 | 26) Dh4h3+ |
| 16) e4e5⁶) | 16) De7e5 | 27) Kf1f2 | 27) Dh3h2+ |
| 17) Dd3h7 | 17) De5e3+ | 28) Kf2f1 | 28) g4g3 ∧ |
| 18) Ke1f1 | 18) Sg8h6 | | |

| W. | S. | W. | S. |
|---|---|---|---|
| | 5) h7h5 | 10) Lc1f4 | 10) Lf8h6 |
| 6) Lf1c4 | 6) Th8h7 | 11) 0-0 | 11) Kf7g7 |
| 7) d2d4 | 7) d7d6 (statt f4f3) | 12) g2g3 | 12) Lh6f4 |
| 8) Se5f7 | 8) Th7f7 | 13) Tf1f4 | 13) Lc8e6 |
| 9) Lc4f7+ | 9) Ke8f7 | | |

W. hat eine gute Stellung, aber geringere Kräfte.

| 5) | 6) Lf1c4 | 7) Se5f7 | 8) Lc4f7+ | 9) d2d4 | 10) g2f3 |
|---|---|---|---|---|---|
| h7h5 | Th8h7 | Th7f7 | Kc8f7 | f4f3 | d7d6 ∧ |

---

¹) Der Thurm steht hier übel.

²) Zieht S. Lf8e7 so könnte sich folgendes Spiel entspinnen:

| 7) d2d4 | 8) Lc1f4 | 9) g2g3 | 10) Th1h5 | 11) Lc4f7+ | 12) Lf7h5 | 13) Se5g6+ | 14) Sg6f4 |
|---|---|---|---|---|---|---|---|
| Lf8e7 | Le7h4+ | Lh4g5 | Th7h5 | Ke8f8 | Lg5f4 | Kf8g7 | Sg8f6 |

| 15) Sb1c3 | 16) Sf4d5 | 17) Dd1g4+ | 18) Sc3d5 ∧ |
|---|---|---|---|
| Dd8e7 | Sf6d5 | Kg7h8 | |

³) Weniger gut als g2f3.

⁴) 8) | 9) Se5d3 | 10) d4d5 | 11) e4e5 — Oder: 8) | 9) Lc1f4 | 10) d4e5

| | 9) Se5d3 | 10) d4d5 | 11) e4e5 | | | 8) | 9) Lc1f4 | 10) d4e5 |
|---|---|---|---|---|---|---|---|---|
| d7d6 | Lc8e6 | Le6d7 | | Oder: | | Lf8d6 | Ld6e5 | Sg8e7 |

| 11) Sb1c3 | 12) Sc3d5 ∧ |
|---|---|
| Sb8c6 | |

⁵) 

| 9) Se5g6 | 10) c2c3 | 11) Lc1g5 | 12) e4e5 | 13) Lc4d3 | 14) Ld3f5 | 15) Dd1d3 |
|---|---|---|---|---|---|---|
| Lf8g7 | Sg8f6 | f7g6 | d7d5 | Lc8f5 | g6f5 | Dd8d7 |

| 16) e5f6 |
|---|
| Lg7h8 ∧ |

⁶) 16) 0-0-0 / Lf8h6

⁷) 

| 19) Dh7e4 | 20) Sc3e4 |
|---|---|
| De3e4 | b7b5 ∧ |

| W. | S. | W. | S. |
|---|---|---|---|
|  | 5) Dd8e7[1)] | 9) Lc1f4 | 9) f5e4 |
| 6) d2d4[2)] | 6) d7d6 | 10) d4d5 |  |
| 7) Se5g4 | 7) f7f5 | Hierdurch wird der Bauer auf e4 | |
| 8) Sg4f2 | 8) Sg8f6 | isolirt und dem Angriff preisgegeben. | |

**Veränderung im 6. Zuge von S.**

| W. | S. | W. | S. |
|---|---|---|---|
|  | 6) f7f5 | 11) Lf7b3 | 11) Kd8e8 |
| 7) Lf1c4 | 7) Sg8f6 | 12) Se5f7 | 12) Th8g8 |
| 8) Sb1c3 | 8) d7d6 | 13) Sf7g5 | 13) Tg8g7 |
| 9) Lc4f7 + | 9) Ke8d8 | 14) Sg5e6 △ |  |
| 10) Lc1f4 | 10) Sb8d7 |  |  |

| W. | S. | W. | S. |
|---|---|---|---|
|  | 5) Lf8e7 | 12) Kf1g2 | 12) c7c6 |
| 6) Lf1c4 | 6) Le7h4 + | 13) Lc1f4 | 13) Df6f4 |
| 7) Kc1f1 | 7) d7d5 | 14) Th1f1 | 14) Df4g5 |
| 8) Lc4d5 | 8) Sg8h6 | 15) Ld5f7 + | 15) Sh6f7 |
| 9) d2d4 | 9) Lh4g5 | 16) Se5f7 | 16) Dg5h5 |
| 10) g2g3 | 10) Dd8f6[3)] | 17) Dd1d3 | 17) Th8g8 |
| 11) g3f4 | 11) Lg5f4 | 18) Sb1c3 △[4)] |  |

**Veränderung im 7. Zuge von S.**

7) Ke1f1 / Sg8h6   8) Se5g4 / Sh6g4   9) Dd1g4 / d7d5   10) Dg4f4 / d5c4   11) Th1h4 △

Nimmt W. im 6. Zuge den Bauer mit dem Springer, so entsteht folgendes Spiel.

| W. | S. | W. | S. |
|---|---|---|---|
|  | 5) Lf8e7 | 9) Dd1f3 | 9) Lh4g3 |
| 6) Se5g4 | 6) Le7h4 + | 10) Sb1c3 | 10) Sg8f6 |
| 7) Sg4f2 | 7) d7d6 | 11) Lc1d2 |  |
| 8) d2d4 | 8) Dd8g5 | u. W. gewinnt den Bauer wieder. | |

Nimmt W. im 6. Zuge den Bauer mit der Dame, so bekommt S. einen sehr starken Angriff z. B.

| W. | S. | W. | S. |
|---|---|---|---|
|  | 5) Lf8e7 | 13) Ke2d3 | 13) Sb8c6 |
| 6) Dd1g4 | 6) d7d6 | 14) c2c3 | 14) 0-0-0 + |
| 7) Dg4g7 | 7) d6e5 | 15) Kd3c2 | 15) Dg2e4 + |
| 8) Dg7h8 | 8) Le7h4 + | 16) Kc2d1 | 16) De4f3 + |
| 9) Ke1d1 | 9) Lc8g4 + | 17) Kd1c2 | 17) Df3d3 + |
| 10) Lf1e2 | 10) Dd8g5 | 18) Kc2d1 | 18) Sg8h6 |
| 11) Th1h4 | 11) Lg4e2 + | 19) Dh8f6 | 19) Sh6f5 |
| 12) Kd1e2 | 12) Dg5g2 + | 20) Th4h1 | 20) f4f3 △ |

¹) Auch nicht genügend.

²) 6) Se5g4 / f7f5   7) Sg4f2 / f5e4   8) Dd1h5+ / Ke8d8   9) Dh5f5 / e4e3 oder Sg8f6 △

³) 10) / f4g3   11) Th1h6 / Lg5h6   12) Ld5f7+ / Ke8e7   13) Lc1h6 △

⁴) 18) / g4g3   19) Sf7d6+ / Ke8d7   20) Tf1f7+ / Kd7d6   21) e4e5 / Kd6e6   22) Dd3c4+ / 0

Durch den L. Paulsenschen Zug 5) Lf8g7, obgleich den Gambitbauer verlierend, erhält S. ein starkes Spiel:

| 5) Sf3e5 | 6) Se5g4 | 7) Sg4f2 | 8) d2d3 | 9) Lf1e2 | 10) h4h5 | 11) d3e4 |
|---|---|---|---|---|---|---|
| Lf8g7 | d7d5 | Sg8e7 | 0-0 | f7f5 | f5e4 | |

Dies ist der stärkste Angriff von S. nach Paulsen's Verfahren; die Züge von W. scheinen uns geeignet, weichen aber von denen der Autoren ab.

| 7) Sg4f2 | 8) Sf2e4 | 9 Sb1c3[1]) | 10) d2d3 | 11) Lf1e2 | 12) Sc3e4 | 13) Lc1f4 |
|---|---|---|---|---|---|---|
| d5e4 | Sg8f6 | 0-0 | Tf8e8 | Sf6e4 | Lc8f5 | |

| 5) Sf3e5 | 6) d2d4 | 7) Lf1c4 | 8) e4d5 | 9) Lc1f4 | (Auf 7) d7d6 folgt Se5f7 mit |
|---|---|---|---|---|---|
| Lf8g7 | Sg8f6 | d7d5 | 0-0 | Sf6h5 | überwiegendem Angriff.) |

| 5) Sf3e5 | 6) d2d4 | 7) Lf1c4 | 8) e4d5 | 9) 0-0 | 10) d5c6 | 11) Se5c6 | 12) Lc1f4 |
|---|---|---|---|---|---|---|---|
| Lf8g7 | Sg8f6[2]) | d7d5 | 0-0 | c7c5 (od. Sb5) | Sb8c6 | b7c6 | Sf6h5 △ |

Rochirt S. im 7. Zuge statt d7d5 zu ziehen, so könnten folgende Spiele entstehen:

| w. | s. | w. | s. |
|---|---|---|---|
| 7) Lf1c4 | 7) 0-0 | 12) h4g5 | 12) Sf6h7 |
| 8) Se5f7 | 8) Dd8e7[3]) | 13) Dd1d3 | 13) Sh7g5 |
| 9) Sf7g5+[4]) | 9) d7d5 | 14) Lb3d5 | 14) Lc8e6 |
| 10) Lc4b3 | 10) h7h6 | 15) Ld5b7 | 15) De7b4+ △ |
| 11) e4e5 | 11) h6g5 | | |

| 7) Lf1c4 | 8) Se5f7 | 9) Lc4f7+ | 10) e4e5 | 11) c2c4 | 12) Lc1e3 | 13) Dd1g4[5]) | 14) h4h5 |
|---|---|---|---|---|---|---|---|
| 0-0 | Tf8f7 | Kg8f7 | Sf6d5 | Sc5e3 | f4e3 | Kf7g8 | h7h6 △ |

| 5) Sf3e5 | 6) d2d4 | 7) Sb1c3 | 8) Se5d3 | 9) Lc1f4[6]) | 10) Sc3e4 | 11) Sd3f2 | 12) Lf1d3 |
|---|---|---|---|---|---|---|---|
| Lf8g7 | Sg8f6 | d7d6 | 0-0 | Sf6e4 | Tf8e8 | d6d5 | f7f5 △ |

Nachdem wir das Läufer- und Springer-Gambit erörtert haben, bleibt noch das Thurmbauer-Gambit übrig, eine Eröffnung, die, ihrer Schwäche wegen, in der Praxis nur höchst selten vorkommt.

## Gambit des Königsthurmbauern.

| 1) e2e4 | 2) f2f4 | 3) h2h4 |
|---|---|---|
| e7e5 | e5f4 | |

Offenbar will W. durch diese Eröffnung die Unterstützung des Gambitbauern mit g7g5 verhindern. Indess wird der Königsflügel von W. dadurch sehr geschwächt und der Angriff geht, da W. zugleich in der Entwickelung zurückbleibt, schnell auf Schwarz über.

---

[1]) Ob die Wegnahme des Springers f6 zu empfehlen. darüber gehen die Meinungen noch sehr auseinander.

[2]) Max Lange hat darauf aufmerksam gemacht, dass man statt 5) Lf8g7 zu ziehen, auch durch folgende Umstellung zu denselben Combinationen gelangen kann:

| 5) Sf3e5 | 6) Lf1c4 | 7) e4d5 |
|---|---|---|
| Sg8f6 | d7d5 | Lf8g7 |

[3]) Auf 8) Sb1c3 folgt gleichfalls Dd8e7.

[4]) 9) Sf7e5 Oder 9) e4c5 10, 0-0

| | |
|---|---|
| Kg8h8 | d7d5 De7f7 oder d5c4. |

[5]) 13) 0-0+

Kf7g8

[6]) Auf 9) Sd3f4 folgt gleichfalls 9) Sf6e4.

| w. | | s. | | w. | | s. | |
|---|---|---|---|---|---|---|---|
| 3) — | | 3) Lf8e7 (am besten.) | | 8) Lf1c4 | | 8) Lc8g4 | |
| 4) Dd1g4 | | 4) d7d5 | | 9) Df3b7 | | 9) Dd8d6 | |
| 5) Dg4f4 | | 5) d5e4 | | 10) Db7b3 [1] | | 10) Sb8c6 | |
| 6) Df4e4 | | 6) Sg8f6 | | W. kann das Spiel nicht halten. | | | |
| 7) De4f3 | | 7) 0-0 | | | | | |

Veränderung im 6. Zuge von W.

6) Lf1c4    7) Sb1c3
---     ---
Sg8f6      Le7d6 /\

| w. | | s. | | w. | | s. | |
|---|---|---|---|---|---|---|---|
| 3) — | | 3) Lf8e7 | | 7) c2c4 | | 7) Sd5e3 | |
| 4) Sg1f3 | • | 4) Sg8f6 | | 8, Lc1e3 | | 8) f4e3 | |
| 5) d2d3 [2] | | 5) d7d5 | | 9) d3d4 | | 9) Lc8g4 /\ | |
| 6) e4d5 | | 6) Sf6d5 | | | | | |

Zieht W. im 3. Zuge weder den Läufer noch den Springer noch den Thurmbauer, sondern die Dame, so entsteht eine Spielweise, welche den Namen führt:

## Unregelmässiges Königs-Gambit.

1) e2e4    2) f2f4
---      ---
c7e5      e5f4

3) Dd1g4   4) Dg4f4   5) e4e5   6) d2d4   7) Sg1f3   8) Sb1c3
---     ---     ---     ---     ---    
d7d5    ·Lf8d6   Dd8e7   f7f6   Sb8d7   c7c6 S. steht gut.

3) Dd1f3   4) Df3f2   5) Ke1f2 6) Kf2f3   7) Th1g1
---     ---     ---     ---     ---
Dd8h4+   Dh4f2+   Lf8c5+   Lc5g1   g7g5 /\

Auch könnte W. statt 4) Df3f2: g2g3 ziehen, um den Angriff möglich lange festzuhalten. S. muss 4) f4g3 nehmen, worauf 5) h2g3 folgt.

Dh4f6
---

Hiermit schliessen wir die Analyse des Königsgambit. Offenbar enthält das angenommene Gambit die stärksten Angriffe und geistreichsten Combinationen, weswegen es als die Krone des Schachspiels zu betrachten ist.

Zum Schluss des Königs-Gambit noch ein kurzer Rückblick auf dasselbe. Das Königsläufer- und Königsspringergambit sind in sofern als höhere Potenzen des Läufer- und Springerspiels anzusehen, als ihr durch die Stellung des Läufers auf c4 sich kundgebender Angriff bedeutende Verstärkung durch das Abdrängen des feindlichen Königsbauern von seiner Linie erhält. Beim Königs-Gambit gelangt die Ansicht Philidor's, dass der Königsspringer hinter dem Königsläuferbauer stehen müsse, zur wirklichen Geltung. Das Königsspringer-Gambit überragt das Königs-Läufer-Gambit sehr weit an Mannichfaltigkeit der Formen. Der Angreifende hat die Wahl zwischen zwei Spielweisen: 1) Entweder im 4. Zuge den Königsläufer nach c4 zu ziehen, oder 2) den zur Unterstützung des Gambitbauern auf g5 vorgerückten Königsspringerbauer mit seinem Thurmbauer auf h4 anzugreifen. Im letzteren Falle bleibt für den Nachziehenden blos das Weiterrücken des angegriffenen Springerbauern von g5 nach g4 übrig, wodurch W. seinen geopferten Bauer wieder erobert. Im erstern Falle dagegen (auf 4) Lf1c4 nämlich) kann S. entweder Lf8g7 ziehen, oder den Bauer g4 nach g5 vorrücken. Im letztern Falle ist W. gezwungen, den Springer zu opfern (Muzio-Gambit), ohne den Gewinn oder auch nur das Remis nachweisbar erzwingen zu können.

---

[1] Auf Db7a8 folgt Sb8c6 ferner auf Da8b7 setzt S sein Spiel mit Dd6g3 + fort und gewinnt.    [2] 5) e4e5
      Sf6h5

Bisher hatten wir den Fall besprochen, wo der Nachziehende auf e2e4 gleichfalls den Königsbauer 2 Schritte zieht. Wir haben eine grosse Anzahl lebhafter Angriffe kennen lernen, die sich an diese Eröffnung knüpfen. Um die daraus entstehenden Gefahren zu umgehen, hat man sich in der Theorie und Praxis vielfach mit anderen Gegenzügen auf e2e4 beschäftigt, welche wir jetzt erörtern wollen. Zu bemerken ist noch, dass alle Spiele, welche auf e2e4 nicht mit e7e5 antworten, ebenso wie alle Eröffnungen ausser der mit dem Königsbauer 2 Schritte, den Namen **geschlossene Spiele** führen, weil sie im Anfange durch den auf c6 oder d5 stehenden Bauer die Wirksamkeit der gegnerischen Offiziere gewissermassen einengen, und keine so lebhafte Angriffsbewegung gestatten. Diese geringere Angriffsthätigkeit ist zugleich der Grund, weswegen die Reihefolge der Anfangszüge sich oft weniger aus innerer Nothwendigkeit herleiten lässt, und die Analyse sich lange nicht so wie bei den bisher abgehandelten **offenen Spielen** in Einzelheiten vertiefen kann, sondern am füglichsten sich auf eine allgemeine Skizzirung beschränkt. Diese Partien verlangen ein ausdauerndes feines Stellungsspiel, und passen daher, weil die Folgen der Züge verborgen liegen, nicht für schwache Spieler.

## Französisches Spiel.

$$\frac{1)\ e2e4}{e7e6}$$

Dieses Spiel ist vollkommen sicher und nach unserer Ansicht die einfachste Vertheidigung für S.

| 2) $\frac{d2d4}{d7d5}$ | 3) $\frac{e4d5}{e6d5}$ | 4) $\frac{c2c4^1)}{Lf8b4+}$ | 5) $\frac{Lc1d2}{Dd8e7+}$ | 6) $\frac{Dd1e2}{Lc8e6}$ | 7) $\frac{c4d5}{Lb4d2+}$ | 8) $\frac{Sb1d2}{Le6d5}\wedge$ |

| 2) $\frac{d2d4}{d7d5}$ | 3) $\frac{e4d5}{e6d5}$ | 4) $\frac{c2c4}{Lf8b4+}$ | 5) $\frac{Lc1d2}{Dd8e7+}$ | 6) $\frac{Dd1e2}{Lc8e6}$ | 7) $\frac{Ld2b4}{De7b4+}$ | 8) $\frac{Sb1c3}{Sg8f6}\wedge$ |

| W. | | S. | W. | | S. |
|---|---|---|---|---|---|
| 2) d2d4 | | 2) d7d5 | 9) a2a3 | | 9) d5c4 |
| 3) e4d5 | | 3) e6d5 | 10) Lf1c4 | | 10) Le6c4 |
| 4) c2c4 | | 4) Lf8b4 + | 11) Db3c4 | | 11) Tf8e8 + |
| 5) Sb1c3 | | 5) Sg8f6 | 12) Ld2e3 | | 12) Db4c3+ |
| 6) Dd1b3 | | 6) Sb8c6 | ●13) b2c3 | | 13) Sf6d5 |
| 7) Sg1f3 | | 7) Lc8e6 | | W. hat den Anzug verloren. | |
| 8) Lc1d2 | | 8) 0-0 | | | |

| W. | | S. | W. | | S. |
|---|---|---|---|---|---|
| 2) d2d4 | | 2) d7d5 | 7) Sg1f3 | | 7) Sg8e7 |
| 3) e4d5 | | 3) Dd8d5 (Nicht gut.) | 8) Lf1d3 | | 8) De4g4 |
| 4) c2c4 | | 4) Lf8b4+ | 9) 0-0 | | 9) Lb4c3 |
| 5) Sb1c3 | | 5) Dd5e4+²) | 10) h2h3 | ● | 10) Dg4h5 |
| 6) Lc1e3 | | 6) f7f5 | 11) b2c3 | | $\wedge$ |

| W. | | S. | W. | | S. |
|---|---|---|---|---|---|
| 2) d2d4 | | 2) d7d5 | 8) Dd1b3 | | 8) c5d4 |
| 3) e4e5³) | | 3) c7c5 | 9) c3d4 | | 9) c6c5 |
| 4) Lf1b5+ | | 4) Sb8c6 | 10) Lc1e3 | | 10) Ta8c8 |
| 5) Lb5c6+ | | 5) b7c6 | 11) Sb1c3 | | 11) f7f6⁴) |
| 6) c2c3 | | 6) Dd8b6 | | S. bekommt einen Freibauer im | |
| 7) Sg1f3 | | 7) Lc8a6 | | Centrum. | |

---

¹) Zu früh. ²) 5) $\frac{}{Dd5a5}$ 6) $\frac{Dd1c2}{Sg8f6}$ 7) $\frac{Lf1d3}{Sb8c6}$ 8) Sg1f3 $\wedge$
³) Ungünstig. ⁴) Dieser Zug ist zur Sprengung der weissen Bauern nöthig.

14*

Veränderung im 8. Zuge von W.

| 8) Sb1d2 | 9) c3d4 | 10) Sd2b3 | 11) Sf3d4 | 12) Lc1d2 | 13) Sd4e2 | 14) f2f4 | 15) Sb3c1 |
|---|---|---|---|---|---|---|---|
| c5d4 | c6c5 | c5d4 | Lf8b4+ | Sg8e7 | Se7c6 | Db6e3 | 0-0 ∧ |

| W. | S. | | W. | S. |
|---|---|---|---|---|
| 2) d2d4 | 2) d7d5[1]) | 10) c3d4 | 10) Lf8e7 |
| 3) e4e5 | 3) c7c5 | 11) 0-0 | 11) f6e5 |
| 4) c2c3 | 4) Sb8c6 | 12) f4e5 | 12) Sc6e5 |
| 5) f2f4 | 5) Dd8b6 | 13) Sf3e5 | 13) Tc8c1 |
| 6) Sg1f3 | 6) Lc8d7 | 14) Dd1c1 | 14) Db6d4+ |
| 7) Lf1e2 | 7) Ta8c8 | 15) Kg1h1 | 15) Dd4e5 |
| 8) a2a3 | 8) f7f6 | | ∧ |
| 9) b2b4 | 9) c5d4 | | |

| W. | S. | W. | S. |
|---|---|---|---|
| 2) f2f4[2]) | 2) d7d5 | 8) Dd1b3 | 8) Sc6a5 |
| 3) e4d5 | 3) e6d5 | 9) Db3b6 | 9) a7b6 |
| 4) Sg1f3 | 4) c7c5 | 10) Lf1b5+ | 10) Lc8d7 |
| 5) d2d4 | 5) Sb8c6 | 11) Db5d7+ | 11) Ke8d7 |
| 6) c2c3 | 6) Sg8f6 | | |
| 7) Lc1e3 | 7) Dd8b6 | = | |

Gewöhnlich wird diese Spielweise folgendermassen eingeleitet:

| 2) d2d4 | 3) e4d5[3]) | 4) Sg1f3 | 5) Lf1d3 | 6) 0-0 | 7) Sb1c3 = | Da indess W. |
|---|---|---|---|---|---|---|
| d7d5 | e6d5 | Sg8f6 | Lf8d6 | 0-0 | Sb8c6 | |

im 7. Zuge statt Sb1c3 auch c2c4 ziehen kann, wodurch S. zu dem Vertheidigungs-
zuge 7) c7c6 veranlasst würde, so ist es besser, wenn S. im 5. Zuge Lc8e6
oder c7c5 zieht namentlich empfehlen wir Lc8e6:

| W. | S. | 7) W. | 7) S. |
|---|---|---|---|
| 2) d2d4 | 2) d7d5 | 7) 0-0 | 7) Lf8d6 |
| 3) e4d5 | 3) e6d5 | 8) Tf1e1 | 8) 0-0 |
| 4) Sg1f3 | 4) Sg8f6 | 9) Sg5e6 | 9) f7e6 |
| 5) Lf1d3 | 5) Lc8e6 | 10) Dd1e2 | 10) Sb8c6 = |
| 6) Sf3g5 | 6) Dd8d7 | Oder: 6) 0-0 7) Sb1c3 8) Lc1g5 9) Dd1d2 = |
| | | Lf8d6   0-0   Sb8d7   c7c6 |

| 2) d2d4 | 3) Sb1c3 | 4) Sc3e4 | 5) Sg1f3 | Oder |
|---|---|---|---|---|
| d7d5 | d5e4 | Lf8e7 | Sg8f6 | |

| 3) Sb1c3 | 4) a2a3 | 5) b2c3 | 6) Dd1g4 |
|---|---|---|---|
| Lf8b4 | Lb4c3+ | d5c4 | |

## Sicilianisches Spiel.

1) e2e4
c7c5

Diese Eröffnung ist für S. verwickelter als die vorher besprochene.

| 2) c2c4[4]) | 3) Sg1f3 | 4) Sb1c3 | 5) d2d3 = |
|---|---|---|---|
| Sb8c6 | Sc6d4 | e7e6 | Sg8e7 |

---

[1]) Auf c7c5 zieht W. d4d5.

[2]) Dieser Zug ist weniger gut als d2d4.

| 2) c2c4 | 3) d2d4 | 4) e4e5 | 5) Lf1c4 | 6) Lc1g5 | 7) Sb1c3 — |
|---|---|---|---|---|---|
| c7c6 | d7d5 | d5c4 | Sg8e7 | Dd8d7 | Se7d5 |

[3]) 3) Lf1d3 4) Ld3e4 5) Lc1g5 6) Lg5f6 7) Sg1f3
d5e4      Sg8f6      Lf8e7      Le7f6      c7c5

[4]) b2b4 nützt nichts und kostet einen Bauer ohne Ersatz dafür. Aber auch c2c4 ist
nicht zu empfehlen.

2) f2f4   3) Sg1f3   4) Lf1e2[1])   5) d2d3 = Oder 3) ____   4) e4d5
 e7e6      Sb8c6       d7d5            d5e4          d7d5        =

2) Lf1c4   3) Sb1c3   4) a2a4   5) d2d3       6) Lc1g5   7) Lg5h4   8) Lh4g3=
 e7e6       a7a6        Sb8c6    Sg8e7 (od. f6 od. Sc6b4)  Dd8c7     Se7g6      Lf8d6

| **w.** | **s.** | **w.** | **s.** |
|---|---|---|---|
| 2) Lf1c4 | 2) a7a6 | 6) e4d5 | 6) e6d5 |
| 3) a2a4 | 3) e7e6 | 7) Lc4e2 | 7) c5d4 |
| 4) Sb1c3 | 4) Sg8e7 | 8) Dd1d4 | 8) Sb8c6 |
| 5) d2d4 | 5) d7d5 | | |

| **w.** | **s.** | **w.** | **s.** |
|---|---|---|---|
| 2) d2d4 | 2) c5d4 | 7) Lc1g5 | 7) Sb8c6 |
| 3) Sg1f3[2]) | 3) e7e6[3]) | 8) f2f4 | 8) Lb4e7 |
| 4) Sf3d4 | 4) Sg8f6[4]) | 9) Sb5d6 | 9) a7a6 |
| 5) Sb1c3 | 5) Lf8b4 | 10) e4e5 | 10) Sf6e8 |
| 6) Sd4b5 | 6) 0-0 | 11) Lg5e7 | 11) Dd8e7 |
| | | 12) Sc3e4 | 12) f7f5 |

S. durfte im 6. Zuge nicht den Bauer (Sf6e4) nehmen, weil folgt:

6) ____   7) Dd1d4   8) b2c3   9) Sb5d6+   10) Dd4c5
 Sf6e4     Lb4c3+     Sc4f6     Ke8f8

Veränderung im 5. Zuge.

5) Lf1d3   6) Lc1e3   7) c4d5   8) 0-0
 Sb8c6      d7d5       e6d5     Lf8d6 =

| **w.** | **s.** | | **w.** | **s.** |
|---|---|---|---|---|
| 2) Sg1f3 (besser als | 2) e7e6 | | 8) Sf3d4 | 8) Lf8c5 |
| 3) d2d4    Lf1c4.) | 3) d7d5 | (schlechter als | 9) Sd4b3 | 9) Lc5b6 |
| 4) e4d5 | 4) e6d5 | c5d4.) | 10) Lf1c4 | 10) Sg8f6 |
| 5) c2c4 | 5) c5d4 | | 11) 0-0 | 11) 0-0 |
| 6) c4d5 | 6) Dd8d5 | | | |
| 7) Dd1d4 | 7) Dd5d4 | | = | |

Veränderung im 5. Zuge:

5) Lf1b5+   6) 0-0∧
 Sb8c6

- - - -

[1]) 1) c2c3   5) e4e5 würde für W. wie schon gezeigt, nicht gut sein.
       d7d5       f7f6

[2]) 3) Dd1d4 und W. hätte einen Zug verloren, da die Dame nach d1 zurück muss.
       Sb8c6
Auf Lf1c4 folgt 3) e7e6.

[3]) Hier könnte S. durch e7e6 (kann wegen Dd8a5 nicht genommen werden) den Bauer
zu halten suchen. Z. B. 2) d2d4   3) Sg1f3   4) Lf1c4
                           c5d4       e7e5       Dd8c7
3) e7e6 gibt ein gleiches Spiel, das identisch ist mit 2) Sg1f3.

[4]) 4) ____   5) Sd4b5   6) Sb5d6+   7) Dd1d6   8) Dd6g3∧ Dagegen 4) ____
       Sb8c6      a7a6 ·     Lf8d6      Dd8e7                        Sb8c6
5) Sd4b5   6) Lc1f4   7) Sb1c3   8) Sb5a3
 d7d6       Lc8e6      a7a6       Sg8f6

| 2) Sg1f3 | 3) Sb1c3 | 4) Lf1c4 |
|---|---|---|
| Sb8c6 | e7e6 | a7a6 |

| 2) Sb1c3 | 3) Sg1f3 | 4) g2g3 | 5) d2d3 | 6) Lf1g2 | 7) Sc3e4 |
|---|---|---|---|---|---|
| e7e6 | Sb8c6 | d7d5 | Lf8e7 | d5e4 | Sg8f6 |

## Damenbauer gegen Königsbauer.

$$\frac{1)\ e2e4 \quad 2)\ e4d5}{d7d5}$$

Dieses Spiel ist für S. nicht zu empfehlen. Er verliert ein Tempo, wenn er den Bauer mit der Dame wiedernimmt, oder einen Bauer. Doch muss W. genau die vorgeschriebenen Züge machen, weil sonst der Bauer wieder verloren geht, oder wenn W. nach 2) Sg8f6 den Bauer mit c2c4 decken will, durch

| 3) | 4) d5c6 | 5) Sg1f3 | 6) d2d3 die Lage von S. sich verbessert. |
|---|---|---|---|
| Dc7c6 | Sb8c6 | e7e5 | Lc8f5 |

| w. | s. | w. | s. |
|---|---|---|---|
| 2) — | 2) Sg8f6 | 7) Dd1e2 | 7) a7a6 |
| 3) Lf1b5 + | 3) Lc8d7 | 8) c2c4 | 8) c7c6 |
| 4) Lb5c4 | 4) b7b5 | 9) Sb1c3 | 9) b5b4 |
| 5) Lc4b3 | 5) Ld7g4 [1]) | 10) Sc3e4 ∧ | |
| 6) f2f3 | 6) Lg4f5 | | |

Veränderung im 6. Zuge von S.

| w. | s. | w. | s. |
|---|---|---|---|
| 6) = | 6) Lg4c8 | 10) Sc3b5 | 10) La6b5 |
| 7) Dd1e2 | 7) Lc8a6 | 11) De2b5 | 11) Dd7b5 |
| 8) Sb1c3 | 8) Dd8d7 | 12) a4b5 | 12) Sb8d7 |
| 9) a2a4 | 9) b5b4 | 13) c2c4 ∧ | |

| w. | s. | w. | s. |
|---|---|---|---|
| 2) — | 2) Sg8f6 | 7) Dd1e2 | 7) a7a6 |
| 3) Lf1b5 + | 3) Lc8d7 | 8) c2c4 | 8) c7c6 |
| 4) Lb5c4 | 4) b7b5 | 9) d5c6 | 9) Sb8c6 |
| 5) Lc4b3 | 5) Ld7g4 | 10) c4b5 | 10) Sc6d4 |
| 6) f2f3 | 6) Lg4c8 | 11) De2e3 ∧ | |

Ausserdem könnte W. auch mit Aufgabe des Bauern durch

| 2) | 3) d2d4 | 4) c2c4 ein gutes Spiel, aber ohne besondern Vortheil erlangen. |
|---|---|---|
| Sg8f6 | Sf6d5 | |

## Fianchetto.

$$\frac{1)\ e2e4 \quad 2)\ d2d4}{b7b6 \quad Lc8b7}$$

Diese Spielart ist nicht zu empfehlen.

| | 3) Lf1d3 | 4) f2f4 | 5) e4e5 | 6) c2c3 |
|---|---|---|---|---|
| | e7e6 [2]) | d7d5 [3]) | c7c5 | Sg8b6 |

| [1]) 5) | 6) a2a3 | 7) f2f3 | 8) Sb1c3 | 9) d2d3 | 10) Lb3a4 + | 11) Sc3e4 ∧ |
|---|---|---|---|---|---|---|
| a7a5 | Ld7g4 | Lg4c8 | Lc8a6 | b5b4 | Sb8d7 | |
| [2]) 3) | 4) f2f3 | 5) f3e4 | 6) Dd1e2 | 7) Sg1f3 | 8) 0-0 | 9) c2d3 |
| f7f5 | f5e4 | Sg8f6 | Sb8c6 | Sc6b4 | Sb4d3 | |
| [3]) 4) | 5) Dd1e2 | | | | | |
| f7f5 | | | | | | |

) Lf1d3  4) f2f4  5) Sg1f3  6) Lc1e3  7) c2c4  8) Sb1c3  9) Dd1e2
—————————————————————————————————————————————————————————————————
g7g6    Lf8g7  d7d6    Sb8d7    e7e6    Sg8e7    0-0

Veränderung im 5. Zuge von S.

)_____        6) c2c3  7) Lc1e3  8) Sb1d2  9) 0-0
———————————————————————————————————————————————
e7e6          c7c5      d7d6      Sg8e7

| w. | s. | w. | s. |
|---|---|---|---|
| 3) Lf1d3 | 3) f7f5 | 9) Dh5g4 | 9) Lg2h1 |
| 4) e4f5 | 4) Lb7g2 | 10) h2h4 | 10) Lh1b7 |
| 5) Dd1h5+ | 5) g7g6 | 11) h4h5 | 11) Kg8f8 |
| 6) f5g6 | 6) Lf8g7 ~ | 12) h5h6 | 12) Lg7f6 |
| 7) g6h7+ | 7) Ke8f8 | ∧ | |
| 8) h7g8D+ | 8) Kf8g8 | | |

## Damenspringer gegen Königsbauer.

1) e2e4
————
Sb8c6

Dies Spiel ist gleichfalls nicht günstig für S. und daher ungebräuchlich.

) d2d4  3) d4e5  4) f2f4 ∧
—————————————————————————
e7e5    Sc6e5

) d2d4  3) d4d5  4) Lf1d3  5) c2c4  6) f2f4 ∧
—————————————————————————————————————————————
e7e5    Sc6e7    d7d6      f7f5

Hiermit schliessen die Spiele vom Königsbauer.

# II. Spiele vom Damenbauer.

Die am häufigsten vorkommende Eröffnung dieser Art besteht im

## Damengambit.

$$1) \ \frac{d2d4}{d7d5} \qquad 2) \ c2c4$$

Das Damengambit hat das Eigenthümliche, dass der Gambitbauer, im Gegensatze zum Königsgambit, nicht haltbar ist, ohne dass darum die Annahme des Damengambits gerade entschiedene Nachtheile hätte. Indess, da solcherweise kein Grund vorhanden ist, den Damenbauer gegen den Damenläuferbauer zu tauschen, so nimmt man gewöhnlich das Damengambit nicht an. Auch in unserer Darstellung werden wir zuerst das abgelehnte und dann das angenommene Damengambit erörtern.

### Abgelehntes Damengambit.

| 2) | 3) Sb1c3 | 4) Lc1f4 | 5) e2e3 | 6) Sg1f3 | 7) a2a3 | |
|---|---|---|---|---|---|---|
| $\overline{\cdot e7e6 \ ^1)}$ | $\overline{Sg8f6}$ | $\overline{a7a6}$ | $\overline{c7c5}$ | $\overline{Sb8c6}$ | $\overline{Lf8e7}$ | = |

| 2) | 3) Sb1c3 | 4) Sg1f3 | 5) e2e3 | 6) a2a3 | |
|---|---|---|---|---|---|
| $\overline{e7e6}$ | $\overline{Sg8f6}$ | $\overline{c7c5}$ | $\overline{Sb8c6}$ | = | |

| 2) | 3) c4d5 | 4) e2e3 | 5) Sb1c3 | 6) e3d4 | 7) Lf1c4 | |
|---|---|---|---|---|---|---|
| $\overline{c7c5}$ | $\overline{Dd8d5}$ | $\overline{c5d4}$ | $\overline{Dd5a5}$ | $\overline{e7e6}$ | $\overline{Lf8d6}$ | = |

| 2) | 3) c4d5 | 4) Sb1c3 | 5) Dd1d4 | 6) Sc3b5 | 7) Sg1f3 | |
|---|---|---|---|---|---|---|
| $\overline{c7c5}$ | $\overline{Dd8d5}$ | $\overline{Dd5d4}$ | $\overline{c5d4}$ | $\overline{Sb8a6}$ | $\overline{e7e6}$ | = |

| w. | s. | w. | s. |
|---|---|---|---|
| | 2) c7c5 | 5) c5c6 | 5) b7c6 |
| 3) d4c5 | 3) d5c4 | 6) Da4c6 | 6) Ta8b8 |
| (Statt d4c5 müsste d5d4 geschehen.) | | 7) Dc6c4 $\bigwedge$ | |
| 4) Dd1a4+ | 4) Sb8d7 | | |
| w. | s. | w. | s. |
| | 2) c7c5 | 7) b2b4 | 7) a7a5 |
| 3) d4c5 | 3) Dd8a5+ | 8) Lc1d2 | 8) a5b4 |
| 4) Dd1d2 | 4) Da5d2+ | 9) Ld2b4 | 9) Ta8a4 |
| 5) Sb1d2 | 5) d5c4 | 10) a2a3 $\bigwedge$ | |
| 6) Sd2c4 | 6) Sb8d7 | | |
| w. | s. | w. | s. |
| | 2) c7c5 | 8) Lc1e3 | 8) a7a5 |
| 3) d4c5 | 3) d5d4 | 9) b4b5 | 9) Sb8d7 |
| 4) b2b4 | 4) e7e5 | 10) c5c6 | 10) b7c6 |
| 5) Sg1f3 | 5) f7f6 | 11) b5c6 | 11) Sd7c5 |
| 6) e2e3 | 6) d4e3 | | = |
| 7) Dd1d8+ | 7) Ke8d8 | | |

¹) Der beste Gegenzug. Dadurch kommen Stellungen heraus wie bei dem französischen Spiel.

2) ⎯⎯  3) d4c5  4) b2b4  4) b4b5  5) Sg1f3  6) Lc1a3  
c7c5   d5d4   a7a5   e7e5   f7f6   Dd8c7 =

| W. | S. | | W. | S. |
|---|---|---|---|---|
| | 2) c7c5 | | 7) Sf3d4 | 7) e7e5 |
| 3) d4c5 | 3) d5d4 | | 8) Sd4b3 | 8) Lc8e6 |
| 4) b2b4 | 4) a7a5 | | 9) Sb1d2 | 9) Sb8d7 |
| 5) Sg1f3 | 5) a5b4 | | = | |
| 6) Dd1d4 | 6) Dd8d4 | | | |

Weniger zu empfehlen ist es für W. im 5. Zuge Lc1b2 zu ziehen:

| W. | S. | | W. | S. |
|---|---|---|---|---|
| | 2) c7c5 | | 7) a3b4 | 7) Ta8a1 |
| 3) d4c5 | 3) d5d4 | | 8) Lb2a1 | 8) b7b6 |
| 4) b2b4 | 4) a7a5 | | 9) Dd2a4+ | 9) Lc8d7 |
| 5) Lc1b2 | 5) c7c5 | | 10) Da4a3 | 10) b6c5 |
| 6) a2a3 | 6) a5b4 | | 11) b4c5 | 11) Dd8c7 ∧ |

S. kann im 2. Zuge auch c7c6 spielen, ohne Verlust zu erleiden z. B.:

2) c2c4  3) Sb1c3  4) e2e3  5) Dd1b3  
c7c6   Sg8f6   Lc8f5   Dd8b6 =

Dagegen sind folgende Spielweisen für S. nachtheiliger:

| W. | S. | | W. | S. |
|---|---|---|---|---|
| | 2) c7c6 | | 6) Sg1f3 | 6) e7e6 |
| 3) Sb1c3 | 3) Sg8f6 | | 7) Sf3e5 | 7) Dd7c7 |
| 4) e2e3 | 4) Lc8f5 | | 8) c4d5 | 8) e6d5 |
| 5) Dd1b3 | 5) Dd8d7 | | W. ist etwas entwickelter. | |

| W. | S. | | W. | S. |
|---|---|---|---|---|
| | 2) c7c6 | | 8) Dc6a6 | 8) e7e6 |
| 3) Sb1c3 | 3) d5c4 | | 9) Lc1d2 | 9) Sg8f6 |
| 4) e2e3 | 4) b7b5 | | 10) a2a4 | 10) Dd8b6 |
| 5) Sc3b5 | 5) c6b5 | | 11) a4b5 | 11) Db6b5 |
| 6) Dd1f3 | 6) Sb8c6 | | 12) Da6b5 | 12) Ld7b5 |
| 7) Df3c6+ | 7) Lc8d7 | | 13) b2b3 ∧ | |

Es ist zu bemerken, dass wenn im abgelehnten Damengambit W. c4c5 zieht S. durch b7b6 die feindlichen Bauern sprengt.

## Angenommenes Damengambit.

Nach den Zügen 1) d2d4 2) c2c4 kann W. sein Spiel entweder mit e2e3  
d7d5   d5c4  
(was für das Beste gilt,) oder mit Sb1c3 oder mit e2e4 fortsetzen. Nachfolgend die Analyse dieser Züge:

2) ⎯⎯  3) e2e3  4) Lf1c4[2)]  5) c3d4  6) Sg1f3  7) 0-0  8) Lc1g5  
d5c4   e7e5[1)]   c5d4   Lf8d6   Sg8f6   0-0   =

[1)] Das Richtige nach Annahme des Damengambits. Dass der Bauer auf c4 nicht zu halten ist, zeigen folgende Spiele:

3) e2e3  4) a2a4  5) a4b5  6) Dd1f3  Oder: 3) e2e3  4) a2a4  5) a4b5  6) b2b3  7) b3c4  
b7b5   c7c6   c6b4   Verloren.     b7b5   Lc8d7   Ld7b5   Dd8d5   Lb5c4  
8) Dd1a4+  
Verloren.

[2)] Nach d4e5 tauscht S. die Dame und erlangt das bessere Spiel.

| w. | s. |
|---|---|
|  | 2) d5c4 |
| 3) e2e3 | 3) e7c5 |
| 4) Lf1c4 | 4) e5d4 |
| 5) e3d4 | 5) Sg8f6 |
| 6) Dd1b3 | 6) Dd8e7 + |

| W. | l. |
|---|---|
| 7) Sg1e2 | 7) De7b4+ |
| 8) Sb1c3 | 8) Db4b3 |
| 9) Lc4b3 | 9) Lf8e7 |
|  = |  |

| 2) | 3) e2e3 | 4) Lf1c4 | 5) Dd1b3 |
|---|---|---|---|
| d5c4 | f7f5¹) | e7e6 | W. steht besser. |

| w. | s. |
|---|---|
|  | 2) d5c4 |
| 3) e2e3 | 3) c7c5 |
| 4) Lf1c4 | 4) c5d4 |
| 5) e3d4 | 5) Sb8c6 |

| w. | s. |
|---|---|
| 6) Sg1e2 | 6) e7e5 |
| 7) d4d5 | 7) Sc6a5 |
| 8) b2b3 | 8) a7a6 |
| 9) a2a4 ∧ |  |

| w. | s. |
|---|---|
|  | 2) d5c4 |
| 3) e2e3 | 3) c7c5 |
| 4) Lf1c4 | 4) c5d4 |
| 5) e3d4 | 5) Sb8c6 |
| 6) Sg1e2 | 6) e7e5 |
| 7) Lc1e3 | 7) c5d4 |

| w. | s. |
|---|---|
| 8) Se2d4 | 8) Sc6d4 |
| 9) Le3d4 | 9) Dd8e7+ |
| 10) Lc4c2 | 10) De7b4+ |
| 11) Dd1d2 | 11) Db4d2+ |
| 12) Sb1d2 | 12) Sg8e7 |
|  | ∧ |

Man sieht aus dieser Erörterung, dass das angenommene Damengambit dem Anziehenden, wenn er mit e2e3 fortfährt ein gutes Spiel verschafft, welches aber einer sehr geschickten Hand bedarf, um wirkliche Vortheile daraus zu entwickeln. Untersuchen wir jetzt die Züge 3) Sb1c3 und 3) e2e4.

| 2) | 3) Sb1c3 | 4) e2e3 | 5) Lf1c4 | 6) e3d4 |
|---|---|---|---|---|
| d5c4 | Sg8f6 | e7e5 | c5d4 | Lf8d6  = |

| 2) | 3) Sb1c3 | 4) e2e4 | 5) d4d5 | 6) Lc1g5 | 7) Lf1c4 | Ziemlich gleich. |
|---|---|---|---|---|---|---|
| d5c4 | Sg8f6 | e7e5 | c7c6 | Lf8d6 | 0-0 |  |

| w. | s. |
|---|---|
|  | 2) d5c4 |
| 3) Sb1c3 | 3) e7e5 |
| 4) d4e5 | 4) Dd8d1+ |
| 5) Sc3d1 | 5) Sb8c6 |
| 6) e2e4 | 6) Sc6e5 |

| w. | s. |
|---|---|
| 7) Lc1f4 | 7) Lf8d6 |
| 8) Lf4e5 | 8) Ld6e5 |
| 9) Lf1c4 | 9) Sg8e7 |
|  = |  |

| w. | s. |
|---|---|
|  | 2) d5c4 |
| 3) Sb1c3 | 3) e7e5 |
| 4) d4d5 | 4) c7c6 |
| 5) e2e4 | 5) Sg8f6 |

| w. | s. |
|---|---|
| 6) Lc1g5 | 6) c6d5 |
| 7) e4d5 | 7) Lc8f5 |
| 8) Lf1c4 | 8) Lf8d6 |
|  | W. hat einen Freibauer. |

| 2) | 3) Sb1c3 | 4) a2a4 | 5) d4e5 | 6) Sc3d1 |
|---|---|---|---|---|
| d5c4 | c7c6 | e7e5 | Dd8d1+ | = |

| 2) | 3) Sb1c3 | 4) d4d5 | 5) e2e4 | 6) c4d5 | 7) Lf1c4 | W. hat einen Freibauer. |
|---|---|---|---|---|---|---|
| d5c4 | c7c5 | e7e6 | e6d5 | Lf8d6 | Sg8e7 |  |

Aus dieser Analyse erhellt, dass auch Sb1c3 bei gewissen Gegenzügen von S. dem Angreifenden eine günstigere Stellung verschafft; doch ist er schon schwächer als e2e3.

¹) Nicht gut.

Wir kommen jetzt zum Zuge 3) e2e4.

| **w.** | **s.** | | **w.** | **s.** |
|---|---|---|---|---|
| | 2) d5c4 | | 7) e4f5 | 7) Lc8f5 |
| 3) e2e4 | 3) e7e5[1]) | | 8) 0-0 | 8) 0-0 |
| 4) d4d5 | 4) f7f5 | | 9) Sf3g5 | 9) Dd8e7 |
| 5) Lf1c4[2]) | 5) Sg8f6 | | | |
| 6) Sg1f3 | 6) Lf8d6 | | W. hat ein gutes Spiel. | |

Oder:

5) Sb1c3  6) e4f5  7) Lf1c4  8) Sg1e2  9) 0-0 $=$
   Sg8f6   Lc8f5   Lf8d6    0-0     Sb8d7

Schon bei oberflächlicher Betrachtung zeigt sich, dass es für W. nicht so gut wäre, im 4. Zuge statt d4d5 zu ziehen, mit d4e5 den feindlichen Königsbauer zu nehmen, da W. solcherweise die Rochade verliert; indess ist es auch so immerhin möglich die Partie zu halten, wie nachfolgende Spiele darthun:

| **w.** | **s.** | | **w.** | **s.** |
|---|---|---|---|---|
| | 2) d5c4 | | 6) f2f4 | 6) Lc8g4+ |
| 3) e2e4 | 3) e7e5 | | 7) Lf1e2 | 7) 0-0-0+ |
| 4) d4e5 | 4) Dd8d1+ | | 8) Lc1d2 | 8) Lg4e2+ |
| 5) Ke1d1 | 5) Sb8c6 | | 9) Sg1e2 | 9) Lf8b4 |

(Dies ist der beste Zug für S.)

| **w.** | **s.** | | **w.** | **s.** |
|---|---|---|---|---|
| | 2) d5c4 | | 7) Sb1c3 | 7) c7c6 |
| 3) e2e4 | 3) e7e5 | | 8) Lf1c4 | 8) b7b5 |
| 4) d4e5 | 4) Dd8d1+ | | 9) Lc1b3 | 9) b5b4 |
| 5) Ke1d1 | 5) Sb8d7 | | 10) Sc3e2 | 10) Sc5e4 |
| 6) f2f4 | 6) Sd7c5 | | 11) Lc1e3 | $=$ |

Weniger gut ist es für S. im 5. Zuge Lc8e6 oder b7b5 zu ziehen.

| **w.** | **s.** | | **w.** | **s.** |
|---|---|---|---|---|
| | 2) d5c4 | | 7) Sb1d2 | 7) b7b5 |
| 3) e2e4 | 3) e7e5 | | 8) a2a4 | 8) c7c6 |
| 4) d4e5 | 4) Dd8d1+ | | 9) a4b5 | 9) c6b5 |
| 5) Ke1d1 | 5) Lc8e6 | | 10) b2b3 $\wedge$ | |
| 6) f2f4 | 6) g7g6 | | | |

Veränderung im 5. Zuge von S.

| **w.** | **s.** | | **w.** | **s.** |
|---|---|---|---|---|
| | 5) b7b5 | | 10) Sc3d5 | 10) Ke8d8 |
| 6) a2a4 | 6) c7c6 | | 11) Lc1d2 | 11) c4c3 |
| 7) a4b5 | 7) c6b5 | | 12) Lf1a6 | 12) Sb8a6 |
| 8) Sb1c3 | 8) Lc8a6 | | 13) Ld2g5+ $\wedge$ | |
| 9) b2b3 | 9) b5b4 | | | |

Andere Züge von S. sind:

| **w.** | **s.** | | **w.** | **s.** |
|---|---|---|---|---|
| | 2) d5c4 | | 6) Lc4e6 | 6) Lc8e6 |
| 3) e2e4 | 3) f7f5[3]) | | 7) Db3e6+ | 7) Lf8e7 |
| 4) Lf1c4 | 4) f5e4 | | 8) De6e4 $\wedge$ | |
| 5) Dd1b3 | 5) e7e6 | | | |

[1]) Das Richtigste. 4) d4d5  5) Lf1c4  6) Sg1f3  7) Sf3e5  8) Lc1f4.
      f7f5       Sg8f6     f5e4      Lf8d6

[2]) Schwächer ist: 5) e4f5  6) Sb1c3  7) Lf1c4 $=$
                      Lc8f5    Sb8d7    Sd7b6

[3]) Nicht gut, ebenso wie die andern Gegenzüge c7c5 und b7b5.

15*

**Veränderung im 4. Zuge von W.**

| W. | S. | W. | S. |
|---|---|---|---|
| 4) e4f5[1]) | 4) Lc8f5 | 9) Ta1b1 | 9) Dg4e4 |
| 5) Lf1c4 | 5) Sg8f6 | 10) Tb1d1 | 10) Sb8d7 |
| 6) Dd1b3 | 6) Dd8d4 | 11) Lc4f7 + | 11) Ke8d8 |
| 7) Lc1e3 | 7) Dd4g4 | 12) f2f3 ∧ | |
| 8) Sg1e2 | 8) Lf5b1 | | |

Oder:

| W. | S. | W. | S. |
|---|---|---|---|
| 4) e4f5 | 4) Lc8f5 | 11) Lc4b5 | 11) a7a6 |
| 5) Lf1c4 | 5) Sg8f6 | 12) Lb5c6 + | 12) b7c6 |
| 6) Sg1e2 | 6) Lf5e4 | 13) Dd1h5+ | 13) g7g6 |
| 7) 0-0 | 7) Sb8c6 | 14) Dh5e5 | 14) Th8g8 |
| 8) Sb1c3 | 8) Le4d5 | 15) De5e6 | 15) Tg8g7 |
| 9) Sc3d5 | 9) Sf6d5 | 16) De6c6 + | 16) Dd8d7 |
| 10) Se2c3 | 10) Sd5b6 | 17) Dc6e4 ∧ | |

| W. | S. | W. | S. |
|---|---|---|---|
| | 2) d5c4 | 6) Sb1c3 | 6) a7a6 |
| 3) e2e4 | 3) c7c5 | 7) a2a4 | 7) e6d5 |
| 4) d4d5 | 4) e7e6 | 8) e4d5 | 8) Lf8d6 |
| 5) Lf1c4 | 5) Sg8f6 | 9) Sg1f3 | 9) 0-0 |

(Nimmt S. e6d5 so nimmt W. e4d5 wieder.)

| W. | S. | W. | S. |
|---|---|---|---|
| | 2) d5c4 | 8) Ke1e2 | 8) Dd8d1 + |
| 3) e2e4 | 3) b7b5 | 9) Ke2d1 | 9) Lc8b7 |
| 4) a2a4 | 4) c7c6 | 10) b3c4 | 10) b5c4 |
| 5) a4b5 | 5) c6b5 | 11) Lf1c4 | 11) Lb7e4 |
| 6) b2b3 | 6) e7e5[2]) | 12) f2f3 | 12) Le4c6 |
| 7) d4e5 | 7) Lf8b4 + | | ? |

Oder:

| W. | S. | W. | S. |
|---|---|---|---|
| 5) b2b3 | 5) e7e5 | 9) a4b5 | 9) c6b5 |
| 6) d4e5 | 6) Lf8b4 + | 10) b3c4 | 10) b5c4 |
| 7) Ke1e2 | 7) Dd8d1+ | 11) Lf1c4 | 11) Sd7e5 |
| 8) Ke2d1 | 8) Sb8d7 | | = |

**Veränderung im 6. Zuge von W.**

6) d4d5   7) $\frac{Lc1d2}{Lb4d2+}$   8) $\frac{Dd1d2}{c6d5}$   9) e4d5 ∧

$\frac{}{Lf8b4+}$

3) e2e4   4) $\frac{a2a4}{c7c6}$   5) $\frac{d4d5}{Sg8f6}$   6) $\frac{d5c6}{Dd8d1+}$   7) $\frac{Ke1d1}{Sf6e4}$   8) $\frac{Lc1c3}{b5b4}$   9) $\frac{Lf1c4}{Sb8a6}$ ∧

$\frac{}{b7b5}$

Hiermit schliessen wir die Besprechung des Damengambits.

---

[1]) Besser als e4e5 denn: 4) $\frac{e4e5}{Lc8e6}$ 5) $\frac{Sb1a3}{Sb8c6}$ 6) $\frac{Lc1e3}{Dd8d7}$ 7) $\frac{Lf1c4}{Le6c4}$ 8) $\frac{Sa3c4}{Dd7d5}$ Oder:

4) $\frac{e4e5}{Lc8e6}$ 5) $\frac{Sb1a3}{Sb8c6}$ 6) $\frac{Lc1e3}{Dd8d7}$ 7) $\frac{Sa3c4}{0-0-0}$ 8) $\frac{Sg1f3}{f5f4}$ 9) $\frac{Lc3f4}{Sc6d4}$

[2]) 6) $\frac{}{Lc8a6}$ 7) $\frac{b3c4}{b5c4}$ 8) $\frac{Ta1a6}{Sb8a6}$ 9) Dd1a4+ ∧

# Damenläufer- oder Damenspringerspiel.

1) d2d4　2) Lc1f4
──────
d7d5

1) d2d4　2) Sb1c3
──────
d7d5

Sie sind nicht besonders empfehlenswerth. S. kann in beiden Fällen c7c5 ziehen, z. B.:

| **W.** | | **S.** | | **W.** | | **S.** | |
|---|---|---|---|---|---|---|---|
| 2) Lc1f4 | | 2) c7c5 | | 7) Da4a7 | | 7) c5c4 | |
| 3) Lf4b8 | | 3) Ta8b8 | | 8) b2b4 | | 8) Tb8a8 | |
| 4) e2e3 | | 4) e7c6 | | 9) Da7b7 | | 9) Sg8e7 | |
| 5) c2c3 | | 5) b7b6 | | | | Λ | |
| 6) Dd1a4+ | | 6) Lc8d7 | | | | | |

| **W.** | | **S.** | | **W.** | | **S.** | |
|---|---|---|---|---|---|---|---|
| 2) Sb1c3 | | 2) c7c5 | | 6) b2b4 | | 6) b7b6 | |
| 3) d4c5 | | 3) d5d4 | | 7) Lc1a3 | | 7) b6c5 | |
| 4) Sc3e4 | | 4) f7f5 | | 8) b4c5 | | 8) Dd8a5+ | |
| 5) Se4g3 | | 5) e7e5 | | Verloren. | | | |

Offenbar kann W. besser spielen; indess bringen diese Eröffnungen dem Anziehenden jedenfalls keinen Vortheil.

## Andere Gegenzüge gegen den Damenbauer.

1) d2d4
──────
f7f5[1])

2) c2c4　3) Sb1c3　4) a2a3　5) Lc1f4
─────
Sg8f6　e7e6[2])　Lf8e7　═

| **W.** | | **S.** | | **W.** | | **S.** | |
|---|---|---|---|---|---|---|---|
| 2) c2c4 | | 2) c7e6 | | 6) d4d5 | | 6) e6e5 | |
| 3) Sb1c3 | | 3) Sg8f6 | | 7) c2c3 | | 7) 0-0 | |
| 4) Lc1g5 | | 4) Lf8b4 | | 8) Lf1d3 | | 8) d7d6 | |
| 5) Dd1b3 | | 5) c7c5 | | | | | |

| **W.** | | **S.** | | **W.** | | **S.** | |
|---|---|---|---|---|---|---|---|
| 2) e2e4[3]) | | 2) f5e4 | | 8) Lf1d3 | | 8) 0-0 | |
| 3) Sb1c3 | | 3) Sg8f6 | | 9) Sg1e2 | | 9) f6f5 | |
| 4) Lc1g5 | | 4) c7c6[4]) | | 10) f2f4 | | 10) c6c5 | |
| 5) Lg5f6 | | 5) e7f6 | | 11) c2c3 | | 11) c5d4 | |
| 6) Sc3e4 | | 6) d7d5 | | 12) c3d4 | | ⹏12) Ld6b4+ | |
| 7) Se4g3 | | 7) L8d6 | | | | | |

| **W.** | | **S.** | | **W.** | | **S.** | |
|---|---|---|---|---|---|---|---|
| 2) h2h3[5]) | | 2) Sg8f6 | | 7) Sg1f3 | | 7) Sb8c6 | |
| 3) g2g4 | | 3) d7d5[6]) | | 8) Lc1f4 | | 8) Lf8d6 | |
| 4) g4g5 | | 4) Sf6e4 | | 9) Lf4d6 | | 9) Dd8d6 | |
| 5) h3h4 | | 5) c7c5 | | | | Λ | |
| 6) c2c3 | | 6) e7e6 | | | | | |

──────

[1]) Sehr gebräuchlich.

[2]) Oder auch d7d6. Es lässt sich über die Reihefolge der Züge nichts Bestimmtes sagen.

[3]) Dieser Zug, vielfach ausgeübt, bietet doch keine besondern Vortheile.

[4]) Auf d7d5 folgt 5) Lg5f6 und dann 6) Dd1b5+

[5]) Nicht anzurathen.

[6]) Schlechter wäre: 3)　　4) h3g4 5) c2e4 6) Lf1e2 7) Lc1g5 8) Sg1h3 9) Dd1d2 Λ
──────　─────　─────　─────　─────　─────
f5g4　　Sf6g4　d7d6　h7h5　g7g6　Lf8h6

$$1) \frac{\text{d2d4}}{\text{e7e6}^1)}$$

| 2) | 3) | 4) | 5) | 6) | 7) | 8) | |
|---|---|---|---|---|---|---|---|
| c2c4 | e2e3 | Sb1c3 | Sg1f3 | Lf1d3 | a2a3 | 0-0 | = |
| d7d5 | c7c5 | Sg8f6 | Sb8c6 | a7a6 | Lf8d6 | 0-0 | |

$$1) \frac{\text{d2d4}}{\text{e7c5}^2)}$$

| 2) | 3) | 4) | 5) | 6) | 7) | 8) | |
|---|---|---|---|---|---|---|---|
| d4d5 | e2e4⁴) | f2f4 | Lf1d3 | Ld3e4 | Sb1c3 | Sg1f3 ∧ | |
| e7e5³) | d7d6 | f7f5 | f5e4 | Sg8f6 | Lf8e7 | | |

Offenbar kann sich die Familie der Spiele vom Damenbauer weder an Anzahl noch an Eigenschaften mit der vom Königsbauer messen. Die Figuren der Damenseite haben einen viel längeren Weg zurückzulegen, ehe sie auf die gegnerische Königsseite ihre Wirkung auszuüben vermögen. In sofern es beim Damengambit für den Anziehenden darauf ankommt, seinem Königsläufer die Stellung auf dem 4. Felde seines Damenläufers zu verschaffen, so ist dies bei den Eröffnungen vom Königsbauer ungehinderter zu erreichen, und hat die im Damengambit damit verbundene Oeffnung der C-Linie für den Damenthurm nicht die Bedeutung, wie die der F-Linie für den Königsthurm. —

Wie schon erwähnt, verlangen die Eröffnungen mit dem Damenbauer ein sehr feines, durchdachtes, durch die Erfahrung gereiftes Spiel.

¹) Guter Gegenzug.

²) Nachtheilig wegen d4d5.

³) 2) $\frac{}{\text{e7e6}}$   3) c2c4

⁴) 3) $\frac{\text{c2c4}}{\text{f7f5}}$   4) $\frac{\text{e2e4}}{\text{d7d6}}$   5) $\frac{\text{Lf1d3}}{\text{f5e4}}$   6) $\frac{\text{Ld3e4}}{\text{Sg8f6}}$ ∧

Weniger günstig für W. ist:

3) $\frac{\text{c2c4}}{\text{f7f5}}$ 4) $\frac{\text{Sb1c3}}{\text{d7d6}}$ Zieht W. nun 5) e2e3 so folgt 5) e5e4; auf 5) e2e4 dagegen kann S. 5) f5f4 ziehen.

# III. Spiele von den Läuferbauern.

Diese Eröffnungen sind allerdings im Anfange ohne die Lebhaftigkeit der Spiele vom Königsbauer; sie werden aber zu dem Zwecke gewählt, um den Kampf ausserhalb des Gebiets der speciellen Theorie zu verlegen; denn die Reihefolge der Züge lässt sich, da der Angriff kein zwingender ist, nicht bestimmen.

$$\text{1) } \underline{\text{f2f4}}$$
$$\overline{\text{f7f5}} \text{ oder } \overline{\text{d7d5}}^{1)}$$

| 1) | 2) Sg1f3 | 3) d2d4 | 4) e2e3 | 5) c2c4 $=$ |
|---|---|---|---|---|
| $\overline{\text{f7f5}}$ | $\overline{\text{Sg8f6}}$ | $\overline{\text{d7d5}}$ | $\overline{\text{e7e6}}$ | $\overline{\text{c7c5}}$ |

| 1) | 2) e2e3 | 3) Lf1b5 $+$ | 4) Lc2c4 |
|---|---|---|---|
| $\overline{\text{d7d5}}$ | $\overline{\text{c7c5}}$ | $\overline{\text{Sb8c6}}$ | $=$ |

| 1) | 2) d2d4 | 3) e2e3 | 4) Sg1f3 | 5) c2c4 | 6) e3d4 | 7) Lf1c4 |
|---|---|---|---|---|---|---|
| $\overline{\text{d7d5}}$ | $\overline{\text{c7c5}}$ | $\overline{\text{e7e6}}$ | $\overline{\text{Sb8c6}}$ | $\overline{\text{c5d4}}$ | $\overline{\text{d5c4}}$ | $=$ |

| W. | S. | W. | S. |
|---|---|---|---|
| 1) — | 1) e7e5 | 6) Dd1e2[2]) | 6) Ld6h2 |
| 2) f4e5 | 2) d7d6 | 7) Th1h2 | 7) Sg4h2 |
| 3) e5d6 | 3) Lf8d6 | 8) Sf3h2 | 8) Dd8h4 $+$ |
| 4) Sg1f3 | 4) Sg8h6 | 9) g2g3 | 9) Dh4g3 |
| 5) e2e4 | 5) Sh6g4 | 10) Dc2f2 $\wedge$ | |

$$\text{1) } \underline{\text{c2c4}}$$
$$\overline{\text{c7c5}}^{3)}$$

| 2) e2e3 | 3) d2d4 | 4) Sb1c3 $=$ |
|---|---|---|
| $\overline{\text{e7e6}}$ | $\overline{\text{d7d5}}$ | $\overline{\text{Sg8f6}}$ |

| 2) Sb1c3 | 3) e2e3 | 4) d2d3 | 5) f2f4 | 6) Sg1f3 $=$ |
|---|---|---|---|---|
| $\overline{\text{e7e5}}$ | $\overline{\text{Sb8c6}}$ | $\overline{\text{f7f5}}$ | $\overline{\text{d7d6}}$ | $\overline{\text{Sg8f6}}$ |

| 2) f2f4 | 3) d2d3 | 4) Sb1c3 | 5) e2e4 | 6) Sg1f3 $=$ |
|---|---|---|---|---|
| $\overline{\text{f7f5}}$ | $\overline{\text{Sg8f6}}$ | $\overline{\text{d7d6}}$ | $\overline{\text{Sb8c6}}$ | $\overline{\text{e7e5}}$ |

Man ersieht hieraus, dass die Stellungen der geschlossenen Spiele vielfach in einander übergehen. Wegen des Weiteren verweisen wir daher auf die bereits besprochenen derartigen Eröffnungen.

— — — —

¹) Beide sind gut.

²) g2g3 ist schlecht. Bilguer zieht 2) $\underline{\text{d2d4}}$ 3) Lc1f4 und 2) $\underline{\text{f4e5}}$ 3) $\underline{\text{Sg1f3}}$
   $\qquad\qquad\qquad\qquad\qquad\quad \overline{\text{e5f4}} \qquad\qquad\qquad\qquad \overline{\text{d7d6}} \quad \overline{\text{d6e5}}$

4) e2e4 5) Lf1c4
$\overline{\text{Lf8c5}}$ $\overline{\text{Sb8c6}}$

³) 1) $\qquad$ 2) Sb1c3 3) e2e3 4) d2d4 5) Sg1h3. S. kann auch auf 1) c2c4 gleich
$\quad \overline{\text{e7e5}} \qquad \overline{\text{f7f5}} \quad \overline{\text{Sg8f6}} \quad \overline{\text{e5e4}} \quad \overline{\text{Lf8b4}}$ mit f7f5 antworten.

# Spiele mit Vorgaben.

In vorstehenden Analysen haben wir zwei gleich starke Spieler angenommen. Wo dies aber, wie gewöhnlich, nicht stattfindet, können verschiedene Fälle eintreten. Der theoretisch gebildete Spieler steht entweder einem Spieler ohne alle theoretische Kenntnisse gegenüber, oder einem Spieler, der theils aus Zusehen, theils aus Büchern ein gewisses Mass theoretischer Kenntnisse erlangt hat. In letzterm Falle, Schachtalent angenommen, ist die Aufgabe des Vorgebenden eine viel schwierigere, noch dazu, wenn der Gegner mit geschlossenen Spielen sich vertheidigt. Die Vorgabe wird rasch immer geringer werden, und vielleicht zuletzt ganz aufhören müssen. Ebenso unrecht wie jene haben, welche gegen ihnen weit überlegene Spieler ohne erhaltene Vorgabe spielen wollen, ebenso unrecht wäre es, wenn der Vorgebende da auf Vorgaben beharren wollte, wo sie vergeblich geworden sind, obgleich zuzugestehen, dass für den ältern Spieler ein gewisser Reiz in der Ueberwindung der Schwierigkeiten des Vorgabespiels liegt.

Die Vorgabe kann zweierlei sein, entweder Vorgabe von Offizieren oder Vorgabe von Bauer und zwei Zügen oder einem Zuge. Bei der Offiziervorgabe ist, insofern nicht ausdrücklich anders bestimmt worden, allgemeiner Gebrauch, dass der Vorgebende anzieht. Bei der Vorgabe des Damenthurms ist gleichwohl die Rückung des Königs 2 Schritte nach der Damenseite (e8c8) von Philidor und der französischen Schule gegen die Annahme der Italiener in Ausführung gebracht worden, und Verfasser persönlich bekennt sich gleichfalls dazu. Jedenfalls ist es aber nothwendig, dass die Spieler vorher sich darüber verständigen. Den Eckbauer des vorgegebenen Thurms einen Schritt vorzuzuziehen, ist ohne besondere Verabredung nicht gestattet.

Gewöhnlich werden der Damenspringer oder der Damenthurm vorgegeben. Welche Eröffnungsweise der Vorgebende bei dieser oder jener Vorgabe zu wählen hat, darüber lässt sich nichts bestimmtes sagen. Bei Vorgabe des Damenthurms findet oft das Läufergambit eine gute Anwendung (schon deswegen, weil sich erwarten lässt, dass wer einer so starken Vorgabe bedarf, die richtigen Vertheidigungsweisen theoretisch nicht kennt), während bei Springervorgabe die geschlossenen Partien oft gute Dienste leisten. Letztere Eröffnung hat auch noch den Vortheil, dass dadurch der Abtausch der Offiziere verzögert wird, ein Umstand von grosser Bedeutung. Sehr abgeschwächt werden durch Vorgabe des Damenspringers unter anderm das schottische Gambit (mit Ausnahme der kompromittirten Partie) und das Läufergambit, während das Muzio - Gambit wegen Wegfalls des Springers, durch rascheres Herausbringen des Damenthurms eine gewisse Stärke (bei Vertheidigung mit 6) Dd8f6) erlangt. Flüchtet sich dagegen die Vertheidigung hinter die Verschanzungen der geschlossenen Partie so ist freilich das Feld für heftige Angriffe von selbst verschlossen und es bleibt nichts anders übrig als das feine Positionsspiel.

Vorgabe der Offiziere auf der Königsseite oder der Läufer ist nicht üblich.

## Vorgabe des Königsläuferbauern und 1 oder 2 Züge.[1]

Bei Vorgabe von Bauer und 1 oder 2 Zügen wird stets der Königsläuferbauer (f7) gewählt, weil dadurch der König eine gewaltige Blösse erhält, und gleich im

---

[1] Bei Vorgabe von 3 Zügen und Bauer f7 könnte W. durch 1) e2e3, 2) Lf1d3 3) Dd1b5+ das Matt im 3. Zuge erzwingen; es muss also vorher ausgemacht werden, dass der Anziehende die Hälfte des Brettes in den ersten drei Zügen nicht überschreiten darf. In Paris kommt oft ein Spiel vor, wo der Eine die Dame oder einen anderen Offizier gegen eine entsprechende Anzahl von Bauern vorgibt, die der Andere von seiner Mannschaft wegsetzt, oder einen Offizier vorgibt und dafür eine Anzahl von Bauern zu seinen vorhandenen Acht hinzufügt. (Partie des pions).

Anfange heftigen Angriffen ausgesetzt wird, die sich alle nach den wunden Stellen f7 und g6 richten. Oft ist es dem Vorgebenden unmöglich zur Rochade zu gelangen, der König wird zu wandern genöthigt, und falls der Angriff überlegt durchgeführt und nicht übereilt wird, so verschlechtert sich die Partie dermassen, dass der Nachziehende der grössten Anstrengung bedarf um die Fahne aufrecht zu erhalten. Es ist nämlich noch ein Umstand für den Vorgebenden von grosser Gefahr. Das ist: die Macht der Mittelbauern des Anziehenden, welche das Centrum beherrschen, und in dem feindlichen Königsläuferbauer keinen Widerstand findend, das Spiel des Gegners sehr einzuengen vermögen. Ist überdies der Nachziehende genöthigt den Bauer g7 nach g6 zu bewegen, so vermag auch der Bauer h2—4—5 vorzurücken, und die ganze Königsflanke des schwarzen Spiels blosszulegen, was den Kampf manchmal entscheidet.

Es ist leichter, nach allgemeinen strategischen Gesetzen, die ersten Züge des Anziehenden festzustellen, als die des Nachziehenden. Gewöhnlich eröffnet W. sein Spiel mit 1) e2e4 2) d2d4 und darauf folgendem 3) Lf1d3; desto mehr gehen aber die Meinungen über die beste Art und Weise wie S. sich zu vertheidigen hat, aus einander. Manche spielen 2) Sb8c6, Andere 2) e7e6 und wieder Andere 2) d7d6. Letzterer Zug scheint uns der bessere zu sein. Als Beispiel setzen wir den Anfang einer solchen gespielten Partie her.

| W. | S. | W. | S. |
|---|---|---|---|
| 1) e2e4 | (f7 ist vorgegeben) | 10) b2h3 | 10) Lg4f3 |
| 2) d2d4 | 2) d7d6 | 11) Dd1f3 | 11) Sg8f6 |
| 3) Lf1d3 | 3) c7c6 | 12) Ta1d1 | 12) Lf8d6 |
| 4) Sb1c3 (e4e5 ist | 4) Lc8e6 | 13) Ld3c4 | 13) 0-0-0 |
| 5) f2f4   stärker.) | 5) Dd8c7 | 14) a2a3 | 14) Kc8b8 |
| 6) Sg1f3 | 6) Le6g4 | 15) b2b4 | 15) e5d4 |
| 7) Lc1e3 | 7) Sb8d7 | 16) Le3d4 | 16) Ld6e5 |
| 8) 0-0 | 8) e7e5 | 17) Ld4f2 | 17) Sd7b6 |
| 9) f4e5 | 9) d6e5 | | u. s. w. |

| W. | S. | W. | S. |
|---|---|---|---|
| 1) e2e4 | (f7 fehlt) | 6) Sf3g5 | 6) Dd8d7 |
| 2) d2d4 | 2) d7d6 | 7) Dd1h5+ | 7) Ke8d8 |
| 3) Lf1d3 | 3) c7c6 | 8) Sg5e6+ | 8) Dd7e6 |
| 4) e4e5 | 4) Lc8e6 | 9) Dh5e5 | |
| 5) Sg1f3 | 5) d6e5 | | |

Der Vertheidigung mit 2) Sb8c6 haben wir nie Gefallen abgewinnen können. Z. B.

| W. | S. | W. | S. |
|---|---|---|---|
| 1) e2e4 | (f7 fehlt) | 4) f2f4 | 4) e5d4 |
| 2) d2d4 | 2) Sb8c6 | (Auch 4) d4d5 ist gut) | |
| 3) Lf1d3 | 3) e7e5 | 5) e4e5 | 5) g7g6 |
| | | 6) h2h4 | |

Der Zug 2) e7e6 ist besser als Sb8c6, aber das Spiel des Nachziehenden bleibt sehr bedrängt. Z. B.

| W. | S. | W. | S. |
|---|---|---|---|
| 1) e2e4 | (f7 fehlt) | 4) d4d5 | |
| 2) d2d4 | 2) e7e6 | (auf 4) d4c5 folgt 4) Dd8a5+ 5) Lc1d2) | |
| 3) Lf1d3 | 3) c7c5 | 4) d7d6 | |
| (Auch 3) c2c4 ist gut) | | (Auf 4) e6e5 folgt | |
| | 5) c2c4 | f2f4) | |

Oder:

| W. | S. | | W. | S. |
|---|---|---|---|---|
| 1) e2e4 | (f7 fehlt) | | 4) d4d5 | 4) d7d6 |
| 2) d2d4 | 2) e7e6 | | 5) f2f4 | |
| 3) c2c4 | 3) c7c5 | | | |

Bei Vorgabe von Bauer und 1 Zuge ist der Angriff des ersten Spielers weniger bedrohlich. Auch hier sind für den Nachziehenden die Vertheidigungszüge 1) e7e6 oder d7d6 oder Sb8c6 angewendet worden. Philidor zog auch 1) Sg8h6. um nachher Sh6f7 zu spielen.

| W. | S. | | W. | S. |
|---|---|---|---|---|
| | (f7 fehlt) | | | |
| 1) e2e4 | 1) Sb8c6 | | 4) Lf1b5 | 4) Dd8d7 |
| 2) d2d4 | 2) d7d5 (oder d7d6) | | 5) Sg1e2 | 5) 0-0-0 |
| 3) e4e5 | 3) Lc8f5 | | 6) 0-0 | |

Oder:

| W. | S. | | W. | S. |
|---|---|---|---|---|
| | (f7 fehlt.) | | | |
| 1) e2e4 | 1) Sb8c6 | | 4) f2f4 | 4) Se5f7 |
| 2) d2d4 | 2) e7e5 | | 5) Lf1c4 | 5) Sg8h6 |
| 3) d4e5 | 3 Sc6c5 | | 6) Dd1d4 | |

| W. | S. | | W. | S |
|---|---|---|---|---|
| | (f7 fehlt.) | | | |
| 1) e2e4 | 1) e7e6 | | 10) Lc1e3 | 10) Sf6g4 |
| 2) d2d4 | 2) d7d5 | | 11) Ke1d2 | 11) Ta8a6 |
| 3)e4d5 bes. als Dd1h5+ | 3) e6d5 | | 12) Lf1d3 | 12) Ta6b6 |
| 4) c2c4  u. e4e5.) | 4) Sg8f6 | | 13) Db3c2 | 13) h7h6 |
| 5) Sb1c3 | 5) Lf8b4 | | 14) Ta1e1 | 14) Tb6e6 |
| 6) Sg1f3 | 6) 0-0 | | 15) h2h3 | 15) Sg4e3 |
| 7) Dd1b3 | 7) Lb4c3 + | | 16) f2e3 | 16) Te6f6 |
| 8) b2c3 | 8) a7a5 | | 17) Th1f1 | |
| 9) a2a4 | 9) Tf8e8 + | | | |

Der Zug 1) d7d6[1]) würde wie bei Vorgabe von Bauer und 2 Zügen zu behandeln sein. 1) Sg8h6 kommt gegenwärtig nur noch ausnahmsweise zur Anwendung.

| W. | S. | | W. | S. |
|---|---|---|---|---|
| | (f7 fehlt.) | | | |
| 1) e2e4 | 2) d2d4 | | 1) Sg8h6 | 2) Sh6f7 |

---

[1]) Dieser und e7e6 scheinen uns auch hier besser als Sb8c6.

## Nachträgliche Bemerkungen.

**Seite 40,** bei der Eröffnung: 4) c2c3 und zwar beim ersten Spiele ist der
d7d6
richtige Zug von W. 13) Lc1g5. Rochirt darauf S. so kommt W. durch 14) Sb1d2
in Vortheil.

**Seite 52.** E. v. Schmidt in Leipzig spielt im schottischen Gambit
nach den Zügen: 1) e2e4  2) Sg1f3  3) d2d4  4) Sf3d4
       e7e5     Sb8c6    e5d4     Sg8f6 (statt Lf8c5 oder Dd8h4).
W. könnte dagegen spielen: 5) Sd4c6  6) Lf1d3  7) e4e5  8) 0-0  9) f2f4  10) Kg1h1
             b7c6     d7d5    Sf6d7   Dd8h4   Lf8c5+    0-0
11) Tf1f3[1]) 12) Ld3f5 13) Lf5c8 14) a2a3 15) b2b4 16) Lc1b2 17) Dd1e2 18) f4e5∧
Dh4e7   Sd7b6[2])   Ta8c8   Sb6d7   Lc5b6     f7f6     f6e5

**Seite 73.** Läufergambit ist noch zu bemerken, dass wenn nach den Zügen:
1) e2e4  2) f2f4  3) Lf1c4  4) Dd1e2  5) Ke1d1  6) Lc4g8  7) De2e4+ der König
   e7e5     e5f4     f7f5   Dd8h4+    f5e4    Th8g8
auf d8 rückt statt das Schach mit Lf8e7 zu decken, W. folgendermassen spielt:
7)      9) Sg1f3  10) Th1e1  11) Sb1c3  12) d2d4  13) Lc1d2  14) Kd1c1
Ke8d8   Dh4h6   Lf8d6    c7c6    g7g5   Dh6h5[3])   b7b6[4])
15) Sf3e5            16) g2g4 17) h2g3 18) d4e5 19) Te1h1
Lc8b7 (Ld6e5 ist auch nicht besser)   f4g3   Ld6e5   h7b6   Dh5g6
20) De4g6 21) Th1h6 22) Ld2g5+∧ (Die im Bilguer angegebene Spielweise ist
Tg8g6    Tg6h6
nicht zu empfehlen.)

**Seite 79** zum Spiel: 1) e2e4  2) f2f4  3) Sg1f3 ist noch zu bemerken, dass
         e7e5    e5f4    Sg8f6
W. statt 4) e4e5 auch d2d3 ziehen kann, und den Gambitbauer wieder erobert.

**Seite 82** Zeile 4 muss lauten: Das Resultat dieser verschiedenen Untersuchungen ist, dass es S. allerdings in einigen Fällen gelingt, ein ungefähr gleiches
Spiel bei freiwilliger Hergabe des gewonnenen Gambitbauern zu erwirken, und
zuweilen W. sogar noch einige Anstrengung kostet, den Bauer wieder zu erobern.

---

[1]) Sb1d2 ist besser.
[2]) f7f6 ist besser: 12)      13) Tf3h3  14) Th3g3 (auf Dd1g4 folgt Sd7e5.)
         f7f6     g7g6 ∧
[3]) Auf b7b6 folgt 14) Sc3b5.  Auf 13) Sb8a6 erwidert 14) De4e2.
[4]) 14)      15) De4e2 16) Sc3e4
Sb8a6    b7b6

# Allgemeine Spielgrundsätze.

Das Schachspiel ist hinsichtlich der vortheilhaftesten Benutzung von Zeit und Raum vielfach mit einer Schlacht verglichen worden. Wie in dieser, gilt es auch auf dem Schachbrette, mit Flügeln und Mittelpunkt geschickt zu manövriren, den Mittelpunkt des Feindes zu durchbrechen, in seine Flügel Bresche zu legen, und den Sieg durch eine überwiegende Stellung, oder durch den Mehrbesitz von Kräften zu erringen. Dazu ist die Macht der nach-Befinden sorgsam zu hütenden, oder vortheilhaft zu opfernden, bald keilförmig, bald in gerader Schlachtreihe vordringenden Bauern, von grösstem Gewicht. Sie sind es, mit welchen man den Feind an der Entwickelung seiner Streitkräfte zu hindern, unter deren Schutz man dagegen seinen eigenen Offizieren möglich freien, weiten Spielraum zu verschaffen strebt. Im Anfange sucht man, wo es sicher geschehen kann, mit den Bauern den Mittelpunkt zu besetzen. Königs-Dame- und beide Läufer-Bauern auf ihrer 4. Reihe (f4,e4, d4,c4 oder f5,e5, d5,c5) neben einander stehend (freilich eine ideale Stellung, wie sie nur das Fianchetto dem Gegner gestattet), bilden eine gewaltige Mauer, welche den Feind einengt. Im Allgemeinen lasse man so gestellte Bauern unbeweglich auf ihrem Standpunkte, so lange die entgegenstehenden Bauern nicht Abtausch angeboten haben, welchen zu vermeiden, man den angegriffenen Bauer vorzieht, (dabei zugleich ein Hinderniss seines Fortkommens überwindend), und bei etwaigem künftigen unvermeidlichen Abtausch ihn zu ersetzen trachten muss. Allerdings gibt es auch Fälle von energischen Angriffsspielen, wo man, aus höheren Rücksichten, von selbst, Königs- und Damenbauer weiter vorzieht, um einem Offiziersangriffe Raum zu verschaffen. des Gegners Offiziere von gewissen Punkten zu vertreiben, und seine Stellung immer mehr und mehr einzuengen. Manche Eröffnungen beruhen sogar auf dergleichen Operationsweisen. Indess werden sie gewöhnlich nur durch Fehlzüge des Gegners veranlasst, und im Allgemeinen ist auf das Erhalten des Centrums das grösste Gewicht zu legen, weswegen die anschliessenden Bewegungen der übrigen Figuren wohl durchdacht sein müssen.

Nachdem Königs- und Damen-Bauer gezogen worden, sucht man baldmöglich den Königsläuferbauer 2 Schritte zu bewegen, wobei freilich die Sicherheit der eigenen Rochade (welche meist schon vorher geschehen ist,) gleichfalls in's Auge gefasst werden muss. Schwächere Spieler wissen gewöhnlich die grosse Bedeutung des Bauernzuges f2f4 oder f7f5 nicht zu würdigen, und machen dafür unnütze Offiziersbewegungen. Auch ist diese Operation nicht so leicht auszuführen, wie es scheint. Gewöhnlich muss der davor stehende Königsspringer fortbewegt, und auch der König von der g- nach der h-Linie gerückt werden. Manchmal gelangt der Spieler während der ganzen Partie nicht zu dem Aufzuge des Königsläuferbauern, indem der Gegner mit aller Kraft ihn daran zu hindern sucht.

Ist es der einen Partei gelungen, den Königsläuferbauer, bei noch vorhandenen Hauptfiguren, 2 Schritte vorzuziehen, so entsteht gleichsam ein neuer Abschnitt im Spiel. Zuweilen kann es nun fraglich erscheinen, ob es besser sei, mit dem bereits 2 Schritte vorgezogenen Königsläuferbauer noch weiter vorzurücken und den Feind einzuengen, oder damit den gegenüber stehenden Königsbauer zu tauschen, um sich eine freie Thurmöffnung zu verschaffen. Im Allgemeinen darf das Vorrücken nur geschehen, wenn man den, den Läuferbauer unterstützenden

Königsbauer, falls er von dem feindlichen Damenbauer angegriffen würde, durch den Damenbauer wieder ersetzen kann, weil sonst der in die Höhe gerückte, vereinzelte Königsläuferbauer nur durch Offiziere zu schützen ist, und leicht verloren geht.

Die allgemeine Regel heisst: seine Bauern zusammenzuhalten, nicht sie zu vereinzeln. Zuweilen vermag indess auch ein einzelner, weit in's feindliche Spiel vorgedrungener, und gut von Offizieren unterstützter Bauer (namentlich auf der Königs- oder Damencolonne) den Sieg zu erringen. Ein haltbarer Freibauer ist sehr oft, bei sonst gleicher Stellung, von Entscheidung, weil seine Bewachung, nach Abtausch der meisten übrigen Figuren, den feindlichen König lähmt. Auf diesen Punkt hat der Spieler stets sein Augenmerk zu richten. Die Bauern sind überhaupt die geeignetsten Figuren, um den Gegner zu lähmen, da er, vermag er seinerseits keinen Bauer zum Abtausch zu stellen, zuletzt sogar genöthigt sein könnte, einen Offizier zu opfern, um sich der Einengung zu entwinden.

Auch hüte man sich vor Spielweisen, wo man Gefahr läuft, mit dem Königs- oder Damen-Bauer rückständig zu bleiben, (d. h. wo einer dieser Bauern durch die feindlichen Figuren verhindert ist, 1 oder 2 Schritte vorzurücken, und dadurch nicht bloss zum Gegenstande des Angriffs wird, sondern auch das eigene Spiel beengt), ein Umstand der zuweilen zum Untergange genügt. —

Anfänger sind gar gern bereit, den Königsthurmbauer 1 Schritt zu ziehen. Indess verlangt dieser Zug Ueberlegung. Gewöhnlich geschieht er, um den feindlichen Läufer (c1g5 oder c8g4) an der Fesselung des Königsspringers zu hindern. Abgesehen aber von der Erwägung, ob dies nöthig, ist auch in Betracht zu ziehen, dass man zuweilen die Gelegenheit ergreift, absichtlich den auf f6 schlagenden feindlichen Läufer mit dem Bauer auf g7 wieder zu nehmen, um sich eine Oeffnung auf der g-Linie zur Wirksamkeit der Thürme wider den gegnerischen Rochadeflügel (vorausgesetzt also, dass der gegenseitige König schon rochirt hat) zu verschaffen.

Dies Manöver geschieht auch, wenn der eigene König auf derselben Seite rochirt hat, wo er dann nach dem Thurmfelde rückt. Ist aber der Thurmbauer schon einen Schritt vorgezogen, so ist eine solche Operation zu gefährlich für die eigene Stellung, und nicht anzurathen. Auch bietet man durch unnöthiges Vorrücken des Königsthurmbauern dem feindlichen Damenläufer, wenn er ungehindert darauf zielen kann, Gelegenheit zu drohender Wirksamkeit, vielleicht sogar zur Opferung, um die Rochadedeckung zu zerreissen, und seiner, von ihrem Königsläufer, oder sonstwie unterstützten Dame Eingang in's Spiel zu verschaffen.

Eine Hauptwirksamkeit der Bauern besteht im Bresche machen auf der feindlichen Rochadeseite. Sehr wird diese Operation erleichtert, wenn der Gegner den betreffenden Thurmbauer bereits einen Schritt gezogen hat. Auch ist es von Vortheil, wenn man durch das Vorziehen der Bauern zugleich Offiziere angreift und zurücktreibt. Man gewinnt solcherweise Züge, und zwingt den Gegner, nur an sich selbst zu denken. Oft ist das Opfer eines Bauern, oder gar mehrerer nöthig zum siegreichen Brescheangriff; manchmal muss sogar ein Offizier geopfert werden. Jedenfalls ist das rascheste, entschlossenste Spiel bei dergleichen Angriffen unerlässlich, um so mehr, weil es gewöhnlich darauf ankommt, welche von beiden Parteien in dieser Operation zuerst zum Ziele gelangt. Man hüte sich daher, dem Gegner Gelegenheit zu geben, die Bauern in einander zu schieben, weil solcherweise manchmal ein unüberwindlicher Stillstand in dem Vordringen eintritt.

Aus dem Gesagten erhellt, dass man die Bauern auf seinem Rochadeflügel nicht muthwillig auflockern darf, wenn man nicht etwa Gelegenheit hat, damit einen erfolgreichen Angriff zu machen, was zuweilen allerdings vorkommt, ja das einzig Uebrigbleibende ist, nämlich in Spielen, wo der Gegner eingeengt steht, und selbst nicht zum Angriffe zu schreiten vermag.

Wie im Kriege, so giebt es auch im Schachspiel Scheinangriffe. Man rückt zuweilen mit einem Flügel vor, bloss in der Absicht, die Rochade auf dieser Seite zu hindern, oder um einen Angriff, den der Feind auf einer Seite macht, durch offensive Bewegungen auf der andern zu lähmen. Doch hüte man sich, die Bauern zwecklos so in die Höhe zu ziehen, dass sie in Gefahr kommen, der Stützen beraubt, genommen zu werden.

In manchen Spielen rückt man den vom Damenläuferbauer unterstützten Damenspringerbauer 2 Schritte vor, um die Dame auf das 3. Feld des Damenspringers, behufs Verstärkung des auf dem 4. Felde seines Damenläufers stehenden Königsläufers zu spielen, da solcherweise der feindliche Damenspringer nicht auf dem 4. Felde seines Thurmes, Dame und Läufer zugleich anzugreifen vermag.

Zerstreute, vereinzelte Bauern sind meist verderblich. Darum lasse man sich nicht unnützerweise Doppelbauern machen. So lange sie freilich in Verbindung mit andern stehen, namentlich mit den Mittelbauern, denen sie möglicherweise zum Ersatz beim Abtausch dienen können, sind sie nicht unkräftig; niemand indess vermag den weitern Verlauf einer Partie voraus zu überschauen, und ob nicht der anfänglich unschädlich erscheinende Doppelbauer später doch vereinzelt werden muss.

Eins ist, was das Bauernspiel so besonders schwierig macht; nämlich, dass dem Bauer kein Rückzug gestattet ist, und ein etwaiger Fehlzug nicht, wie bei anderen Figuren, dadurch verbessert werden kann. (Ein Umstand, der beim Bauern-Endspiel freilich noch von entscheidenderer Bedeutung ist.)

Schwache Spieler benutzen viel zu wenig die Kraft der Bauern. weil deren Wirksamkeit verborgener liegt als die der Offiziere, und verbringen die Zeit mit unnützenBewegungen der höheren Figuren.

In gewissen Spielweisen (wie gezeigt worden) ist die Opferung des Damenbauern Seitens des Nachziehenden nothwendig, um den eigenen Kräften, mit Gewinnung eines Tempo, Entwickelung zu verschaffen, sei es, dass man, wie z. B. in einigen Spielweisen des Muzio-Gambits, bereits einen Offizier gewonnen hat, oder, wie z. B. im Doppelgambit des Läuferspiels, bloss ein Gegenopfer bringt, um den Feind in eine schlimme Lage zu drängen. In Spielen, wo solcherweise der Läufer c4 den Bauer d5 nimmt, ist es manchmal gut, darauf sogleich e7c6 zu ziehen, (Damenläuferbauer 1 Schritt) um den Läufer zurück zu treiben, und dadurch eine offene Linie für die Dame gegen den feindlichen Damenbauer zu gewinnen; dadurch wird zugleich dem feindlichen Damenspringer das Feld d5 verwehrt.

Den Zug f7f6 (Königsläuferbauer 1 Schritt) haben wir schon in der speciellen Lehre von den Eröffnungen, als im Anfange gewöhnlich verderblich erkannt,

Das geschickte Operiren mit den Bauern im Mittelspiel beruht auf Erfahrung und reiflicher Ueberlegung in jedem einzelnen Falle, und gehört zu den schwierigsten Errungenschaften des Schachspielers.

Der Königsläufer ist gewöhnlich, vermöge seiner Richtung auf den feindlichen Königsläuferbauer, als welchem Punkte meist der erste Angriff gilt, die Stütze desselben: auch auf dem dritten Felde seiner Dame steht er, namentlich wenn der feindliche König auf seiner Seite rochirt hat, bedeutungsvoll. Ob man ihn dahin, ob nach dem dritten Felde seines Damenspringers, oder dem zweiten seines Königs, falls er angegriffen wird, zurückzuziehen hat, darüber entscheidet die Lage. Auf c4 und b3, bestreicht der weisse Königsläufer den Punkt f7, und hindert oft das Aufziehen dieses Bauern; auf d3 bedroht er h7. Stellt sich ihm der feindliche Damenläufer entgegen, (ein Zug der nur mit genauer Ueberlegung geschehen darf) so lässt sich durch Wegnahme dieses Läufers zuweilen ein glücklicher Angriff einleiten, falls der wiedernehmende Königsläuferbauer von der Dame und dem Königsspringer, und vielleicht noch von dem bereits aufgezogenen Königsläuferbauer angegriffen werden kann, während der angegriffene König auf seinem Springerfelde, also in der Angriffslinie der Dame, stehen bleiben muss. Doch ist zu berechnen, ob man seinen Angriff auch durchzusetzen vermag, weil sonst der Gegner bloss eine ihm selbst vortheilhafte Oeffnung der Läufercolonne für den Thurm erhält. Nachfolgende Stellung gibt ein Beispiel eines gelungenen Angriffs durch den Läufertausch.

**s.**

**w.**

| Lb6e3 | Dd6b6 | f5f4 | Sd7f6 |
|-------|-------|------|-------|
| f2e3 | Dd1d2 | Ta1d1 | u. s. w. |

Noch aus einem andern Grunde ist der Zug des Damenläufers nach e3 oder e6, um den entgegenstehenden feindlichen Königsläufer zum Abtausch zu bewegen, vorher sehr zu durchdenken. Nimmt nämlich der Bauer f7 den feindlichen Läufer auf e6 wieder, so beherrscht er allerdings das Feld f5. Da er aber gewöhnlich zum Doppelbauer wird, so sucht man durch d6d5 den Damenbauer gegen den feindlichen Königsbauer zu tauschen, und den Doppelbauer auf e6 solcherweise nach d5 zu bringen. Dadurch wird indess das Feld f5, zum Anheften für feindliche Springer frei, was unter Umständen bedeutenden Nachtheil verursachen kann. —

Der achte Läuferangriff besteht in dem Zusammenwirken beider Läufer auf eine Richtung, und zwar auf die feindliche Rochadeseite. Ein solcher Angriff ist oft unwiderstehlich.

Ueberhaupt ist es von Bedeutung, wenn man den auf seiner Seite rochirt habenden feindlichen König in der Richtung des Königsläufers festzuhalten vermag.

Für die Wirksamkeit des Damenläufers ist es sehr förderlich, wenn er den 1 Schritt vorgerückten Königsthurmbauer der feindlichen Rochadeseite bestreicht, und solcherweise den Königsläufer in seiner drohenden Richtung unterstützt. Ausserdem stellt man den Damenläufer gern so, dass er den feindlichen Königsspringerbauer und das dahinterliegende Thurmfeld angreift, oder zieht ihn auf das dritte Feld seines Thurmes, wo er (freilich die vorherige Entfernung des feindlichen Königsläufers vorausgesetzt) manchmal der Rochade des Gegners hinderlich ist.

In manchen Spielen sucht man beim Herausziehen des Königsläufers durch Schachgeben mit demselben zugleich ein Tempo, behufs rascher Rochade zu gewinnen, oder wenigstens durch Fesselung eines gegnerischen Springers auf dem dritten Felde seines Königs- oder Damen-Läuferbauers einen Angriff einzuleiten.

Die Gleichheit der Schlagweise (schräg) zwischen Läufer und Bauer (ein Grund wesswegen die Läufer leicht von den Bauern eingeschlossen werden können, aber auch sich an Bauern hängen) bewirkt, dass der Läufer auf dem 2. Felde seines Springers, vor dem rochirt habenden Könige stehend, als denselben deckender Offizier gebraucht wird.

Falls man gegen Ende des Spiels vorgedrungene Bauern hat, so stelle man sie auf von der Farbe seines übrig gebliebenen Läufers verschiedene Felder, um das Dazwischenklemmen der feindlichen Figuren zu verhindern, die den Gang der Bauern hindern würden; hat man sich aber zu vertheidigen, so müssen die Bauern auf Feldern von der Farbe ihres Läufers stehen, um durch ihn geschützt zu werden.

Man beachte die beiden Gegensätze: in der Mitte der Partie, so lange noch lebhafte Angriffe stattfinden können, ist ein Läufer von der Farbe des gegenseitigen gut, um sich ihm nöthigenfalls entgegen zu stellen, während am Ende, ungleiche Läufer bei schwächerer Bauernmacht des Einen, dennoch die Partie remis zu machen vermögen. Ueberhaupt sind die Läufer im Endspiel sehr geschickt, das Fortrücken der feindlichen Bauern zu hindern.

Ganz anderer Natur sind die Springerangriffe; da die Springer, im Gegensatze zu den Läufern, ganz nahe an den Feind herantreten müssen, so sucht man ihnen durch einen vorgeschobenen Bauer einen Stützpunkt zu geben, der möglich schwer hinwegzuschaffen ist. Ein so an einen Bauer gehängter Springer, der die Linie abschliesst, bildet dann die Grundlage eines gewöhnlich verderblichen Angriffs, indem er die Kräfte des Gegners lähmt z. B.:

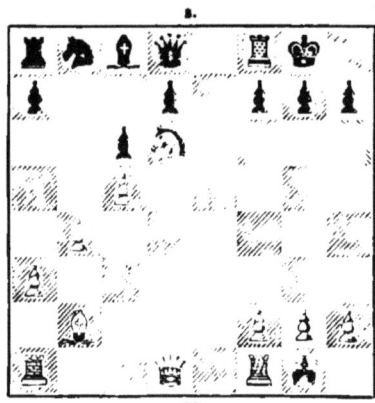

Haben einmal die Springer Eingang in's feindliche Spiel gefunden, so sind sie schwer wieder zu entfernen.

Haben beide Parteien auf der Königsseite rochirt, so liegt es gewöhnlich in ihrem Vortheil, den Damenspringer baldmöglich nach dem Königsflügel hinüber zu bringen, wo er zur Sicherheit des eigenen Königs sowohl, wie zur Verstärkung des Angriffs auf den gegnerischen dient. Desswegen ist es auch nachtheilig, wenn der Königsspringer zwecklos nach der Damenseite sich verschlagen lässt.

Der Zug des Damenspringers auf das dritte Feld seines Läufers (b1c3) ist oft von grosser Wichtigkeit, namentlich wenn die feindliche Dame auf f6 steht. Der Springer bedroht dann auf d5 oder b5 den Punkt c7; auch nach e4 strebt er. Geht der Damenspringer auf a3 (statt c3) so kann er nach c2 und von da nach e3 und f5 zu gelangen trachten. Bedrohen beide Springer ein und dasselbe Feld, so opfert sich manchmal der Eine, um dem Andern eine Stellung zu verschaffen, wo er zur Stütze unwiderstehlicher Operationen wird. Obgleich man nach allgemeinen theoretischen Grundsätzen die Springer immer so stellen müsste, dass sie möglich viele Felder bestreichen, so ist dies doch nicht immer möglich; namentlich in geschlossenen Spielen ist es manchmal nothwendig, den Königsspringer auf das dritte Feld seines Königsthurmes zu ziehen.

Ueber den Werth von Springer und Läufer ist mancherlei gesagt worden. Im Allgemeinen werden 2 Läufer 2 Springern vorgezogen.

Ein einzelner Läufer kann einen auf der Randseite befindlichen Springer vollständig einschliessen, so dass er sich nicht bewegen kann; auch ist zuletzt ein Springer, wenn ihm auch mehr Bauern zur Seite stehen, gegen einen Thurm öfter eine schwächlichere Figur als ein Läufer, wie überhaupt vorrückenden Bauern gegenüber ein Springer sehr ohnmächtig ist.

Indess vermag im Gegentheil auch ein Springer gegen einen Läufer manchmal siegreich aufzutreten, indem er nicht so einseitig ist, und daher leichter die Bauern erobert. Ueberhaupt hat der Springer mehr angreifende wie vertheidigende Eigenschaften. Ein Springer bringt jeden Bauer zur Dame, ein Läufer keinen Eckbauer, der auf einem anderfarbigen Felde zur Dame gelangt.

Auch darin besteht ein Vorzug des Springers, dass er beim Schachgeben, sobald er nicht genommen werden kann, den König zum Ziehen nöthigt, während dieser das Schach anderer Offiziere möglicherweise durch Dazwischenziehen einer Figur decken kann. — Sind die Bauern in einander geschoben, so vermögen oft nur die Springer etwas zu leisten, während die Läufer sich ganz nuthätig verhalten müssen. Dagegen vermag man mit dem Läufer, der beim Ziehen nicht alle bisherigen Angriffspunkte aufzugeben braucht, ein Tempo zu gewinnen, gleich wie beim Thurm und bei der Dame; dies ist mit dem Springer solcherweise unmöglich, da derselbe, sobald er sich bewegt, auch die von ihm bedrohten Felder gänzlich wechselt; ein Umstand, welcher beim Bauerendspiel von Bedeutung ist, namentlich wenn ein solcher Offizier allein einigen Bauern gegenübersteht. — So bietet jede Figur ihre Vortheile.

Manchmal kann man einen Bauer, hinter dem die feindliche Dame steht, mit dem Läufer oder auch mit dem Springer nehmen, mit dem Ersteren sie sogleich angreifend, während der Springer sie nur in verdecktem Angriff durch Abzug stellt. Meistens ist jedoch in diesem Felde letzteres vorzuziehen, schon aus dem einfachen Grunde, weil solcherweise der Springer in Thätigkeit kommt, abgesehen von sonst zu erlangenden Vortheilen. In Verbindung mit einem Thurm ist ein Springer sehr mächtig gegen den König, wenn dieser auf einem Eckfelde sich befindet, und solcherweise von den beiden feindlichen Figuren am Ziehen verhindert wird. Eine solche Stellung entscheidet oft die Partie.

Die Thurmangriffe lassen sich nicht wie die Springerangriffe verdecken, sind aber gewichtvoll. Im Anfange des Spiels ist die Wirksamkeit der Thürme geringer, als 'die der leichteren Figuren, weil sie, bei ihrer Schwerbeweglichkeit, alsdann nicht ohne Gefahr genommen zu werden, unmittelbar am Gefechte sich betheiligen können. Aber sobald die Linien sich öffnen, die Felder leer werden, offenbaren sie ihre niederschmetternde Macht. Die erste Oeffnung welche man dem Königsthurm gewöhnlich zu verschaffen sucht, ist die Königsläuferlinie, durch Aufzug und Abtausch des betreffenden Bauern. Es ist schon erwähnt worden, wie auch die Springerlinie dazu benutzt wird.

Hat ein Thurm eine Stellung in der ursprünglichen gegnerischen Bauernreihe (also in den Reihen 2 oder 7) eingenommen, so vermag er oft dadurch allein, namentlich am Ende der Partie, den Gewinn zu entscheiden, falls es nicht möglich ist, ihn abzutauschen oder sonst wie zu paralysiren. Zwei Thürme neben einander in solcher Stellung sind gewöhnlich unwiderstehlich. Es ist beim Abtausch der Figuren wohl darauf zu achten, ob man eine solche Stellung einnehmen und wirksam behaupten kann. Zuweilen trifft es sich, dass beide Parteien in solcher Lage sind, und gegenseitig die Bauern vernichten. Bestreichen bereits beide Thürme offene Linien, und will man den Einen doch bewegen, um eine augenblicklich noch stärkere Stellung einzunehmen, so hat man genau zu berechnen, welchen man am vortheilhaftesten zieht. Der Damenthurm auf die C-Linie gestellt, leitet in den geschlossenen Partien oft einen nicht zu unterschätzenden Angriff ein. Richten beide Thürme, hinter einander stehend, in Verbindung mit Läufer oder Dame, ihre Wirksamkeit gegen die feindliche Rochade, und ist diese nicht sehr stark, etwa durch noch vor den Bauern stehende Offiziere geschützt, so bleibt der günstige Erfolg gewöhnlich nicht aus. Ueberhaupt ist die Verdoppelung der Thürme von Bedeutung, und man hat immer darauf zu sehen, dass man beim Entgegentreten der feindlichen Thürme und beim Abtausch derselben, mit einem Thurm die offene Linie beherrscht oder dem Feinde verwehrt. Thurm gegen Thurm ist in diesem Falle der einzig richtige Grundsatz, wie überhaupt, in der Vertheidigung, gleichartige Figuren am besten einander widerstehen. Eine unbestrittene offene Linie für den Thurm, ist eine Stufe zum Siege. — Die Thürme sind geschickter die Bauern zur Dame zu führen, als sie daran zu verhindern; dazu passen mehr die Läufer. Darum tauscht man gern die feindlichen Läufer, wenn man starke Bauern hat, und erhält sich die Läufer, wenn man nur schwache besitzt.

Einen Springer kann der Thurm nur einschliessen, wenn jener auf einem Eckfelde steht. Beim Endspiele mit Bauern hat der Thurm oft den feindlichen König von gewissen Linien abzuschneiden.

Die Dame, der bei weiten mächtigste Offizier von allen, welcher Läufer und Thurm in sich vereint, erfordert bei ihren Bewegungen, eben ihrer grossen Kraft wegen, die sorgfältigste Ueberlegung; denn jeder unnütze Zug mit ihr rächt sich stärker als bei einer andern Figur. In der Mitte ihres Heerlagers schützt sie dasselbe, und bedroht zugleich von fern den Gegner, durch ihre Gelenkigkeit schnell überall hingelangend.

Bloss mit Hülfe eines einzelnen Bauern oder Offiziers vermag sie den König von aller nahen Hülfe abzuschneiden, und ihn unrettbar matt zu machen. Oft kann man beide Thürme opfern um der Dame einen Zugang zum feindlichen Könige zu verschaffen, wo sie ihm, manchmal ganz allein, den Todesstoss versetzt. Ein Beispiel von Opfer beider Thürme ist folgendes:

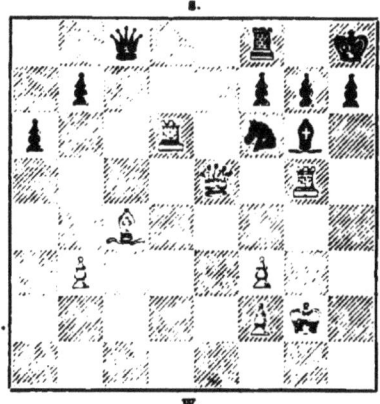

| 1) Td6f6 | 2) De5f6+ | 3) Tg5g6+ | 4) Df6g6+ | 5) Dg6h6+ | 6) Lc4d3 |
|----------|-----------|-----------|-----------|-----------|----------|
| g7f6 | Kh8g8 | h7g6 | Kg8h8 | Kh8g8 | Verloren. |

Wiederum ist, im Gegensatze, die Dame äusserst geschickt zur Selbstopferung, falls sie dem feindlichen Könige keinen andern Ausweg lässt, als sie zu nehmen, worauf ihn irgend ein geringerer Offizier matt macht; damit wird oft eine glänzende Spielendung herbeigeführt.

Die Dame vermag auch eine sonst nachtheilig stehende Partie durch stetes Schachgeben manchmal noch remis zu machen.

Furchtbar sind ihre Verwüstungen, wenn sie in den Feind eingebrochen ist. Aber man hüte sich auch, sie bei solcher Gelegenheit nicht einzubüssen, oder von den wirksamern Punkten zu sehr zu entfernen, und dadurch dem Feinde Gelegenheit zu geben, ungehindert seinerseits einen bedrohlichen Angriff zu beginnen, während man Mühe hat die Dame zurückzuführen. Lieber nehme man einen Bauer nicht, als dass man die Dame der Gefahr aussetzt, abgeschnitten zu werden.

Anfänger begehen meist den Fehler, die Dame zu früh in's Treffen zu führen, weil sie glauben, mit der wichtigsten Figur am schnellsten etwas erreichen zu können. Aber jeder Bauer, jeder geringere Offizier vermag die Dame zur Rückkehr zu zwingen, wobei der Gegner seinen Figuren fortwährend weitern Spielraum verschafft.

Auch hüte man sich, die Dame auf Felder zu stellen, wo sie die Entwickelung ihrer eigenen Streitkräfte behindert, z. B. auf das dritte Feld ihres Königsläufers, wo sie dem Springer den Heraustritt verwehrt.

Indess giebt es auch Spiele, wo man die Dame z. B. von d1 nach f3 zieht, um sie darauf nach g3 zu bewegen, wo sie zugleich den feindlichen Königsbauer und Königs-Springerbauer angreift.

Die Züge der Dame auf das 2. Feld ihres Königs, und, nachdem der Königsläufer bereits gezogen, auf das 3. ihres Springers, leiten oft verborgene Angriffe ein, wesswegen man den Bauer des Damenläufers gern 1 Schritt zieht. Auf b3 z. B. stehend, bedroht die weisse Dame f7 und b7 zugleich, was nach Entfernung des Damenläufers c8 von Bedeutung werden kann.

Der Zug der Dame nach h5, (h4) darf nur in Aussicht eines starken Angriffs oder eines gewissen Vortheils geschehen.

Ueberhaupt gesellt sich die Dame gern zu den Läufern, nament-

lich zum Königsläufer. Bald hinter, bald vor demselben stehend, bedroht sie
die feindliche Rochade. Die Stellung auf einer Linie (geraden oder
schrägen) mit dem eigenen Könige ist dagegen immer mit grosser
Vorsicht einzunehmen, der feindlichen Thürme und Läufer wegen.

Sind zuletzt jederseits Dame, 2 Thürme und einige Bauern
übrig geblieben, so wird oft das Spiel sehr schwierig, und verlangt
die grösste Aufmerksamkeit, da die Macht dieser schweren Offiziere jede Bewegung
mit ihnen folgenschwer macht.

Der König ist, wie schon gesagt, im vollen Spiel meist bloss passive
Figur, und bewegt sich nur zu seiner eigenen Sicherheit, oder um seinen Figuren
Platz zu einem Angriffe zu machen.

In diesem Falle hat man weit voraus zu berechnen, dass man
mit dem Könige nicht einen Platz einnimmt, der augenblicklich
zwar ungefährdet scheint, später aber heftigen Angriffen ausgesetzt
sein kann. Eine Unsicherheit des Königs lähmt auch die übrigen
Streitkräfte, und verweist sie auf die Vertheidigung. Die Rochade
bietet für den König die natürlichste Zuflucht; darum hat er sich bis dahin im Allgemeinen vor jedem Schach zu hüten, das ihn zum Gehen zwingt. Namentlich das Herausziehen der Thürme wird dadurch verhindert. Wann man rochiren soll, wer vermöchte
darüber für alle Fälle gültige Gesetze aufzustellen? — Doch tritt mit der
Rochade gewöhnlich erst der Zeitpunkt ein, wo man, mit dem eigenen
Könige in Sicherheit, seine Kräfte freier den zu unternehmenden
Angriffen zuwenden kann. Nur selten wird es gegen starke Spieler
möglich sein, die Rochade überhaupt zu umgehen, und, mit dem
Könige auf eines der nächsten Felder der Offizierslinie rückend,
beide Thürme gegen die feindliche Rochadeseite wirken zu lassen.
Gewöhnlich sucht dann der Feind den Mittelpunkt zu durchbrechen,
um zu dem solcherweise blosgestellten Könige zu gelangen. Sind indess bereits
frühzeitig die Damen getauscht, so ist es oft gut, nicht zu rochiren,
sondern den König für die Offensive im Bauernspiel bereit zu
halten. In diesem Falle ist es zuweilen von Bedeutung, 1 Schritt
mit dem Könige vor dem feindlichen voraus zu haben.

Im Allgemeinen ist die Rochade auf Seite der Königin weniger
räthlich, als die auf der Königsseite. Der Eckbauer vom Damenthurm bleibt
ungedeckt, und dann bietet sich auf der langen Seite oft leichter Gelegenheit zum
Breschemachen. Doch entscheidet hierbei die Stellung. Bei gewisser Aussicht,
auf dem Königsflügel einen erfolgreichen Bauernangriff machen
zu können, wäre es unverzeihlich, durch Rochade dahin, sich selbst
zu behindern.

Die Wichtigkeit des Königs beim Bauernendspiel ist schon angedeutet worden.
Majestätischen Schritts stellt er sich dann an die Spitze seiner Bauern, und
führt sie zum Siege. Verderblich ist es daher, wenn der König dabei
von einem feindlichen Offizier am Heraustritte aus seiner Rochade-
ecke gehindert wird, oder nur mit Verlust von Zeit zur Wirksamkeit zu gelangen
vermag. Der Unterschied eines Tempo entscheidet oft alles.

Im Allgemeinen wird man bemerken, dass eine gut geordnete Partie auch
die siegreiche ist. Das Zerrissene ist gewöhnlich die Physiognomie des Unterliegenden.

Man lasse dem Gegner keinen Fehler ungestraft hingehen.
Durch ein Uebersehen desselben erlaubt man ihm oft eine Stellung einzunehmen,
eine Combination einzuleiten, die für den Andern nachtheilig ist. Es ist ein
Sprung im Spiel, ein Sprung zum Schaden des Andern.

Anfänger machen sich gewöhnlich seltsame Begriffe von Plänen, die man fassen könnte, ohne dass der Gegner es merke. Das muss aber ein schwacher Spieler sein, der es verriethe eine grosse Unaufmerksamkeit eines guten Spielers, wenn er nicht den Zweck jeder Bewegung des Gegners erkennt. — Der Sieg unter starken Spielern, bei gleicher Aufmerksamkeit, setzt sich oft aus einer Reihe kleiner Elemente zusammen, einzeln unscheinbar, im Ganzen, unter künstlerischer Führung, überwältigend. —

Man hat versucht, den Werth der einzelnen Figuren nach Tempos zu berechnen. Eine Bestimmung, die offenbar sehr vieldeutig ist, und von der jeweiligen Lage des Spiels abhängt, wesswegen wir uns hier nicht darauf einlassen.

Zeit ist, wie im Kriege, so auch im Schachspiel der wichtigste Punkt, und das innerste Wesen des feinen Spiels besteht eben in der Kunst, keinen unnützen Zug zu thun, sondern immer den stärksten. Kann man dem Gegner einige Züge abgewinnen, so ist das ein ungeheurer Vortheil, der oft einen kleinen numerischen Verlust aufwiegt. Der wird sich stets am besten befinden, welcher sagen kann, „ich lenke die Partie, der Gegner muss mir folgen." Dagegen ist es übel, wenn man ängstlich den Zügen des Feindes lauschen muss, wenn man auf eine schwierige, lange Vertheidigung verwiesen ist, und selbst keine Aussicht hat, seinerseits zum Angriff zu gelangen. Schon desswegen übel, weil bei allseits gedrückter Stellung, ein Versehen leichter ist, und schneller zum Ende führt, während ein schwacher Zug des Angreifenden oft nur die Schwächung, aber nicht die Vernichtung des Angriffs zur Folge hat. Darum lasse man auch dem Feinde nie Zeit, aus einer übeln Stellung zu entweichen, sondern benutze jede Bewegung zu seinem Verderben.

Was dem schwachen Spieler gewöhnlich fehlt, ist: Consequenz in der Verfolgung des Zwecks eines Zuges. Bald dies, bald jenes unternehmend, verliert er solcherweise Zeit und Stellung zugleich.

Indess ist zu bemerken, dass es auch dem starken Spieler in manchen Fällen unmöglich ist, von einem, im Anfange des Spiels, so lange die Figuren noch nicht entwickelt sind, gewonnenen Tempo entschiedenen Nutzen zu ziehen, und manche Spieleröffnungen, die mit der Bezeichnung, dass eine der Parteien ein Tempo verloren habe, schliessen, lassen darum doch noch vielerlei Chancen übrig. Ist dagegen das Spiel bereits in einem weitern Stadium der Entwickelung, und schon etwa ein starker Angriff und Gegenangriff vorhanden, so kann der Verlust eines Tempo für eine der Parteien von Entscheidung sein. Ueberhaupt steigen die Nachtheile jedes Zeitverlustes mit der Anzahl der geschehenen Züge.

Angriff und Vertheidigung, sie sind die Lehrgegenstände der Theorie. Einen Mittelzustand zwischen ihnen giebt es, streng genommen, nicht. Diejenigen Operationen, welche weder offenbare Angriffs- noch Vertheidigungszüge zu sein scheinen, sind eben beides zugleich. Der Anziehende hat den Angriff. Wie lange er währt? — Wie lange er beim besten beiderseitigen Spiel zu erhalten ist, lässt sich im Allgemeinen nicht angeben. Ueber die einzelnen Fälle ertheilt die Theorie der Eröffnungen Kunde.

Jeder Angriff hat ein Stadium der Vorbereitung, bestehend in der geeigneten Aufstellung der dazu zu verwendenden Figuren. Sonst wird aus dem Angriff blos eine versuchte Ueberrumpelung, die nur bei schwachen Spielern ausführbar.

Grössere Zahl der in Thätigkeit gesetzten und auf den entscheidenden Punkt gerichteten Kräfte, nebst Beherrschung grössern Raums sind es, die jeden Angriff begründen. Man übereile aber nicht vorzeitig den Sturm, sondern den Terrainvortheil behauptend, entwickle man möglich rasch seine Streitkräfte. Es ist freilich nicht zu vermeiden, dass auch der Angegriffene seine Figuren entwickelt (darum hätte man sich vor unzeitigen Angriffen, die dem Feinde nur Zeit zur Entwickelung verschaffen), aber man zwinge ihn, womöglich, seine Offiziere auf ungünstige Felder zu stellen, wo sie wenig Spielraum haben, und schwer in Thätigkeit zu bringen sind. Es kommen Fälle vor, wo der Angreifende die schwere Wahl hat, entweder eine wichtige Angriffsfigur zurückzuziehen, und dadurch Zeit zu verlieren, oder dieselbe abzutauschen und sich dadurch zu schwächen. Ueber dergleichen lässt sich freilich nichts allgemein Bestimmtes sagen; nur fürchte man sich nicht gar zu sehr vor dem Abtausch der kleinern Figuren, und verliere mit dem Rückzuge nicht zu viel Zeit, vielleicht damit den ganzen Vortheil der Stellung. Mit Dame und Thürmen lässt sich gar noch Vieles durchsetzen, sobald man das Uebergewicht der Stellung auch ferner durch sie festzuhalten vermag. Ist dies aber nicht der Fall, so weiche man dem Tausche aus, und suche mit der betreffenden Figur lieber einen andern Angriffspunkt zu erlangen. Der Angegriffene sucht freilich stets abzutauschen, (namentlich die Damen), um sich Erleichterung seiner gedrückten Stellung zu verschaffen und den Gegner zu schwächen. Dagegen liegt es beim Mehrbesitz von Kräften, falls es nicht möglich ist, mit ihnen grössere Erfolge auf andere Weise zu erringen, im Interesse des Stärkern, die vorhandenen Figuren möglich rasch und viel zu tauschen, um seinen Vortheil zur Geltung zu bringen. Doch ist auch dies mit Vorsicht zu thun, da manchmal noch ein anderes Hülfsmittel zum Gewinn nothwendig; namentlich, wo man bloss einen einzigen Bauer mehr hat.

Gelingt es die Qualität zu erobern (Thurm gegen Springer oder Läufer), hat man aber einen Bauer weniger, so durchdenke man wohl, falls sich ein Damentausch erzwingen lässt, die Gesammtlage des Spiels, wie den Stand der Bauern, ehe man tauscht. Bei so kleinem Vortheil, namentlich wenn der Gegner einen Läufer gegen den Thurm behält, ist es oft besser, den Angriff mit den noch vorhandenen Figuren kräftigst fortzusetzen, und das Uebergewicht der Qualität solcherweise zur Geltung zu bringen. Nach jedem Figurenabtausch, nach jeder Erlangung eines Vortheils entsteht eine neue Phase des Spiels, die wohl erwogen sein will, ehe man sie beschreitet. —

Es versteht sich von selbst, dass man, falls noch Offiziere im Felde sind, den Abtausch der Bauern soweit zu vermeiden hat, dass der Gegner nicht durch Opferung eines Offiziers gegen die noch übrige Bauernkraft remis zu machen vermag, das letzte Hülfsmittel, welches dem sonst Unterliegenden manchmal noch bleibt.

Hat man einen leichten Offizier weniger, und dafür 3 Bauern, so hüte man sich dennoch, falls die Bauern nicht überwältigend günstig stehen, vor dem Abtausch der Offiziere, da der Gegner mit seinem Offizier und den noch übrigen, wenn auch wenigern Bauern möglicherweise gewinnen könnte. Namentlich ist der weithin wirkende Läufer gefährlich.

Es giebt gewisse, allgemeine Grundsätze, die der Spieler selten ungestraft aus den Augen lassen darf. Zu denselben gehört: Die Offiziere immer so zu stellen, dass sie nöthigenfalls einen sichern Rückzug haben und einander nicht im Wege stehen.

Aus dem Angeführten mag der Lernende ersehen, wie weitblickend das Mittelspiel sein muss.

Eine mit logischer Consequenz von Anfang bis Ende durchgeführte Partie Schach ist ein Kunstwerk, das, wegen seiner Schwierigkeit, auch Meistern nicht häufig gelingt. —

# Vom Endspiel mit König und Bauern allein
## und in Verbindung mit anderen Figuren.

Gegen Ende des Spiels bleiben gewöhnlich neben den Königen, Bauern allein, oder mit Offizieren übrig. Die kunstgemässe Führung dieses Theils der Partie ist zum glücklichen Entscheid unumgänglich nöthig. Indess gehört ein gutes Bauernspiel zu den schwierigsten Aufgaben der Praxis und wird am spätesten erlernt, so einfach es auch äusserlich scheint. Die Mannigfaltigkeit der Stellungen der Bauern und der Bewegungen des Königs, machen die auf bestimmte Berechnung gegründete Einzellehre sehr weitschichtig, und es ist daher angemessen, sich auf die specielle Darstellung der Hauptfälle, und auf Darlegung allgemeiner Grundsätze zu beschränken, wonach der Spieler sein Verfahren für jeden konkreten Fall einrichten kann.

Zuerst wollen wir diejenigen Spiele kennen lernen, wo, neben den Königen nur Bauern gegen Bauern auftreten, und zwar der Reihe nach, ein Bauer gegen den König allein, 2 Bauern gegen König und 1 Bauer u. s. w.

## König und Bauer gegen König.

Der Bauer geht stets zur Dame (ausgenommen der auf der Thurmlinie), wenn es seinem Könige gelingt, vor ihm, dem hindernden feindlichen Könige gegenüber (in Opposition) zu treten, der Art, dass der Bauer die vorletzte Reihe erreicht ohne Schach zu geben; denn erreicht er die 7. Linie mit Schachgeben, so kann er blos patt setzen.

In dieser Stellung gewinnt W. wenn er am Zuge ist. Andernfalls wird das Spiel remis.

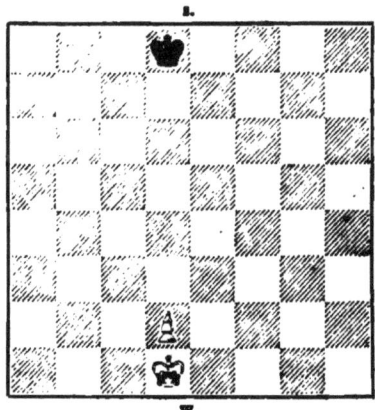

| W. | S. |
|---|---|
| 1) Kd1e2 | 1) Kd8d7 |
| 2) Ke2d3 | 2) Kd7d6 |
| 3) Kd3d4 | 3) Kd6c6 |
| 4) Kd4c5 | 4) Kc6d7 |
| 5) Ke5d5 | 5) Kd7c7 |
| 6) Kd5c6 | 6) Kc7d8 |
| 7) Kc6d6 | 7) Kd8e8 |
| 8) d2d4 | 8) Ke8d8 |
| 9) d4d5 | 9) Kd8e8 |
| 10) Kd6c7 | Verloren. |

Zieht S. im 6. Zuge den König nach e6, so rückt der Bauer.

Dagegen mit S. am Zuge:

| S. | W. | S. | W. |
|---|---|---|---|
| 1) Kd8d7 | 1) Kd1e2 | 5) Kc5d5 | 5) d3d4 |
| 2) Kd7d6 | 2) Ke2d3 | 6) Kd5d6 | 6) Kc3c4 |
| 3) Kd6d5 | 3) Kd3c3 | 7) Kd6c6 | 7) d4d5+ |
| 4) Kd5c5 | 4) d2d3 | 8) Kc6d6 | 8) Kc4d4 |

| S. | W. | | S. | W. |
|---|---|---|---|---|
| 9) Kd6d7 | 9) Kd4e5 | | 12) Kd7d8 | 12) Kd5c6 |
| 10) Kd7e7 | 10) d5d6+ | | 13) Kd8c8 | 13) d6d7+ |
| 11) Ke7d7 | 11) Ke5d5 | | 14) Kc8d8 | Remis. |

Oder:

| S. | W. | | S. | W. |
|---|---|---|---|---|
| 1) Kd8d7 | 1) Kd1e2 | | 5) Kc5d5 | 5) Kc3d3 |
| 2) Kd7d6 | 2) Ke2d3 | | 6) Kd5d6 | 6) Kd3c4 |
| 3) Kd6d5 | 3) Kd3c3 | | 7) Kd6c6 | u. s. w. |
| 4) Kd5c5 | 4) d2d4+ | | Remis | |

Aus diesem Spiel erhält man folgende Einzelstellungen:

Hier gewinnt W. mit oder ohne Zug.

$$1)\ \frac{Kf6e6}{Kf8e8} \quad 2)\ \frac{f5f6}{Ke8f8} \quad 3)\ \frac{f6f7}{Kf8g7} \quad 4)\ \frac{Ke6e7}{\text{Verloren.}}$$

$$1)\ \frac{Kf8e8}{Kf6g7} \quad 2)\ Ke8\text{-- wohin er will; der}$$

Bauer geht zur Dame.

Ist S. am Zuge so verliert er; ist aber W. am Zuge so wird das Spiel remis.

$$1)\ \frac{Ke8f8}{f6f7} \quad 2)\ \frac{Kf8g7}{Ke6e7}\ \text{und gewinnt.}$$

$$2)\ \frac{f6f7}{Ke8f8} \quad \text{Remis.}$$

In dieser Stellung gewinnt W. wenn er am Zuge ist; andernfalls bleibt das Spiel remis.

$$1)\ \frac{Ke5e6}{Ke8d8} \quad 2)\ \frac{Ke6f7}{Kd8d7} \quad 3)\ \frac{d4d5}{\text{Verloren.}}\ \text{u. s. w.}$$

$$1)\ \frac{Ke8e7}{Ke5d5} \quad 2)\ \frac{Ke7d7}{c4c5} \quad 3)\ \frac{Kd7e7}{c5c6} \quad 4)\ \frac{Ke7e8}{Kd5d6} \quad 5)\ \frac{Ke8d8}{\text{Remis.}}\ \text{u. s. w.}$$

Es ist klar, dass der schwächere Theil nur remis macht, wenn er seinen König dem feindlichen gegenüber in Opposition erhalten kann. Zugleich ersieht man den entscheidenden Gang des Königs, um seinen Bauer zur Dame zu führen, wie er zu ziehen hat um den feindlichen König zurückzutreiben, und wie erst nachher der Bauer sich bewegt.

Auf den Randlinien a und h ist es aber nicht möglich einen Bauer (sei es ein einfacher oder doppelter) zur Dame zu bringen, wenn der feindliche König das betreffende Eckfeld eingenommen hat, da es kein Mittel giebt, ihn von dort und den nächstgelegenen Feldern zu vertreiben.

# König und 2 Bauern gegen den König.

Es giebt hier einige Fälle wo das Spiel remis wird.

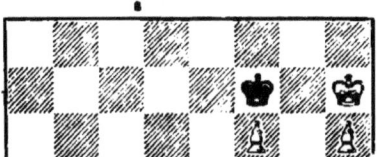

In dieser Stellung ist das Spiel remis, falls W. am Zuge, denn: $\dfrac{\text{Kh7h8}}{\text{Kf7f8}}$ u. s. w.

S. gestattet dem weissen Könige keinen Ausweg. Ist dagegen S. am Zuge, so gewinnt W. offenbar, denn: $\dfrac{\text{Kf7f6}}{\text{Kh7g8}}$ oder $\dfrac{\text{Kf7f8}}{\text{Kh7g6}}$ und gewinnt.

Folgende Stellung ist remis wenn S. am Zuge, aber verloren wenn W. zieht:

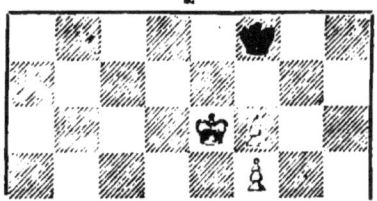

| Kf8e8 | Ke8f8 | Remis | f6f7 | Ke6c7 |
|---|---|---|---|---|
| f6f7+ | f5f6 | | Kf8g7 | Verloren. |

In folgender Stellung indess gewinnt W. stets, mit oder ohne Zug, weil S. das Patt nicht erzwingen kann:

f6f7 u. s. w. 1) $\dfrac{\text{Kf8e8}}{\text{Kf8g7}}$ 2) $\dfrac{\text{Ke8f8}}{\text{f6f7+}}$ 3) $\dfrac{\text{Kf8g7}}{\text{f4f5}}$ $\dfrac{\text{Ke6c7}}{\text{}}$ u. gewinnt.

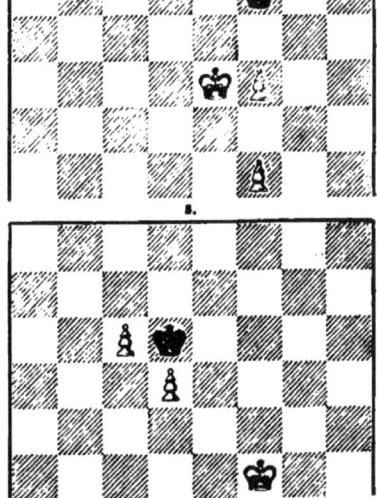

Zwei Bauern, die sich einander unterstützen, gewinnen immer gegen den König, da der König den stützenden Bauer nicht nehmen kann, ohne dass der andere zur Dame geht.

| **a.** | **w.** | **a.** | **w.** |
|---|---|---|---|
| 1) Kd6e7 | 1) c6c7 | 4) Kc8d7 | 4) Ke4d5 |
| 2) Ke7d7 | 2) d5d6 | 5) Kd7c8 | 5) Kd5e6 [1]) |
| 3) Kd7c8 | 3) Kf3e4 | 6) Kc8b7 | 6) Ke6d7 |
| | | | und W. gewinnt. |

Oder:

| **a.** | **w.** | **a.** | **w.** |
|---|---|---|---|
| 1) Kd6c7 | 1) Kf3e4 | 4) Kc7d8 | 4) Kc5b6 |
| 2) Kc7d6 | 2) Ke4d4 | 5) Kd8c8 | 5) d5d6 |
| 3) Kd6c7 | 3) Kd4c5 | 6) Kc8d8 | 6) Kb6b7 |
| | | | S. verloren. |

[1]) Auf c6 wäre der schwarze König patt.

# König und Bauer gegen König und Bauer.

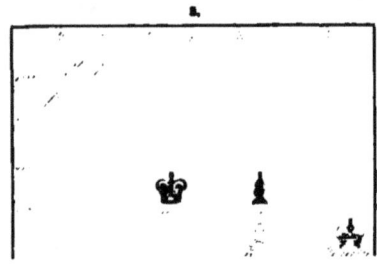

Das Spiel ist remis:

| 1) Kd5e6 | 2) Ke6e7 | 3) Ke7f7 | 4) Kf7e7 |
|---|---|---|---|
| Kh4g5 | Kg5f5 | Kf5e5 | Remis. |

Geht der schwarze König aber von d5 nach e4, so gewinnt W. durch Kh4g5 offenbar. Ist W. am Zuge, und rückt mit dem Könige von h4 nach g5, so spielt S. Kd5e4 und gewinnt. Der richtige Anzug von W. ist Kh4g3 oder h4h3. wodurch er die Opposition bekommt.

| 1) Kh4g3 | 2) Kg3g2 | 3) Kg2f2 | 4) Kf2e2 | Oder 1) Kh4h3 | 2) Kh3g3 | 3) Kg3g2 | 4) Kg2f2 |
|---|---|---|---|---|---|---|---|
| Kd5e4 | Ke4f4 | Kf4e4 | Remis. | Kd5e4 | Ke4e3 | Ke3f4 | Remis. |

Man sieht also, dass der Anziehende in dieser Stellung stets den Bauer opfern muss. Ueberhaupt kommt diese Nothwendigkeit im Bauernspiel öfter vor, weil man sonst die Opposition nicht erlangen kann.

# König und 2 Bauern gegen König und 1 Bauer.

Auch hier giebt es Fälle, wo nicht immer der Stärkere gewinnt, sondern der Anzug entscheidet. Denn die Hauptregel für dieses Spiel heisst: Erlangt der Stärkere die Opposition mit seinem Könige, so gewinnt er; erlangt sie der Schwächere, so macht er remis. In nachfolgender Stellung muss W. gewinnen, wenn er anzieht.

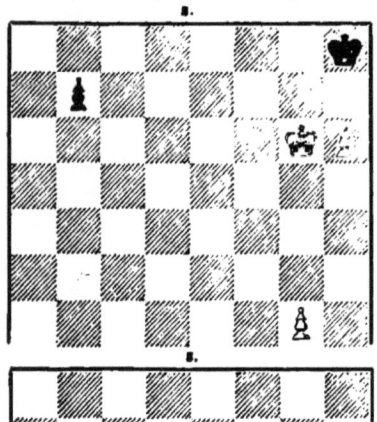

| 1) h6h7 | 2) g2g4 | 3) Kg6h6 | 4) g4g5 und |
|---|---|---|---|
| b7b5 | b5b4 | b4b3 | |

macht im 6. Zuge matt.

(W. gewinnt mit dem Anzuge auch dann, wenn der Bauer von S. auf c7 steht, nur muss dann der weisse König im 3. Zuge nach f7 ziehen.) Hat dagegen S. den Anzug, so kann W. offenbar nur remis machen, indem er dem vordringenden schwarzen Bauer nacheilen, und seine Bauern preisgeben muss.

In diesem Falle, bei vereinzelten Bauern. entscheidet gleichfalls der Anzug. Beginnt S. mit a7a5, so muss der weisse König gezwungen seine Bauern verlassen, die der schwarze König dann nimmt. Hat aber W. den Anzug, so gewinnt er:

| 1) h2h4 | 2) Kf2e2 | 3) Ke2d2 | 4) Kd2c2 |
|---|---|---|---|
| a7a5 | a5a4 | a4a3 | Kf4f5 |

| 5) Kc2b3 | 6) f3f4 | 7) f4f5 |
|---|---|---|
| Kf5g6 | Kg6h5 | Verloren, da S. keinen |

der Bauern nehmen darf.

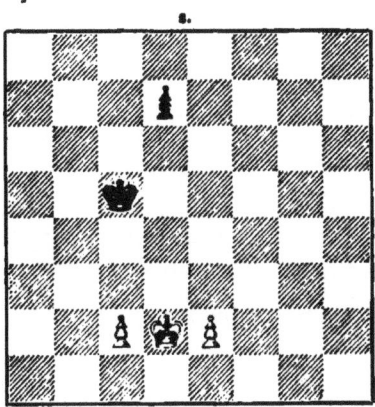

**s.**

**w.**

W. gewinnt mit dem Zuge. Zieht S. an, so ist das Spiel remis.

| 1) Kd2c3 | 2) Kc3d3 | 3) c2c3 | 4) e2e4 | 5) e4e5 |
|---|---|---|---|---|
| Kc5d5 | d7d6 | Kd5c5 | d6d5 | Verloren. |

Oder:

| **w.** | **s.** | | **w.** | **s.** |
|---|---|---|---|---|
| 1) Kd2c3 | 1) d7d5 | | 8) Kd4e4 | 8) Ke6f6 |
| 2) e2e3 | 2) Kc5c6 | | 9) Kc4d5 | 9) Kf6e7 |
| 3) c3d4 | 3) Kc6d6 | | 10) Kd5e5 | 10) Ke7d7 |
| 4) c2c3 | 4) Kd6c6 | | 11) Ke5f6 | 11) Kd7e8 |
| 5) c3c4 | 5) d5c4 | | 12) Kf6e6 | 12) Ke8f8 |
| 6) Kd4c4 | 6) Kc6d6 | | 13) Ke6d7 | Verloren. |
| 7) Kc4d4 | 7) Kd6e6 | | | |

Dagegen:

| 1) Kc5c4 | 2) d7d5 | 3) Kc4c5 | 4) Kc5c6 | 5) Kc6d6 Remis, |
|---|---|---|---|---|
| e2e3 | c2c3 | Kd2d3 | c3c4 | da S. die Opposition behaupten kann. |

Remisstellung:

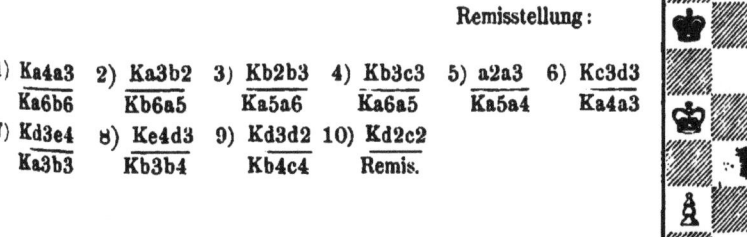

**s.**

| 1) Ka4a3 | 2) Ka3b2 | 3) Kb2b3 | 4) Kb3c3 | 5) a2a3 | 6) Kc3d3 |
|---|---|---|---|---|---|
| Ka6b6 | Kb6a5 | Ka5a6 | Ka6a5 | Ka5a4 | Ka4a3 |

| 7) Kd3e4 | 8) Ke4d3 | 9) Kd3d2 | 10) Kd2c2 |
|---|---|---|---|
| Ka3b3 | Kb3b4 | Kb4c4 | Remis. |

**w.**

In folgender Stellung dagegen verliert S. mit dem Zuge, und macht remis, wenn W. beginnt.

18*

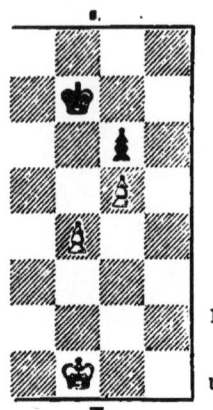

| **s.** | **w.** | **s.** | **w.** |
|---|---|---|---|
| 1) Kf7e6 | 1) Kf1c2 | 11) Kf7f8 | 11) Kd6e6 |
| 2) Ke6d5 | 2) Ke2d3 | 12) Kf8g7 | 12) Ke6e7 |
| 3) Kd5d6 | 3) Kd3d4 | 13) Kg7g8 | 13) Ke7f6 |
| 4) Kd6e6 | 4) Kd4e4 | 14) Kg8h7 | 14) Kf6f7 |
| 5) Kc6d6 | 5) f4f5 | 15) Kh7h8 | 15) Kf7g6 |
| 6) Kd6e7 | 6) f5f6 + | 16) Kh8g8 | 16) Kg6h6 |
| 7) Ke7e6 | 7) Ke4d4 | 17) Kg8h8 | 17) g5g6 |
| 8) Ke6d6 | 8) f6f7 | 18) Kh8g8 | 18) g6g7 |
| 9) Kd6e7 | 9) Kd4e5 | Verloren. | |
| 10) Ke7f7 | 10) Ke5d6 | | |

Es kommt öfter vor, dass man einen Bauern opfern muss, um zu gewinnen.

Dagegen:

1) Kf1f2  2) Kf2e3  3) Ke3d3  4) Kd3c4  5) Kc4d4  6) Kd4e4 Remis.
Kf7f8      Kf8e7      Ke7d7      Kd7e6      Ke6d6[1])    Kd6e6

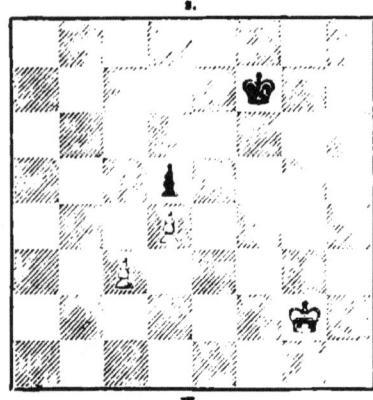

W. gewinnt mit dem Zuge; S. macht mit dem Zuge remis.

1) Kg2f3  2) Kf3g4  3) Kg4f4  4) Kf4g5
Kf7e7      Ke7f6      Kf6e6      Verloren.

1) Kg2f3 2) Kf3e3 3) Ke3d3 4) Kd3c2 5) Kc2b3 6) Kb3a4 7) Ka4b4 8) Kb4a5
Kf7g7     Kg7f7     Kf7e7     Ke7d7     Kd7c6     Kc6b6     Kb6c6   Verloren.

Dagegen:

| **s.** | **w.** | **s.** | **w.** |
|---|---|---|---|
| 1) Kf7g6 | 1) Kg2f3 | 7) Ke7d7 | 7) Kd3c2 |
| 2) Kg6f5 | 2) Kf3e3 | 8) Kd7c6 | 8) Kc2b2 |
| 3) Kf5e6 | 3) Ke3f4 | 9) Kc6b6 | 9) Kb2a3 |
| 4) Ke6f6 | 4) Kf4f3 | 10) Kb6a5 | 10) Ka3b3 |
| 5) Kf6f7 | 5) Kf3e3 | 11) Ka5b5 | Remis. |
| 6) Kf7e7 | 6) Ke3d3 | | |

[1]) Ke6f5 würde S. die Opposition und das Spiel kosten.

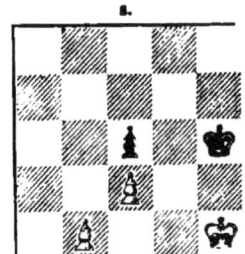

**Remisstellung wer auch anziehen mag.**

1) Ke4d4   2) Kd4e5   Oder:  2) Kd4c4
   Ke6d7      Kd7e7             Kd7c7

Remis.

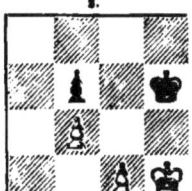

| w. | s. | w. | s. |
|---|---|---|---|
| 1) Kc4d4 | 1) Kd6e6 | 8) Kd5c4 | 8) Kd7d6 |
| 2) Kd4e4 | 2) Ke6d6 | 9) Kc4b4 | 9) Kd6c7 |
| 3) Ke4d4 | 3) Kd6e6 | 10) a4a5 | 10) b6a5+ |
| 4) Kd4c4 | 4) Ke6d6 | 11) Kb4a5 | 11) Kc7b7 |
| 5) Kc4b4 | 5) Kd6c7 | 12) b5b6 | 12) Kb7b8 |
| 6) Kb4c4 | 6) Kc7d8 | 13) Ka5a6 | 13) Kb8a8 |
| 7) Kc4d5 | 7) Kd8d7 | | Remis. |

**W. gewinnt.**

| w. | s. | w. | s. |
|---|---|---|---|
| 1) Kd5e5[1] | 1) Kd7c6[2] | 6) Kd6e7 | 6) Kc8b8 |
| 2) Ke5d4 | 2) Kc6d7 | 7) Ke7d7 | 7) Kb8a8 |
| 3) Kd4d5 | 3) Kd7c8 | 8) c5c6 | 8) b7c6 |
| 4) Kd5e6 | 4) Kc8d8 | 9) Kd7c7 | Verloren. |
| 5) Ke6d6 | 5) Kd8c8 | | |

**S. verliert.**

1) Kg5f5   2) Kf5g5   3) Kg5f6   4) Kf6e7
   Kh3g3      Kg3f2      Kf2e1      Ke1d1

5) Ke7d7   6) Kd7c6   7) Kc6c5   8) Kc5c6
   Kd1c2      Kc2b3      Kb3a4      Ka4b4

9) Kc6b6
   c4c5+ und gewinnt.

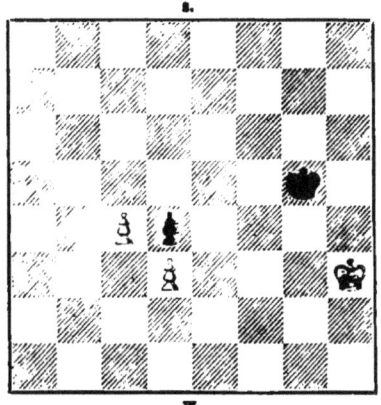

[1] Auf c5c6 + zöge S. den König nach c8 zum Remis.

[2] Auf Kd7e7 erfolgte c5c6.

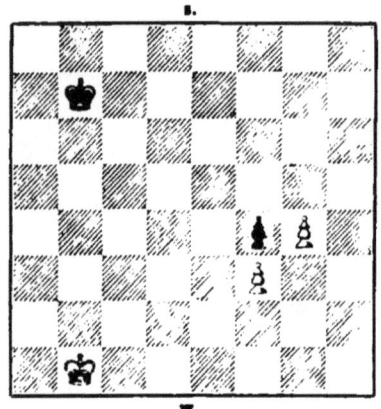

Remisstellung:

| **S.** | **W.** |
|---|---|
| 1) Kb7c6 | 1) Kb1c2 |
| 2) Kc6d6 | 2) Kc2d2 |
| 3) Kd6c6[1]) | 3) Kd2e2 |
| 4) Kc6d6 | 4) Ke2f2 |
| 5) Kd6e5 | 5) Kf2g2 |
| 6) Ke5f6 | 6) Kg2h2 |
| 7) Kf6g6 | 7) Kh2h3 |
| 8) Kg6g5 | = |

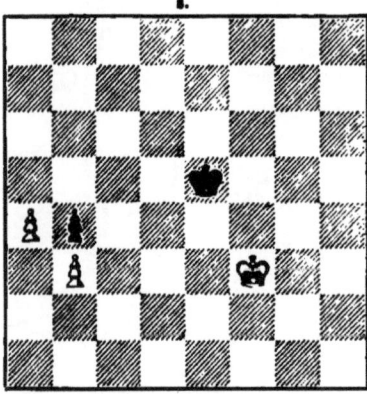

Zieht S. so macht er remis; andernfalls gewinnt W.

| **S.** | **W.** |
|---|---|
| 1) Ke5d5 | 1) Kf3f4 |
| 2) Kd5d4 | 2) Kf4g4 |
| 3) Kd4e4 | 3) Kg4h3 |
| 4) Ke4d5 | 4) Kh3g2 |
| 5) Kd5e4 | 5) Kg2f1 |
| 6) Ke4d5 | 6) Kf1e1 |
| 7) Kd5e5 | 7) Ke1d2 |
| 8) Ke5d4 | 8) Kd2c2 |
| 9) Kd4e4 | 9) Kc2b1 |
| 10) Ke4d5 | 10) Kb1c1 |
| 11) Kd5e5 | Remis. |

S. verliert.

| **S.** | **W.** | **S.** | **W.** |
|---|---|---|---|
| 1) Kb6c5 | 1) Kc3d3 | 7) Ke6d6 | 7) Kd4c4 |
| 2) Kc5d5 | 2) d3e3 | 8) Kd6c7 | 8) Kc4d5 |
| 3) Kd5e5 | 3) Kc3f3 | 9) Kc7b6 | 9) Kd5d6 |
| 4) Ke5d5 | 4) Kf3f4 | 10) Kb6b7 | 10) Kd6c5 |
| 5) Kd5d6 | 5) Kf4e4 | 11) Kb7c7 | 11) b5b6+ |
| 6) Kd6e6 | 6) Ke4d4 | 12) Kc7b7 | 12) Kc5b5 |
| | | | Verloren. |

Ständen die Bauern eine Reihe weiter auf a5, b6 und a6. so wäre das Spiel remis.

---

[1]) Auf Kd6e6 folgt Kd2c3 und W. gewinnt.

**W. gewinnt.**

| w. | s. | w. | s. |
|---|---|---|---|
| ) Ke5f6 | 1) Kd7d8 | 7) Kd6d7 | 7) Kb7b8 |
| ) d6d7 | 2) Kd8d7 | 8) Kd7c6 | 8) Kb8c8 |
| ) Kf6f7 | 3) Kd7d8 | 9) Kc6d6 | 9) Kc8d8 |
| ) Kf7e6 | 4) Kd8c7 | 10) c5c6 | 10) Kd8c8 |
| ) Ke6e7 | 5) Kc7c8 | 11) c6c7 | Verloren. |
| ) Ke7d6 | 6) Kc8b7 | | |

Oder:

| w. | s. | w. | s. |
|---|---|---|---|
| ) Ke5d4 | 1) Kd7d8 | 5) d6d7 | 5) Kb7c7 |
| !) Kd4c4 | 2) Kd8c8 | 6) Ka5a6 | 6) Kc7d7 |
| I) Kc4b4 | 3) Kc8b8 | 7) Ka6b7 | 7) Kd7d8 |
| I) Kb4a5 | 4) Kb8b7 | 8) Kb7c6 | Verloren. |

**W. gewinnt mit oder ohne Zug.**

| 1) Ka4b4 | 2) Kb4c4 | 3) b5b4 | 4) b4b3 | Verloren. |
|---|---|---|---|---|
| Kf4e4 | Ke4e3 | Ke3e4 | a2a3 | |

**W. gewinnt stets:**

| w. | s. | w. | s. |
|---|---|---|---|
| 1) Kc7c8 | 1) Kb5b6 | 6) Ka8b8 | 6) Kd8d7 |
| 2) Kc8b8 | 2) b4b5 | 7) Kb8a7 | 7) Kd7c8 |
| 3) Kb8a8 | 3) Kb6c7 | 8) Ka7a8 | 8) a5a6 |
| 4) Ka8a7 | 4) a4a5 | 9) b7a6 | 9) b5b6 |
| 5) Ka7a8 | 5) Kc7d8 | Verloren. | |

Hätte W. den Anzug, so müsste er Kb5c5 spielen.

S. macht remis mit dem Zuge, (Ka7b8). Sonst gewinnt W.

| 1) Kb4c5 | 2) Kc5b6 | 3) a5a6 und gewinnt. |
|---|---|---|
| Ka7a8 | Ka8b8 | |

Oder:

| 1) Kb4c5 | 2) Kc5c6 und gewinnt. |
|---|---|
| b7b6+ | |

**Remisspiel.**

| 1) Kd5c5 | 2) b5b6+ | 3) Kc5d6 | 4) Kd6e7 | 5) Ke7d7 | 6) a5a6 |
|---|---|---|---|---|---|
| Kd7c7 | Kc7b8 | Kb8c8 | Kc8b8 | Kb8a8 | Ka8b8 |

Ein ungerückter Thurmbauer hat überhaupt gegen Thurm- und Springerbauer mehr Aussicht auf Remis, z. B.

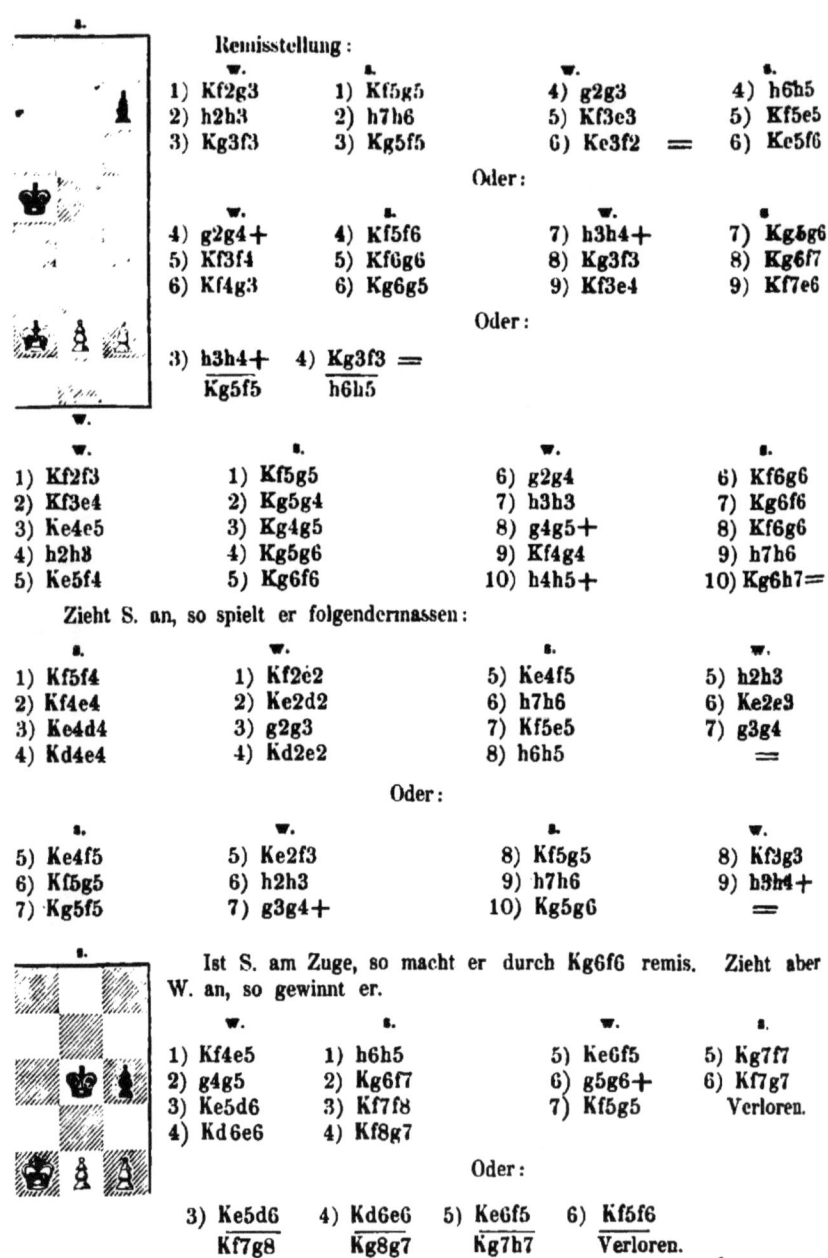

Remisstellung:

| w. | s. | w. | s. |
|---|---|---|---|
| 1) Kf2g3 | 1) Kf5g5 | 4) g2g3 | 4) h6h5 |
| 2) h2h3 | 2) h7h6 | 5) Kf3e3 | 5) Kf5e5 |
| 3) Kg3f3 | 3) Kg5f5 | 6) Ke3f2  = | 6) Ke5f6 |

Oder:

| w. | s. | w. | s |
|---|---|---|---|
| 4) g2g4+ | 4) Kf5f6 | 7) h3h4+ | 7) Kg5g6 |
| 5) Kf3f4 | 5) Kf6g6 | 8) Kg3f3 | 8) Kg6f7 |
| 6) Kf4g3 | 6) Kg6g5 | 9) Kf3e4 | 9) Kf7e6 |

Oder:

3) h3h4+    4) Kg3f3  =
——————    ——————
Kg5f5        h6h5

| w. | s. | w. | s. |
|---|---|---|---|
| 1) Kf2f3 | 1) Kf5g5 | 6) g2g4 | 6) Kf6g6 |
| 2) Kf3e4 | 2) Kg5g4 | 7) h3h3 | 7) Kg6f6 |
| 3) Ke4e5 | 3) Kg4g5 | 8) g4g5+ | 8) Kf6g6 |
| 4) h2h3 | 4) Kg5g6 | 9) Kf4g4 | 9) h7h6 |
| 5) Ke5f4 | 5) Kg6f6 | 10) h4h5+ | 10) Kg6h7 = |

Zieht S. an, so spielt er folgendermassen:

| s. | w. | s. | w. |
|---|---|---|---|
| 1) Kf5f4 | 1) Kf2e2 | 5) Ke4f5 | 5) h2h3 |
| 2) Kf4e4 | 2) Ke2d2 | 6) h7h6 | 6) Ke2e3 |
| 3) Ke4d4 | 3) g2g3 | 7) Kf5e5 | 7) g3g4 |
| 4) Kd4e4 | 4) Kd2e2 | 8) h6h5 | = |

Oder:

| s. | w. | s. | w. |
|---|---|---|---|
| 5) Ke4f5 | 5) Ke2f3 | 8) Kf5g5 | 8) Kf3g3 |
| 6) Kf5g5 | 6) h2h3 | 9) h7h6 | 9) h3h4+ |
| 7) Kg5f5 | 7) g3g4+ | 10) Kg5g6 | = |

Ist S. am Zuge, so macht er durch Kg6f6 remis. Zieht aber W. an, so gewinnt er.

| w. | s. | w. | s. |
|---|---|---|---|
| 1) Kf4e5 | 1) h6h5 | 5) Ke6f5 | 5) Kg7f7 |
| 2) g4g5 | 2) Kg6f7 | 6) g5g6+ | 6) Kf7g7 |
| 3) Ke5d6 | 3) Kf7f8 | 7) Kf5g5 | Verloren. |
| 4) Kd6e6 | 4) Kf8g7 | | |

Oder:

3) Ke5d6    4) Kd6e6    5) Ke6f5    6) Kf5f6
——————    ——————    ——————    Verloren.
Kf7g8        Kg8g7        Kg7h7

| w. | s. | w. | s. |
|---|---|---|---|
| 1) Kf4e5 | 1) Kg6g7 | 5) Ke6f6 | 5) Kh8h7 |
| 2) h4h5 | 2) Kg7f7 | 6) Kf6f7 | 6) Kh7h8 |
| 3) Ke5f5 | 3) Kf7g7 | 7) Kf7g6 | Verloren. |
| 4) Kf5e6 | 4) Kg7h8 | | |

| w. | s. | w. | s. |
|---|---|---|---|
| 1) Kf4e5 | 1) Kg6f7 | 7) Ke6e5 | 7) Kg6f7 |
| 2) Ke5f5 | 2) Kf7g7 | 8) Ke5d6 | 8) Kf7f8 |
| 3) Kf5e6 | 3) Kg7g6 | 9) Kd6e6 | 9) Kf8g7 |
| 4) Ke6e7 | 4) h6h5 | 10) Ke6f5 | 10) Kg7f7 |
| 5) g4g5 | 5) Kg6g7 | 11) g5g6 + | Verloren. |
| 6) Ke7e6 | 6) Kg7g6 | | |

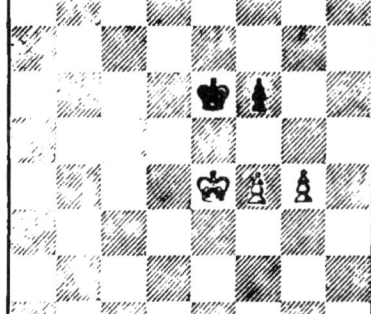

Remis.

Remisspiel.  Zieht S. an, so rückt er sogleich nach h8, und verlässt die beiden Felder h8 und g8 nicht.

Remis:

Zieht S. an, so zieht er f6f5+.

## König und 2 Bauern gegen König und 2 Bauern.

Es versteht sich von selbst, dass auch hier besondere Stellungen stattfinden können, welche der einen oder andern Partei den Sieg verschaffen.

In folgender Stellung z. B. muss W. gewinnen.

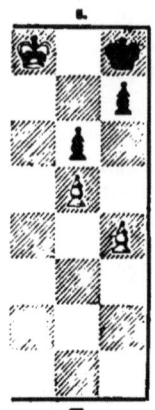

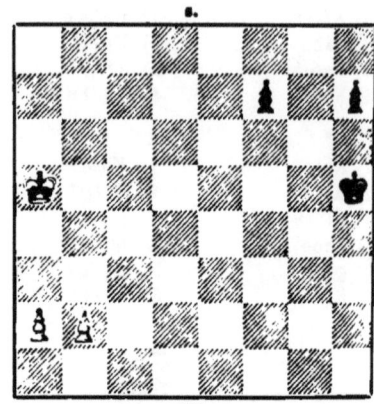

Zieht W. so erfolgt Kf8f7. Beginnt     W. zieht und gewinnt, indem er mit
S. so geschieht:                          dem Bauer auf b2 zur Dame geht, dann

1) h7h6    2) Kh8h7    3) h6g5       auf b5+ S. zum Tausch der Dame zwingt,

$\overline{\text{Kf8f7}}$      $\overline{\text{Kf7f6}}$      h4g5 u.gewinnt.     und mit Bauer a2 eine neue Dame macht.

Dagegen ist folgende Stellung remis, gleichviel wer anzieht.

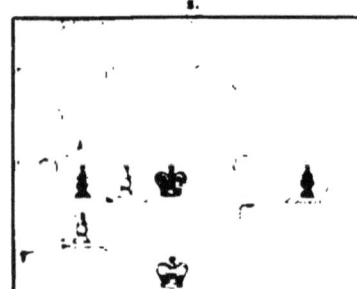

| 1) Kd3e3 | 2) Ke3f3 | 3) Kf3g3 | 4) Kg3g4 |
|---|---|---|---|
| $\overline{\text{Kd5e5}}$ | $\overline{\text{Ke5f5}}$ | $\overline{\text{Kf5c5}}$ | $\overline{\text{Ke5f6}}$ |

| 5) Kg4g3 | 6) Kg3f3 | | |
|---|---|---|---|
| $\overline{\text{Kf6e5}}$ | $\overline{\text{Ke5f5}}$ Remis. | | |

| 1) Kd5e5 | 2) Ke5d5 | 3) Kd5c5 | 4) Ke5e6 |
|---|---|---|---|
| $\overline{\text{Kd3e3}}$ | $\overline{\text{Ke3f3}}$ | $\overline{\text{Kf3g3}}$ | $\overline{\text{Kg3g4}}$ |

| 5) Ke6f6 | | | |
|---|---|---|---|
| Remis. | | | |

# König und 2 Bauern gegen König und 3 Bauern.

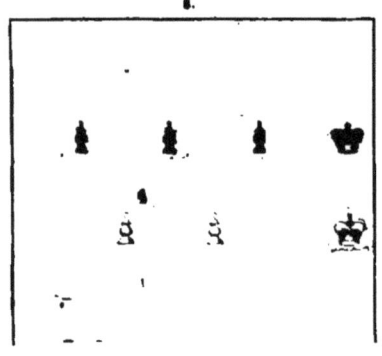

Remis, gleichviel wer anzieht.

| ▼. | ▲. |
|---|---|
| 1) Kh4g4 | 1) Kh6g6 |
| 2) Kg4f4 | 2) Kg6f7 |
| 3) Kf4f5 | 3) Kf7e7 |
| 4) Kf5g4 | 4) Ke7e6 |
| 5) Kg4f4 | 5) Ke6e7 |

Hat S. den Anzug, so gewinnt er durch
c8d7. Beginnt W. so bleibt das Spiel remis.

| ) $\frac{h4h5}{g6h5}$ | 2) $\frac{g4h5}{Kc8d7}$ | 3) $\frac{Kf4f5}{Kd7c7}$ | 4) $\frac{Kf5g6}{Ke7e6}$ |
|---|---|---|---|
| ) $\frac{Kg6h6}{Ke6f7}$ | 6) $\frac{Kh6h7}{f6f5}$ | 7) $\frac{h5h6}{f5f4}$ | 8) $\frac{Kh7h8}{f4f3}$ |
| ) $\frac{h6h7}{\text{Remis.}}$ | | | |

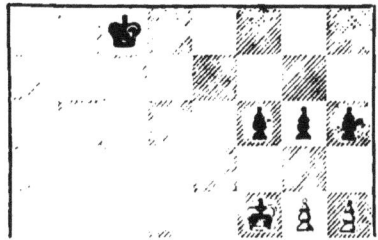

# König und 2 Bauern gegen König und 4 Bauern.

Gegenstand nachfolgender Betrachtungen sind diejenigen Fälle, wo der eine
König sich nicht bewegen kann, während der andere König sich 3 Freibauern
gegenüber befindet, Stellungen die in der praktischen Partie wohl kaum vorkommen.
Wir wollen einige derselben erwähnen.

Die Bauern gewinnen, doch darf nicht
f4f3 oder h3h2 angezogen werden, weil sich
sonst der König auf h1 patt stellt. Der
richtige Zug ist: 1) $\frac{g3g2}{Kg1f2}$  2) $\frac{g2g1D+}{Kf2g1}$

3) $\frac{f4f3}{\text{Verloren.}}$

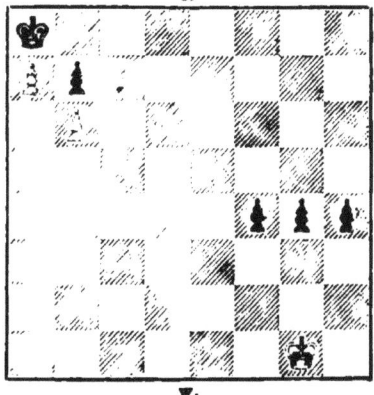

W. verliert mit dem Zuge; sonst Remis:

1) $\frac{f4f3}{Kg1f2}$  2) $\frac{h4h3}{Kf2g3}$

19*

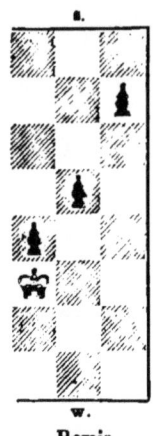

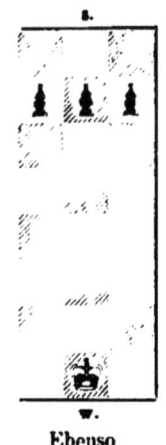

Remis.

Ebenso

Zieht S., so gewinnt er durch
f4f3. Zieht W. so wird es remis.

| 1) Kh2g1 | 2) Kg1f2 | 3) Kf2g3 | 4) Kg3f2 |
|----------|----------|----------|----------|
| f4f3     | g5g4     | h5h4+    | u. s. w. |

Remis.

| 1) h7h6+ | 2) f7f5 | 3) g7g6 | 4) h6h5 |
|----------|---------|---------|---------|
| Kg5h5    | Kh5h4   | Kh4g3   | Kg3g2   |

Oder:

| 1) g7g6 | 2) h7h5+ |
|---------|----------|
| Kg5g4   | Kg4h4    |

# König und 3 Bauern gegen König und 3 Bauern.

Mit der Anzahl der Bauern wächst die Mannigfaltigkeit der Combinationen,
und die Stellungen können zu wahren Aufgaben werden, so wenig sie auch ein
praktisches Interesse haben. Z. B. folgende Stellung.

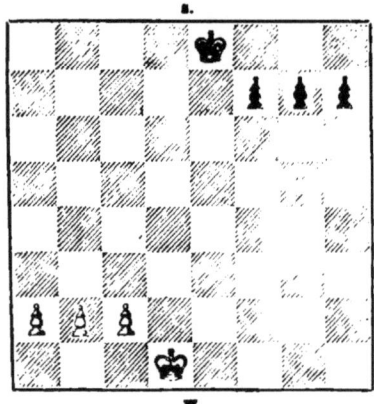

Der Anziehende gewinnt, indem er den
König so zieht, dass er die Bauern aufhält,
was geschieht, wenn sie die 5. Reihe noch
nicht überschritten haben, und zieht dann
seine eigenen Bauern in die Höhe, welchen
der anderseitige König, da er im Nachzuge
ist, nicht Widerstand leisten kann.

| **W.** | **S.** | **W.** | **S.** |
|---|---|---|---|
| 1) Kd1e2 | 1) Ke8d7 | 10) c5c6 | 10) f4f3 |
| 2) Ke2f3 | 2) Kd7c6. | 11) b4b5+ | 11) Ka6a7 |
| 3) a2a4 | 3) h7h5 | 12) c6c7 | 12) g5g4+ |
| 4) c2c4 | 4) f7f5 | 13) Kh3h2 | 13) Ka7b7 [2]) |
| 5) Kf3g3 | 5) Kc6b6 | 14) b5b6 | 14) g4g3+ |
| 6) b2b4 | 6) g7g5 | 15) Kh2g1 | 15) f3f2+ |
| 7) a4a5+ | 7) Kb6a6 | 16) Kg1f1 | 16) h4h3 |
| 8) c4c5 | 8) h5h4 [1]) | 17) a5a6+ | 17) Kb7c8 |
| 9) Kg3h3 | 9) f5f4+ | 18) a6a7 | Verloren. |

Befinden sich bei derselben Bauernstellung die beiden Könige auf c1 und c8 einander gegenüber, so gewinnt W. auf dieselbe Weise, mag auch S. am Zuge sein, z. B:

| **S.** | **W.** | **S.** | **W.** |
|---|---|---|---|
| 1) Ke8d7 | 1) a2a4 | 6) Kc6b5 | 6) b2b4 |
| 2) h7h5 | 2) Ke1f2 | 7) f7f5 | 7) c2c3 |
| 3) h5h4 | 3) Kf2g2 | 8) Kb5a6 | 8) c3c4 |
| 4) Kd7c6 | 4) Kg2h3 | | u. gewinnt. |
| 5) g7g5 | 5) a4a5 | | |

Daran knüpfen sich unter andern folgende Resultate:

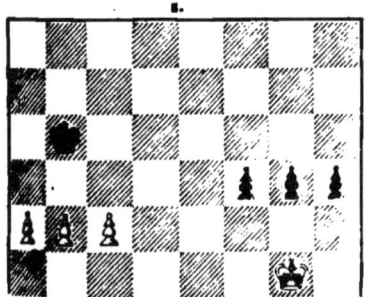

Der Anziehende gewinnt.

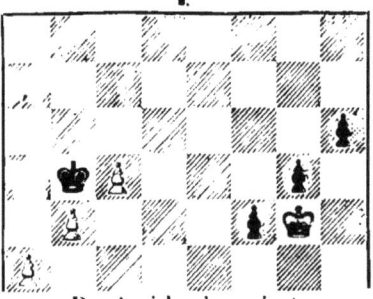

Der Anziehende gewinnt.

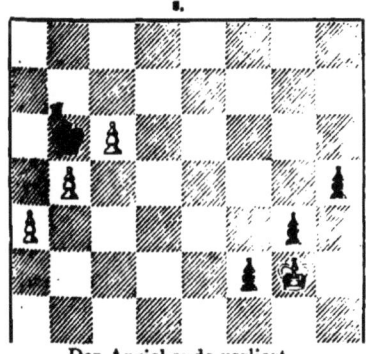

Der Anziehende verliert.

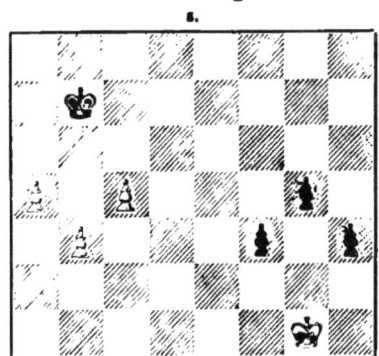

Der Anziehende verliert.

[1]) Auf Ka6b5 zieht W. Kh3g2.
[2]) Auf g4g3+ erfolgt Kh2g1.

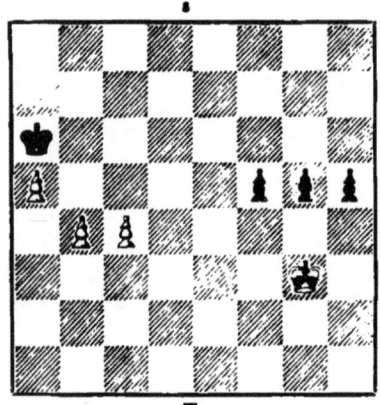

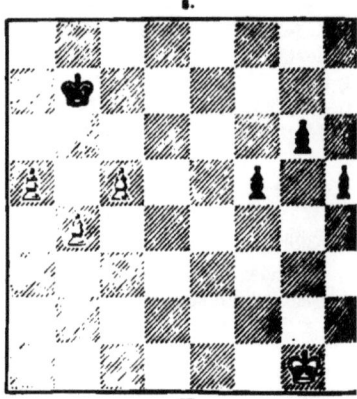

W. gewinnt.        W. gewinnt (auch wenn der w. König auf g8 steht.

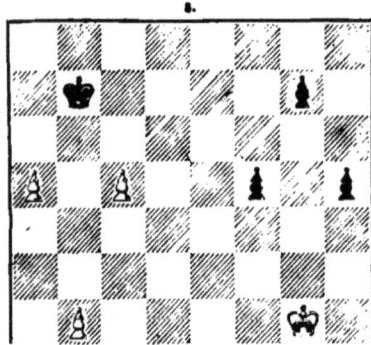

Remis.   Wer zuerst den ungerückten Bauer zieht, verliert.

# König und 4 Bauern gegen König und 4 Bauern.

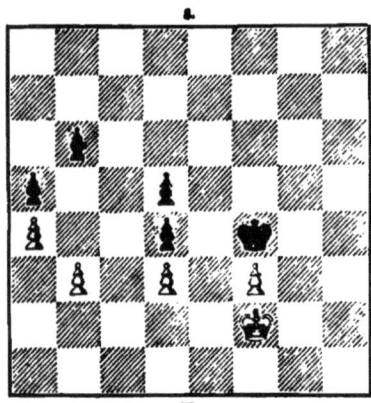

Falls W. am Zuge, Remis. Ist S. am Zuge, so gewinnt W.

| | | | |
|---|---|---|---|
| 1) Kf2e2 | 2) f3f4 | 3) Ke2f2 | 4) Kf2g3 |
| Kf4g3 | Kg3f4 | f4g4 | Kg4f4 |
| 5) g2f2 | 6) Kf2e2 | 7) Ke2d2 | 8) Kd2c2 |
| Kf4e5 | Ke5d6 | Kd6c5 | Kc5b4 |
| 9) Kc2b2 | | | |

Wäre W. im 6. Zuge dem

= schwarzen Könige nachgerückt, also nach f3 und auf 6) Ke5d6, weiter nach f4 gegangen, so gewann S.

| | |
|---|---|
| 1) Kf4f5 | 2) Kf5g5 |
| Kf2g3 | f3f4+ und gewinnt. |

# König und 5 Bauern gegen König und 6 Bauern.

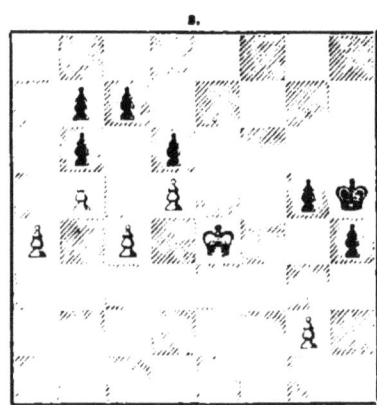

**W. zieht und gewinnt.**

| 1) c4c5 | 2) a4a5 | 3) g2h3 | 4) Kc4f3 |
|---------|---------|---------|----------|
| g5g4 [1]) | h4h3 | g4h3 | h3h2 |
| 5) Kf3g2 | 6) a7a6 | 7) b5a6 | |
| b6c5 | b7a6 | Verloren. | |

## König und Bauer gegen König und Dame.

Ein Bauer, der auf der 7. Linie angekommen ist, kann nur dann gegen die Dame remis machen, wenn er auf der Läufer- und Thurmcolonne steht; auf den anderen verliert er, da ihn die Dame verhindert, gleichfalls zur Dame zu werden, indem sie den König zwingt, sich vor seinen Bauer zu stellen, und während des Gewinns dieses Tempo ihren eigenen König herbeiführt, um zuletzt den Bauer zu nehmen.

| **w.** | **s.** |
|--------|--------|
| 1) Dd7d2 | 1) Kf2f1 |
| 2) Dd2f4+ | 2) Kf1g1 |
| 3) Df4e3 + | 3) Kg1f1 |
| 4) De3f3 + | 4) Kf1e1 |
| 5) Kb6c5 | 5) Ke1d2 |
| 6) Df3f2 | 6) Kd2d1 |
| 7) Df2d4 + | 7) Kd1c1 |
| 8) Dd4e3+ | 8) Kc1d1 |
| 9) De3d3 + | 9) Kd1e1 |
| 10) Kc5c4 | 10) Ke1f2 |
| 11) Dd3d2 | 11) Kf2f1 |
| 12) Dd2f4 + | 12) Kf1g1 |
| 13) Df4e3 + | 13) Kg1f1 |
| 14) De3f3 + | 14) Kf8e8 |
| 15) Kc4d3 | Verloren. |

Ebenso verfährt man bei einem Damen- und Springerbauer.

---

[1]) d6c5 oder b6c5 helfen auch nichts.

Bei einen Läufer- und Thurmbauer ist es aber nicht möglich, das Tempo zu gewinnen, um den eigenen König heranzubringen, weil der feindliche König sich patt stellen kann.

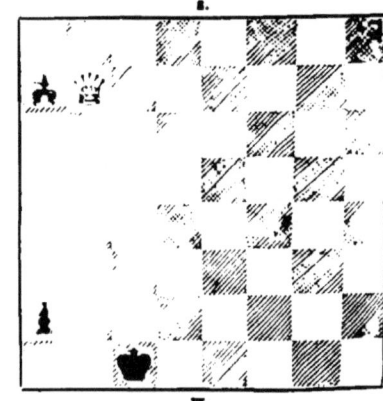

| 1) De2g4+ | 2) Dg4f3 | 3) Df3g3+ | 1) Db7a6 | 2) Da6b5+ | 3) b5c4+ |
|---|---|---|---|---|---|
| Kg1h2 | Kh2g1 | Kg1h1 | Kc1b2 | Kb2c1 | Kc1b1 |

Offenbar kann der Bauer nicht genommen werden ohne den König patt zu setzen.

1) Kc4b3   Remis.
Kb1a1

Indess giebt es ungünstige Stellungen, wo der Bauer zwar zur Dame gelangt, den König aber nicht vor dem Matt zu retten vermag, ungeachtet der gegnerische König ziemlich weit entfernt steht. Nachfolgend einige Beispiele:

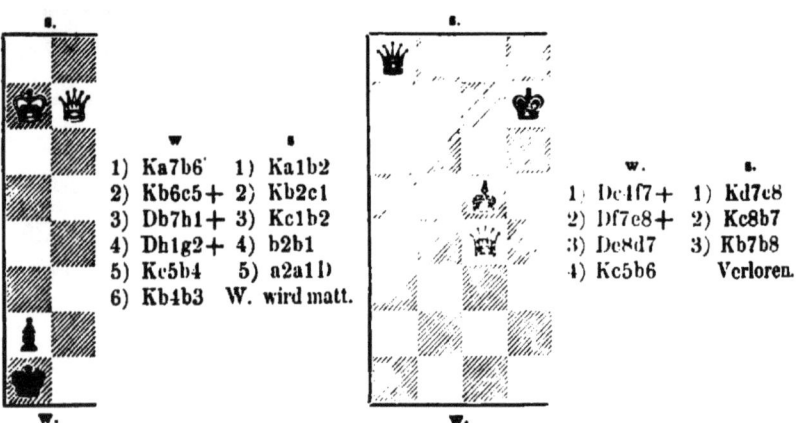

| w. | s. |
|---|---|
| 1) Ka7b6 | 1) Ka1b2 |
| 2) Kb6c5+ | 2) Kb2c1 |
| 3) Db7b1+ | 3) Kc1b2 |
| 4) Dh1g2+ | 4) b2b1 |
| 5) Kc5b4 | 5) a2a1D |
| 6) Kb4b3 | W. wird matt. |

| w. | s. |
|---|---|
| 1) De4f7+ | 1) Kd7c8 |
| 2) Df7e8+ | 2) Kc8b7 |
| 3) De8d7 | 3) Kb7b8 |
| 4) Kc5b6 | Verloren. |

Hat der König 2 Bauern, von welchen nur der Eine auf das 7. Feld gelangt war, so ist der Gewinn der Dame um so leichter, da der König sich nicht patt stellen kann, sondern den vorgerückten Bauer aufgeben muss.

Hat die eine Partei bloss die **Dame** gegen **Dame und Bauer**, so kann häufig die Dame, falls der feindliche Bauer noch nicht das 7. Feld erreicht hat, durch fortwährendes Schachgeben, oder durch zeitiges Heranbringen ihres Königs, remis machen, wobei sie aber Acht zu geben hat, dass sie sich nicht in gerade oder schräge Linie mit ihrem Könige stellt, so dass der Gegner sie zum Abtausch zwingen kann.

Zum Schluss der bisherigen Betrachtungen noch folgende

## Studie:

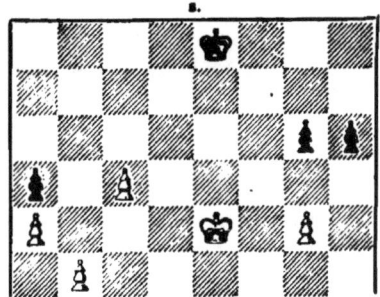

W. zieht, und kann bloss durch c5c6 remis machen, trotzdem er einen Bauer mehr hat.

### König und Dame gegen König, Thurm und Bauer.

Allgemeine Regel ist: Steht der Bauer noch auf seinem ursprünglichen Felde, so wird das Spiel remis. Ausgenommen sind die Thurmbauern, die stets verlieren.

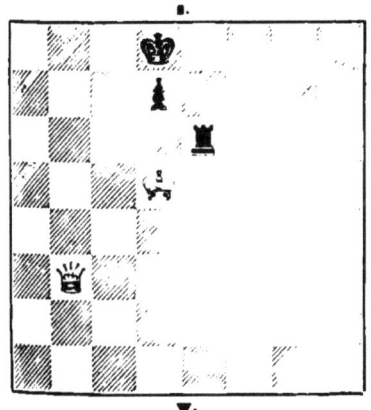

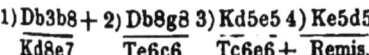

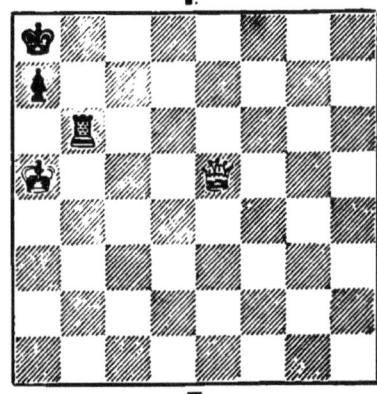

| 1) Db3b8 + | 2) Db8g8 | 3) Kd5e5 | 4) Ke5d5 |
|---|---|---|---|
| Kd8e7 | Te6c6 | Tc6e6 + | Remis. |

| 1) De5d5 + | 2) Dd5d7 | 3) Dd7c8 + |
|---|---|---|
| Ka8b8 | Kb8a8 | Tb6b8 |

| 4) Dc8c6 + | 5) Ka5a6 |
|---|---|
| Tb8b7 | Verloren. |

Hat der Bauer seine ursprüngliche Stellung schon verlassen, so geht er verloren. Es kommt darauf an, den König zu zwingen, dass er vor seinen Bauer tritt, und dass ebenso der Thurm genöthigt wird, den feindlichen König hinter den Bauer zu lassen. Freilich müssen die Züge dessen der die Dame hat, sehr präcis sein.

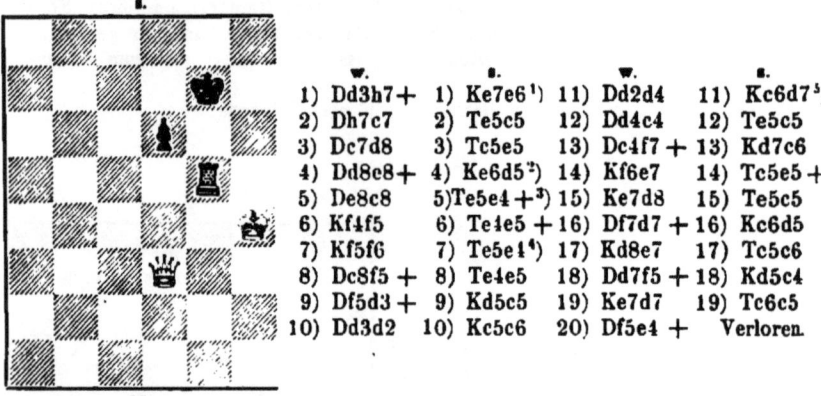

| W. | S. | W. | S. |
|---|---|---|---|
| 1) Dd3h7+ | 1) Ke7e6[1] | 11) Dd2d4 | 11) Kc6d7[5] |
| 2) Dh7c7 | 2) Te5c5 | 12) Dd4c4 | 12) Te5c5 |
| 3) Dc7d8 | 3) Tc5e5 | 13) Dc4f7+ | 13) Kd7c6 |
| 4) Dd8e8+ | 4) Ke6d5[2] | 14) Kf6e7 | 14) Tc5e5+ |
| 5) De8c8 | 5) Te5e4+[3] | 15) Ke7d8 | 15) Te5c5 |
| 6) Kf4f5 | 6) Te4e5 | 16) Df7d7+ | 16) Kc6d5 |
| 7) Kf5f6 | 7) Te5e1[4] | 17) Kd8e7 | 17) Tc5c6 |
| 8) Dc8f5+ | 8) Te4e5 | 18) Dd7f5+ | 18) Kd5c4 |
| 9) Df5d3+ | 9) Kd5c5 | 19) Ke7d7 | 19) Tc6c5 |
| 10) Dd3d2 | 10) Kc5c6 | 20) Df5e4+ | Verloren. |

Indess gibt es Stellungen auf allen Colonnen, mit Ausnahme der Thurmlinie. wo selbst ein vorgerückter Bauer nicht genommen werden kann. Z. B.

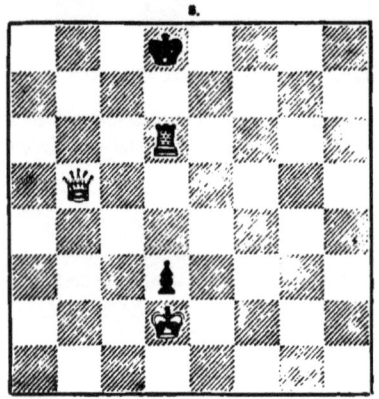

Hält sich der schwarze König auf der ersten und zweiten Reihe, ohne den Thurm zu bewegen, so ist offenbar das Spiel remis. Dieselbe Stellung könnte, wie gesagt, auf allen Linien stattfinden und das Spiel unentschieden machen. Auf der Thurmlinie wäre aber der Bauer verloren.

### König und Thurm gegen König, Thurm und Bauer.

Die stärkere Partei gewinnt, wenn sie den feindlichen König von der Linie des Bauern zu verdrängen und mit ihrem Könige vor den eigenen Bauer zu treten vermag. Die schwächere Partei kann dies nur durch richtiges Spiel mit dem Thurm verhindern. Den Abtausch der Thürme darf der schwächere Theil nur dann vornehmen, wenn er mit seinem Könige die Opposition erhalten kann.

[1] 1) —— / Ke7d8   2) Dh7f7 / Te5c5   3) Df7e6 / Kd8c7   4 De6e7+ / Kc7c6
[2] Geht der König nach f6, so zieht W. De8d7 und nachher Kf4g4.
[3] Zieht der Thurm nach h5 so gibt die Dame auf a8 Schach.
[4] Zieht der König nach d4 so geht die Dame nach c6.
[5] 11) —— / Kc6c7   12) Dd4a1 / Te5c5   13) Da4a7+ / Kc7c6   14) Kf6e7

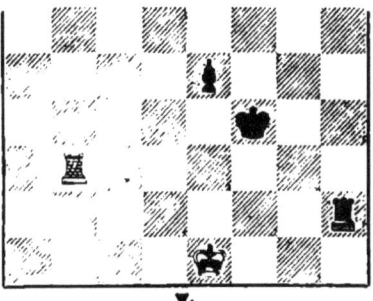

| | |
|---|---|
| 1) Tb3a3 | 2) Ta3b3[1]) 3) Tb3c3 4) Tc3c8 |
| e5e4 | Th2a2 e4e3 Kf4f3 |

5) Tc8f8+ und gibt Schach oder bedroht
den Bauer.

Remis.

Verlässt der Thurm aber die dritte Linie vor der Zeit, und gestattet dem feindlichen Könige sich vor seinen Bauer zu stellen, so verliert er folgenderweise:

| w. | s. | w. | s. |
|---|---|---|---|
| 1) Tb3a3 | 1) e5e4 | 13) Te6f6+ | 13) Kf2e1 |
| 2) Ta3a8 | 2) Kf4f3 | 14) Tf6e6 | 14) e3e2 |
| 3) Ta8f8+ | 3) Kf3e3 | 15) Te6d6 | 15) Tg7c7 |
| 4) Ke1f1 | 4) Th2h1+ | 16) Kh2g2 | 16) Tc7c2 |
| 5) Kf1g2 | 5) Th1e1 | 17) Td6d7 | 17) Tc2d2 |
| 6) Tf8e8 | 6) Ke3d2 | 18) Td7b7 | 18) Td2d8 |
| 7) Kg2f2 | 7) e4e3+ | 19) Tb7b1+ | 19) Ke1d2 |
| 8) Kf2g2 | 8) Kd2e2 | 20) Tb1b2+ | 20) Kd2e3 |
| 9) Te8e7 | 9) Te1d1 | 21) Tb2b3+ | 21) Td8d3 |
| 10) Te7e8 | 10) Td1d7 | 22) Tb3b1 | 22) Td3d1 |
| 11) Te8e6 | 11) Td7g7+ | Verloren. | |
| 12) Kg2h2 | 12) Ke2f2 | | |

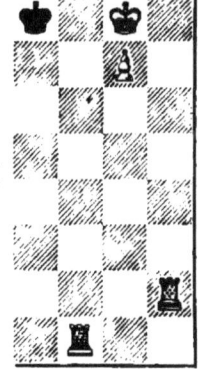

W. zieht und gewinnt.

| | |
|---|---|
| 1) Tf1f4 | 2) Tf4e4+ 3) Kg8f7 4) Kf7g6 5) Kg6f6 |
| Th2b1 | Ke8d7 Th1f1+ Tf1g1+ Tg1f1+ |
| 6) Kf6g5 | 7) Te4g4 |
| Tf1g1+ | Verloren. |

Ist es ein Thurmbauer, so gewinnt er oft auch dann nicht, wenn sein König vor ihm steht, weil derselbe eingeschlossen wird. Z. B.

<hr>

[1]) Der Thurm darf nicht eher diese Linie verlassen, als bis der Bauer nach e3 gerückt ist, sonst verliert W., wie nachfolgend gezeigt wird.

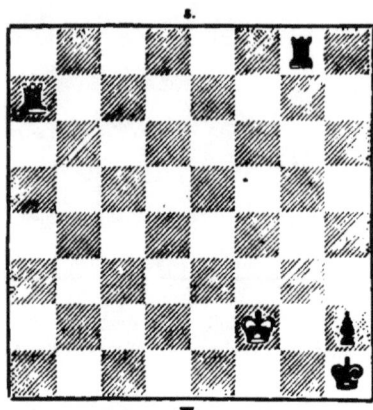

Remisspiel:

| 1) Tg8f8+ | 2) Tf8f1 |
|-----------|----------|
| Kf2g3     | Ta7a2    |

Oder:

| 1) Ta7a1+ | 2) Ta1f1 | 3) Kf2f1 |
|-----------|----------|----------|
| Tg8g1     | Tg1f1+   |          |

Ausnahmsweise macht ein Thurm auch gegen Thurm und 2 Bauern remis z. B.

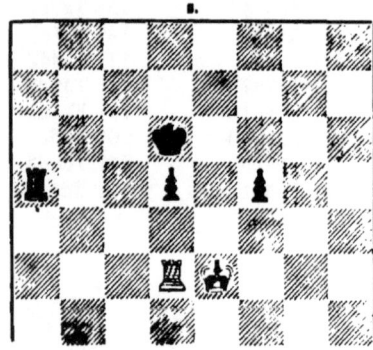

| 1) Ke3f4 | 2) Td3e3+ | 3) Te3a3 | 4) Ta3a6+ |
|----------|-----------|----------|-----------|
| Kd6e6    | Ke6f6     | Ta5c5    |           |

Oder:

| 1) Ke3f4 | 2) Kf4f5 | 3) Kf5e5 | 4) Ke5f5 |
|----------|----------|----------|----------|
| Ta5a4+   | Kd6c5    | Ta4e4+   | Kc5c4    |

| 5) Td3d1 | 6) Td1c1+ | 7) Tc1d1+ |
|----------|-----------|-----------|
| Te1e2    | Kc4d3     |           |

### König, Thurm u. 5 Bauern gegen König, Thurm u. 6 Bauern.

Dieses Beispiel zeigt, wie man bei einem Bauer weniger, richtig zu spielen hat.

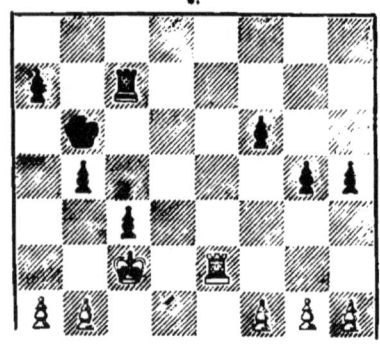

W. ist am Zuge und macht remis.

| 1) a2a4[1] | 2) a4b5 | 3) Kc3b4 | 4) Te3f3 |
|------------|---------|----------|----------|
| a7a6       | a6b5    | Tc7c6    | c4c3     |

| 5) b2c3 | 6) Kb4b3 | 7) Tf3f5 | 8) Kb3b4 |
|---------|----------|----------|----------|
| Tc6c4+  | Tc4c6    | Kb6a6    | Tc6c4+   |

| 9) Kb4b3 |
|----------|
| Tc4c6    |

---

[1] Wichtiger Zug.

# König, Thurm u. Bauer gegen König u. Läufer.

Nach Philidor hatte man angenommen, dass in folgender Stellung (und in ihr ähnlichen), sobald W. d4d5 zieht, S. das Spiel remis machen könne, indem der Läufer durch Schachgeben den feindlichen König am Vorrücken zu hindern vermöchte. In neuerer Zeit ist diese Annahme aber widerlegt worden, indem die Züge:

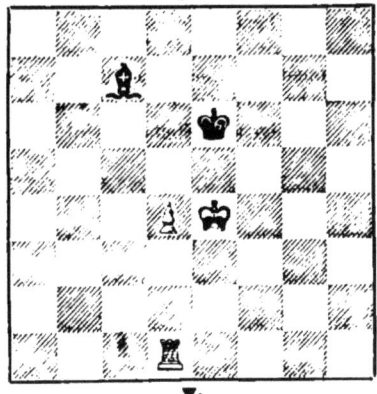

1) d4d5+  2) Td1a1  3) Ta1a7+  4) Ta7a6+
 Ke6d7  Lc7g3  Kd7d6  Kd6d7
5) Ta6g6
  u. s. w.

zum Gewinn für W. führen. (Siehe die Untersuchungen über diese übrigens seltene Spielendung von Bernhard von Guretzky-Cornitz in der Berliner Schachzeitung 1863.)

# König u. Thurm gegen König, Läufer u. 2 Bauern.

Sind die Bauern schon weit vorgerückt, so ist es oft dem Thurm unmöglich, gegen die beiden Bauern sich abzutauschen, und dadurch remis zu machen. Leichter ist es, wenn ein Thurmbauer dabei ist. Gegen Springer und 2 Bauern gelingt es dem Thurm viel leichter remis zu machen, wobei sich der König den Bauern so nahe wie möglich gegenüber zu halten hat.

# König, Läufer, Springer und Bauer gegen König, Thurm und Bauer.

In folgender Stellung, wo W. anzieht, verliert S. obgleich sein Bauer zur Dame gelangt.

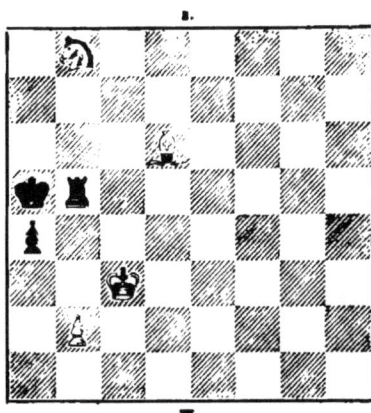

# König und Thurm gegen König und Bauern.

König und Thurm vermögen im geeigneten Falle, 4 geschlossene Bauern aufzuhalten, falls sie noch nicht über die Mitte des Bretts vorgedrungen sind. In besonderen Stellungen gewinnt aber sogar ein einziger Bauer, wenn ihn der Thurm von der Dame nicht abzuhalten vermag. Ebenso gewinnen 2 vereinigte Bauern, welche ihre sechsten Felder erreicht haben; 3 vereinigte Bauern gewinnen, wenn sie sämmtlich, ohne angegriffen zu sein, ihre fünften Felder erreicht haben, und der feindliche König ihnen nicht gegenüber steht.

In folgender Stellung wird das Spiel remis, wenn S. richtig zieht.

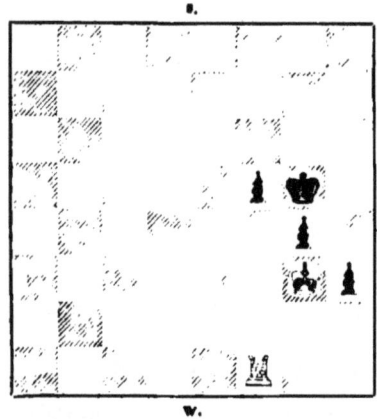

| | | | |
|---|---|---|---|
| 1) Tf1f2 | 2) Kg3f4 | 3) Tf2d2 | 4) Td2d6 |
| Kg5g6 | Kg6h5 | Kh5h4 | Kh4h5 |
| 5) Td6e6 | 6) Te6e8 | 7) Te8h8+ | |
| h3h2 | h2h1D | Verloren. | |

Dagegen:

| | | | |
|---|---|---|---|
| 1) Tf1f2 | 2) Kg3f4 | 3) Tf2e2 | 4) Te2e5 |
| Kg5f6 | Kf6g6 | Kg6f7 [1] | Kf7g6 |
| 5) Te5e6+ | 6) Te6d6 | 7) Td6h6 | 8) Th6h5 |
| Kg6g7 | Kg7f7 [2] | Kf7g7 | Kg7g6 |
| 9) Th5g5+ | 10) Tg5g8 | 11) Tg8d8 | 12) Td8d6+ |
| Kg6h6 | Kh6h7 | Kh7g6 | Kg6f7 |
| | | | Remis. |

Ständen die Bauern auf den Feldern h4, g5, f6, so würden sie verlieren; auf h2, g3, f4 hingegen würden sie gewinnen.

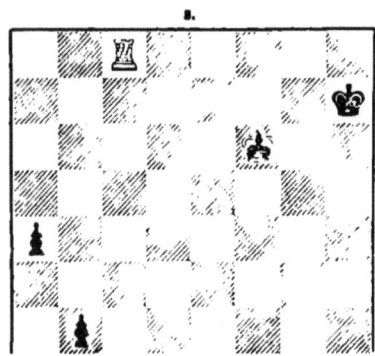

W. zieht und gewinnt.

| | | | |
|---|---|---|---|
| 1) Te8e7+ | 2) Tc7g7+ | 3) Tg7b7 | 4) Kf6g6 |
| Kh7g8 [3] | Kg8h8 | a4a3 | Verloren. |

---

[1] Auf Kg6h5 erfolgt 2) Te2e6.

[2]

| | 6) | 7) Kf4g5 | 8) Td6g6+ | 9) Tg6h6+ | 10) Th6h5 |
|---|---|---|---|---|---|
| | Kg7h7 | Kh7g7 | Kg7h7 | Kh7g7 | Verloren. |

[3] Auf Kh7h6 gewinnt 2) Tc7c2, auf Kh7h8 dagegen 2) Tc7b7 3) Kf6g6
a4a3   Verloren.

W. zieht und macht remis:

| 1) Th6h7+ | 2) Th7h1 | 3) Kb5b6 |
|---|---|---|
| Kb7b8 | b4b3 | Kb8c8 |

| 4) Kb6c6 | 5) Kc6d6 | 6) Kd6e6 |
|---|---|---|
| Kc8d8 | Kd8e8 | Ke8f8 |

| 7) Ke6f6 | 8) Th1g1+ | 9) Tg1h1 |
|---|---|---|
| Kf8g8 | Kg8f8 | Remis. |

## König, Läufer und Bauer gegen König.

Der stärkere Theil gewinnt, ausgenommen wenn der Bauer auf der Thurmlinie sich befindet, und der feindliche König nicht daran verhindert werden kann, das Eckfeld, worauf der Bauer zur Dame geht einzunehmen, also wenn der Läufer nicht von der Farbe dieses Eckfeldes ist. Ein Bauer mit einem weissen Läufer kann also unter diesen Umständen nicht auf a1 und h8 hereinkommen; ein Bauer mit einem schwarzen Läufer nicht auf a8 und h1.

Im folgenden Beispiele ist es W. möglich, den obgleich noch einen Bauer besitzenden schwarzen König an Erreichen des Eckfeldes zu verhindern.

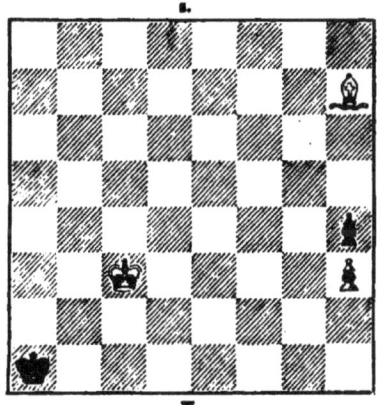

| 1) Lh7g8 | 2) Kc3d2 | 3) Kd2e3 | 4) Ke3f4 |
|---|---|---|---|
| Ka1b1 | Kb1b2 | Kb2c3 | Kc3d4 |

| 5) Lg8a2 | 6) Kf4g5 | 7) Kg5h4 | 8) Kh4g5 |
|---|---|---|---|
| Kd4c5 | Kc5d6 | Kd6e7 | Ke7f8 |

| 9) Kg5f6 |
|---|
| Verloren. |

Nachfolgend ein Fall, wo ein Läufer nebst Bauer auf der Springerlinie nicht gewinnt.

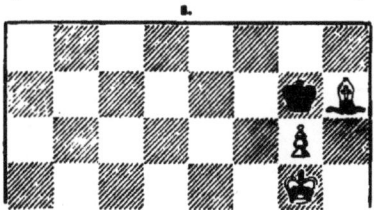

# König, Läufer u. Bauern gegen König u. Bauern.

Die Stellungen können sehr mannigfaltig sein, so dass die eine oder die andere Partei gewinnt.

In nachfolgenden Stellungen gewinnt W.

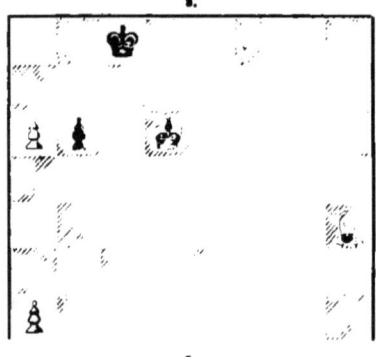

1) $\dfrac{a2a4}{Kc8b8}$  2) $\dfrac{Lh4f2}{Kb8a8}$  3) $\dfrac{Kd6c6}{Ka8b8}$  4) $\dfrac{a6a7+}{Kb8a8}$

5) $\dfrac{Lf2c3}{Ka8a7}$  6) $\dfrac{a4a5}{\text{Verloren.}}$

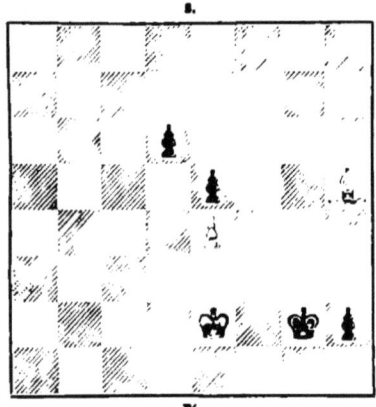

1) $\dfrac{Lh5f3+}{Kg2g1}$  2) $\dfrac{Lf3h1}{Kg1h1}$  3) $\dfrac{Ke2f1}{d6d5}$  4) $\dfrac{e4d5}{e5e4}$

5) $\dfrac{d5d6}{e4e3}$  6) $\dfrac{d6d7}{e3e2+}$  7) $\dfrac{Kf1e2}{Kh1g2}$  8) $\dfrac{d7d8D}{h2h1D}$

9) $\dfrac{Dd8g5+}{Kg2h3}$  10) $\dfrac{Dg5h5+}{Kh3g2}$  11) $\dfrac{Dh5g4+}{Kg2h2}$

12) $\dfrac{Ke2f2}{\text{Verloren.}}$

# König u. Läufer gegen König, Läufer u. Bauern.

Ist bloss 1 Bauer mehr, so wird das Spiel bei Läufern von ungleicher Farbe remis, falls der Läufer den Bauer nehmen kann. Sind aber die Läufer von gleicher Farbe und der Bauer nahe seinem 8. Felde, so gewinnt er gewöhnlich.

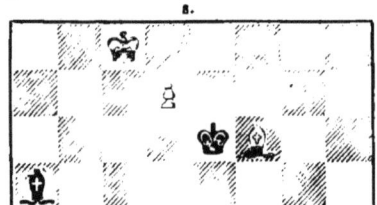

W. gewinnt.

1) $\dfrac{Lf6d8}{La5e1}$  2) $\dfrac{Ld8g5}{Le1a5}$  3) Lg5f4 u. dann nach c7.

In dieser Weise wird der Gewinn gewöhnlich erwirkt.

In folgender Stellung gewinnt W. nur mit dem Anzuge:

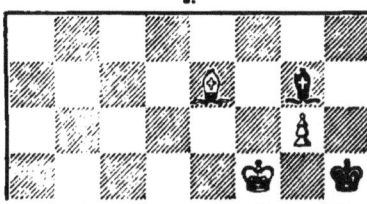

| )  Le7g5 | 2) Kf5f6 | 3) Kf6f7 | 4) Lg5f6 |
|---|---|---|---|
| Lg7f8 | Lf8e7+ | Le7f8 | Lf8h6 |
| )  Lf6e7 | 6) Le7f3 | | |
| Kh5g4 | Verloren. | | |

Sind auf der einen Seite mehrere Bauern vorhanden, die man zur Dame führen will, so muss man die Bauern auf Felder von der Farbe des feindlichen Läufers stellen, damit derselbe sich nicht dazwischen einklemme, und zugleich verhindern, dass der Gegner seinen Läufer nicht gegen die Bauern tausche.

Ein Beispiel, wie der Läufer gegen Läufer und 3 Bauern remis hält, ist folgendes:

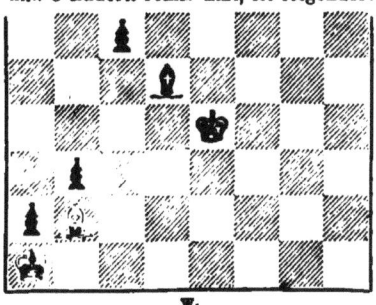

Remisspiel, ganz gleich wer anzieht, da der Bauer e6 nicht über das Feld e3 zu bringen ist.

## König und Springer gegen König und Bauer.

Hat der Bauer das 6. Feld noch nicht überschritten, so wird ihn der, in geeigneter Nähe befindliche Springer aufhalten. Das Verfahren dabei besteht darin, dass der Springer, falls er nicht sogleich Schach geben kann, stets auf ein Feld geht, von wo er im nächsten Zuge mit Schach zugleich den vorgerückten Bauer angreift, z. B.

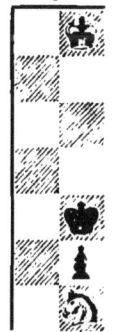

| 1) Sb2d3+ | 2) Sd3c5 | 3) Sc5a4+ |
|---|---|---|
| Kb4c3 | b3b2 | |

Es ist schon erwähnt worden, dass 1 oder 2 Springer allein nicht matt setzen. Hat aber der König noch einen oder selbst mehrere Bauern, so kann er sogar von 1 Springer matt gesetzt werden. Der russische Schriftsteller Jänisch hat in einer besondern Schrift 237 Fälle nachgewiesen, in denen ein einzelner Springer gegen König und Bauer matt macht.

W. zieht und gewinnt. (Zöge S. so
wäre das Spiel remis.)

| 1) Se2g3+ | 2) Sg3f5 | 3) Kf1f2 | 4) Sf5e3 |
|---|---|---|---|
| Kh1h2 | Kh2h1 | Kh1h2 | Kh2h1 |

| 5) Se3f1 | 6) Sf1g3+ |
|---|---|
| h3h2 | 0 |

Selbst gegen eine grössere Anzahl von Bauern kann der Springer oft gewinnen.

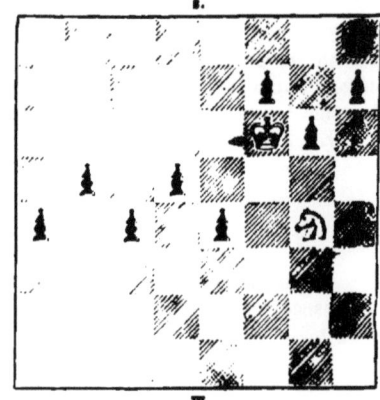

W. gewinnt mit oder ohne Anzug:

| 1) f7f5 | 2) f5f4+ | 3) h7h5 | 4) h5h4 |
|---|---|---|---|
| Kh3g3 | Kg3f2 | Kf2f1 | Kf1f2 |

| 5) h4h3 | 6) h3h2 | 7) f4f3 | 8) f3f2 0 |
|---|---|---|---|
| Kf2f1 | Sf3g5 | Sg5e4 | Se4g3+ |

| 1) Sg4h6 | 2) Kf6f7 | 3) Kf7f8 |
|---|---|---|
| a4a3 | a3a2 | a2a1D |

| 4) Sh6f7+ |
|---|
| 0 |

Nachfolgend ein Beispiel mit 2 Springern:

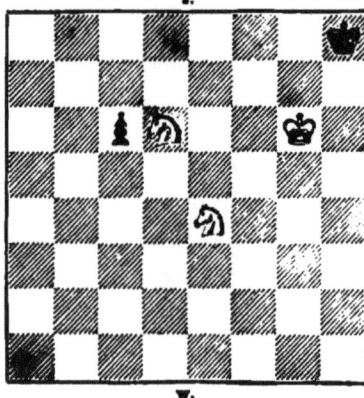

W. gewinnt stets, sei es mit oder ohne
Zug z. B.

| 1) Kh8g8 | 2) Kg8f8 | 3) Kf8g8 | 4) Kg8h7 |
|---|---|---|---|
| Se4c5 | Kg6f6 | Sc5e6 | Sd6f5 |

| 5) Kh7g8 | 6) c6c5 | 7) Kg8h8 | 8) Kh8h7 |
|---|---|---|---|
| Kf6g6 | f5e7+ | Kg6f7 | Se7g8 |

| 9) c5c4 | 10) Kh7h8 | 11) c4c3 0 |
|---|---|---|
| Se6f8+ | Sg8e7 | Se7g6+ |

Man sieht, dass dem Könige wegen des Besitzes des Bauern, die Möglichkeit
genommen ist, sich patt zu stellen.

Das Matt kann auch dadurch erfolgen, dass der eigene Bauer dem Könige en Ausweg versperrt. Z. B.

| ) Kd2c3 | 2) Kc3b4 | 3] Kb4a4 | 4) Sb1c3+ | 5) Sa3c2+ |
|---|---|---|---|---|
| Ka1a2 | Ka2a1 | Ka1a2 | Ka2a1 | 0 |

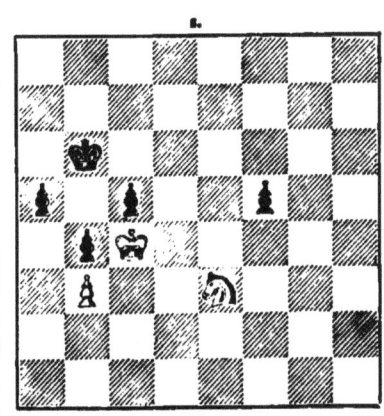

Dergleichen Spielendungen kommen indess wohl schwerlich vor, und begnügen uns daher mit dem hier Mitgetheilten.

## König, Springer und Bauer gegen König.

Der stärkere Theil gewinnt stets, indem er, falls sein König entfernt steht, den vom feindlichen Könige angegriffenen Bauer unterhalb durch den Springer deckt, welcher nicht genommen werden kann, ohne dass der Bauer zur Dame rückt, und allmählich seinen eigenen König herbeibringt. Eine Ausnahme macht der Thurmbauer in folgenden Stellungen, wo der eine oder andere König auf dem Eckfelde vor dem Bauer steht.

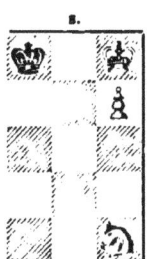

Beide Spiele sind remis.

## König, Springer u. Bauer gegen König u. Bauern.

W. zieht und gewinnt.

| 1) Se3d5+ | 2) Sd5c7+ | 3) Sc7e6 | 4) Se6c5+ |
|---|---|---|---|
| Kb6a6 | Ka6b6 | Kb6a6 | Ka6b6 |

| 5) Kc4d5 | 6) Sc5a4+ | 7) Kd5c4 |
|---|---|---|
| f5f4 | Kb6c7 | Verloren. |

Oder:

| 1) Se3d5+ | 2) Sd5c7+ | 3) Sc7e6 | 4) b3a4 |
|---|---|---|---|
| Kb6a6 | Ka6b6 | a5a4 | Kb6a5 |

| 5) Se6c5 | 6) Kc4b3 | 7) Sc5c4 | 8) Kb3b4 |
|---|---|---|---|
| f5f4 | f4f3 | Ka5a6 | Ka6b6 |

| 9) a4a5+ | 10) Kb4a4 | 11) Ka4b5 | 12) a5a6+ |
|---|---|---|---|
| Kb6a6 | Ka6a7 | Ka7b7 | Kb7a7 |

**21***

| 13) Kb5a5 | 14) Ka5b6 | 15) a6a7+ | 16) Se4c5 | 17) Sc5a6 | 18) Sa6c7+ |
|---|---|---|---|---|---|
| Ka7a8[1]) | Ka8b8 | Kb8a8 | f3f2 | f2f1D | 0 |

W. gewinnt mit oder ohne Anzug.

| 1) Sf5e3 | 2) Se3g5 | 3) Sg4f6 | 4) Ke7f7 | 5) g6g7+ | 6) g7g8D+ |
|---|---|---|---|---|---|
| Kh8g8 | Kg8h8 | g7f6 | f6f5 | Kh8h7 | 0 |

Springer und Bauer gegen Springer gewinnen manchmal dadurch, dass der Springer durch Schachgeben den feindlichen Springer, welcher das Hineingehen des Bauern in die Dame verhindert, zum Abtausch zwingt, und der Bauer nun auf das 8. Feld gelangt. Springer und Bauer gegen Läufer gewinnen zuweilen dadurch, dass der Springer das Feld maskirt, welches der Bauer überschreiten muss, um zur Dame zu gelangen.

[1]) 13)

| | 14) Ka5b6 | 15) Se4c5 | 16) Sc5e6 | 17) Se6c7+ | 18) a6a7+ | 19) a7a8D+ |
|---|---|---|---|---|---|---|
| Ka7b8 | Kb8a8 | f3f2 | f2f1D | Ka8b8 | Kb8c8 | Kc8d7 |

| 20) Da8e8+ | 21) De8e6+ |
|---|---|
| Kd7d6 | 0 |

# Spielgesetze.

## I.

Bemerkt ein Spieler, dass die Stellung des Brettes oder der Figuren falsch ist, oder eine Figur fehlt, so kann er verlangen, dass die Partie von neuem beginne; nach dem 4. Zuge bedarf es dazu aber der Einwilligung des Gegners.

## II.

Um den Anzug wird zuerst geloost, später ist er abwechselnd. Die Farbe der Figuren wird gleichfalls geloost; nachher ist sie in einem Match bleibend.

## III.

Eine berührte Figur muss gezogen werden, es sei denn, dass man sie bloss zurecht rücke, was jedoch gleichzeitig mit dem Worte „j'adoube" gesagt werden muss. Kann die Figur nicht gezogen werden, so darf der Gegner verlangen, dass der König zieht.

## IV.

So lange man eine Figur noch hält, darf man sie ziehen wohin man will; hat man sie aber losgelassen, so ist der Zug nicht zurücknehmbar.

## V.

Berührt ein Spieler eine Figur seines Gegners, so kann dieser ihn zwingen zur Strafe seinen König zu ziehen, oder die gezogene Figur, wenn möglich, zu nehmen.

## VI.

Kann die berührte Figur weder gezogen noch geschlagen und kann auch der König nicht gezogen werden, so bleibt der Fehler ohne Folgen.

## VII.

Wenn der König als Strafe gezogen werden muss, so darf er nicht rochiren.

## VIII.

Nimmt ein Spieler eine Figur des Gegners mit einer Figur, die sie nicht nehmen kann, so muss er nach der Wahl des Gegners jene Figur schlagen, wenn sie überhaupt genommen werden kann, oder die berührte Figur ziehen.

## IX.

Nimmt der Spieler eine seiner eigenen Figuren mit einer andern, so hat der Gegner zu bestimmen, welche der berührten Figuren er ziehen soll.

## X.

Macht ein Spieler einen falschen Zug, so kann ihn der Gegner beliebig zwingen, entweder den falschen Zug stehen zu lassen, oder mit der berührten Figur einen richtigen Zug zu machen, oder den König zu ziehen.

## XI.

Zieht ein Spieler während er nicht am Zuge ist, so kann der Gegner den Zug gelten lassen oder nicht.

## XII.

Rochirt ein Spieler, obgleich er es nicht darf, so hat der Gegner das Recht, diese Rochade gelten zu lassen oder zu verlangen, dass entweder der König oder der Thurm gezogen werde.

## XIII.

Setzt ein Spieler in Folge eines Zuges seinen König einem Schach aus, so muss er auf Verlangen den König ziehen. Falls dies unmöglich, bleibt der Fehler ohne Strafe.

## XIV.

Ist kein Schach geboten und das Schach nicht gedeckt worden, so muss es nachträglich geschehen.

## XV.

Sagt ein Spieler irrthümlich Schach an, ohne es zu bieten, und der Gegner deckt das vermeintliche Schach, so darf er diesen Zug zurücknehmen, ehe der Andere seinen folgenden Zug gethan hat.

## XVI.

Macht ein Spieler einen falschen Zug und der Gegner zieht, ohne es zu bemerken, weiter, so muss er es gelten lassen. Nur wenn ein König durch mehrere Züge im Schach geblieben, müssen die Züge beiderseitig zurückgenommen werden.

## XVII.

Wenn am Ende einer Partie ein Spieler hinreichende Macht hat, um das Matt zu erzwingen, es aber nicht versteht, oder das Matt überhaupt nur zu den Zweifelhaften gehört, (wie König, Läufer und Thurm gegen König und Thurm), so hat der Gegner das Recht zu verlangen, dass nur noch 50 Züge von jeder Seite gemacht werden, welche vom Augenblicke der Ankündigung zu zählen sind. Nach Ablauf derselben wird das Spiel als remis abgebrochen. Wird während der 50 Züge eine Figur geschlagen, so entsteht eine neue Spielendung, und sind dafür wieder 50 Züge erlaubt.

# Uebersicht der Geschichte und Literatur
## des Schachspiels.

Die Entstehungs-Geschichte des Schachspiels ist, wie von manchen anderen geistigen Bestrebungen, in Dunkel gehüllt. Von Indien aus verbreitete sich das Schachspiel im 6. Jahrhunderte unserer Zeitrechnung nach verschiedenen Richtungen hin, wie unter anderm auch das an Kaiser Karl den Grossen vom griechischen Kaiserhofe geschenkte Schachspiel zeigt. Bereits im 13. Jahrhunderte verfasste Jacobus de Cessolis eine Schrift über Schach. Die Werke des portugiesischen Apothekers Damiano (1512), des spanischen Geistlichen Rui Lopez[1]) (1561), des Gianutio (1597), des neapolitanischen Rechtsgelehrten Salvio (1604), des Moreaten Gioachino Greco (1615), des Italieners Carrera (1616), bildeten die Grundlage unserer Schachtheorie. Merkwürdig ist unter den Erwähnten namentlich Gioachino Greco, bekannt unter dem Beinamen des Calabresen, weil er schon früh nach Calabrien gelangte. Durch sein Schachspiel soll er sich angeblich, z. B. in London und Paris, ein bedeutendes Vermögen erworben haben; später ging er nach mancherlei Abenteuern nach Indien, wo er auch, den Jesuiten alles vermachend, gestorben ist. Er schloss sich in seinem Werke den in Frankreich üblichen Spielregeln an, also, im Gegensatze zu den andern italienischen Schriftstellern, auch der beschränkten Rochade. Sein Buch enthält eine grosse Anzahl höchst interessanter Fintenspiele (ohne Bemerkungen), worin die Fehler geistreich ausgebeutet werden. —

Aus dem 18. Jahrhundert sind zu nennen: der Engländer Bertin (1735) und der Araber Philipp Stamma (1737 und 1745). Stamma war der Erste, welcher die Züge durch Buchstaben und Zahlen bezeichnete, und ist also als Erfinder der jetzt gebräuchlichen Bezeichnungsart anzusehen.

Die eben besprochene Epoche, lässt sich als ältere Schule des Schachspiels betrachten, um so mehr, als damals durch eine Aufsehen machende Erscheinung eine Art Abschnitt in der Entwickelung des Schachspiels hervorgebracht wurde. Diese Erscheinung war der französische Tonsetzer Francois André Danican genannt Philidor, (geboren 1726 gestorben 1795), welcher ein halbes Jahrhundert hindurch jeden Gegner besiegte, ohne auf das Bret zu blicken, wobei ihm freilich seine in früher Jugend begonnene Uebung unterstützte. Sein Werk erschien 1749, und mit einen zweiten Theile vermehrt 1777. Da er darin das Bauernspiel vor allem kultivirte, indem er die geschickte Führung der Bauern, mit denen man stets zuerst vor den Offizieren angreifen müsse, für die Seele des ganzen Spiels ausgab, so zog er das Läuferspiel dem Springerspiel vor, weil der Springer den Läuferbauern verstellt. Um nun das Fehlerhafte des Springerzugs zu beweisen, liess er den Nachziehenden den Königsbauer durch den Damenbauer decken, und darauf, wie wir in der Analyse der Eröffnungen gezeigt haben, den Königsläuferbauer 2 Schritte ziehen. So viel Irrthümliches auch Philidors Annahme enthält, so förderlich war seine Lehre doch für die Ausbildung des Bauernspiels.

Seine theoretischen Gegner waren die drei bedeutenden italienischen Schriftsteller: Ercole Del-Rio (1750), bekannt unter dem Namen des Modenesischen Unbekannten, Lolli (1763) und Pouziani (1769). Ihnen schloss sich Cozio

---

[1]) Das Buch des Lopez ist vom Herzog August von Lüneburg-Braunschweig, unter dem Namen Selenus 1616 in's Deutsche übertragen worden. Unter anderm behauptete Lopez gegen Damiauo, dass im Springerspiel der angegriffene Königsbauer nicht durch den Damenspringer sondern durch den Damenbauer gedeckt werden müsste, und wendete gegen den Damenspringer den Zug 2) fb5 an, welcher nach ihm, wie erwähnt, den Namen führt.

'1766) an. Sie lehrten ein lebhaftes Figurenspiel, welches durch die Combinationen des Springerspiels am raschesten zur Geltung gelangte, und bestrebten sich, das Irrthümliche in Philidor's Behauptungen darzuthun. — Die spätere Zeit hat von beiden entgegengesetzten Richtungen das Wahre und Werthvolle entnommen; von den Franzosen die vortreffliche Bauernführung, von den Italienern das feurige Offizierspiel.

Ueber einige andere Autoren hinweggehend[1]) gelangen wir zu dem Deutschen, J o h a n n  A l l g a i e r in Wien, (Erfinder des Allgaier-Gambits) dessen Schachbuch wiederholte Auflagen erlebt hat.

Hier lässt sich die mittlere Periode der Entwickelungs-Geschichte des Schachspiels abschliessen, deren hauptsächlichsten Charakter der Kampf zwischen der italienischen und der französischen (Philidorschen) Schule bildete.

Das neuere Schachspiel datirt namentlich von dem Aufblühen der englischen Schachliteratur. Der bedeutendste englische Schachautor ist L e w i s, welcher seit 1817 zahlreiche, werthvolle Werke herausgegeben hat. Neben ihm ist der seit 1831 thätig gewesene G e o r g e  W a l k e r zu nennen. Epoche machend waren namentlich die Schachkämpfe zwischen dem grossen französischen Spieler L a b o u r d o n n a i s und dem erfindungsreichen englischen Matador, M a c  D o n n e l l. Mancherlei neue Vertheidigungs- und Angriffsweisen wurden dadurch bekannt. Dazu kamen Correspondenzpartien zwischen bedeutenden Schachklubs verschiedener Länder. Der Geist des neueren Schachspiels bestand darin, mit Vermeidung aller einseitigen Schulansichten, der Spielentwickelung möglich scharfe Consequenz angedeihen zu lassen. Auch die sogenannten geschlossenen Spiele (s. Analyse der Eröffnungen) wurden in den Kreis genauer Untersuchungen und praktischer Uebung gezogen, und überhaupt alle Spielweisen einer sorgfältigen Prüfung unterworfen.

Das Gambit des Lewis, das Evansgambit, das schottische Gambit, das Gambit des Cochrane, das Doppelgambit, einige neue Arten des Läufergambits u. s. w. gehören mit zu den Errungenschaften dieser Epoche.

Unter den ausgezeichnetesten Schachschriftstellern ist der russische Major von J ä n i s c h zu nennen, dessen Buch über die Spieleröffnungen (1842 und 43) zu den Originalwerken gehört. — Epochemachend für die d e u t s c h e Schachliteratur war das Handbuch des Schachspiels, begonnen von v. B i l g u e r, fortgesetzt und herausgegeben von v. d. L a s a (erste Ausgabe 1843), das ausführlichste, zugleich auch viel Eigenes enthaltende Sammelwerk, was bis dahin erschienen war. Von da an nahm das Schachspiel auch in Deutschland einen bedeutenden Aufschwung, theils durch theoretische Forschungen, theils durch bedeutende Spieler. Zugleich trugen das Entstehen verschiedener periodischer Schachschriften, die Wettkämpfe zwischen S t a u n t o n und St. A m a n t, v o n  A n d e r s s e n und M o r p h y, und die beiden grossen Schachturniere in London vielfach zur Belebung des Interesses für Schachspiel bei, und vermittelten die Bekanntschaft der bedeutenden Spieler unter einander, obgleich bei den Dilettanten das immer reger sich gestaltende Interesse für Probleme überwog. Leider ist es noch nicht gelungen, die so praktische und dabei kurze Bezeichnungsart der Züge wie sie in Deutschland üblich, auch in England und Frankreich einzuführen, eine Aufgabe deren Lösung erspriesslicher wäre als die Entwerfung von allerlei doch nicht befolgten Spielgesetzen auf den Schachcongressen.

Die Namen der gegenwärtig noch wirksamen bedeutenden Schachspieler und Forscher sind den Freunden des Schachspiels zu bekannt, als dass wir sie hier anzuführen brauchten. Um ihren Verdiensten gerecht zu werden, wäre es nöthig, alle von ihnen herrührenden Neuerungen anzuführen, und das würde weit über den Zweck dieses Buches hinausgehen.

---

[1]) Zu den damals erschienenen Werken gehört auch der Schachkodex von Koch, 2. Auflage 2 Bände 1813 und 14, welcher die Spiele von Lopez, Greco, Philidor und Anderen enthält.